작은 한옥 한 채를 짓다

작은 한옥 한 채를 짓다

서촌 파 교수댁 어락당 탄생기

황인범 지음

2014년 4월 21일 초판 1쇄 발행
2021년 2월 15일 초판 3쇄 발행

펴낸이 한철희 | 펴낸곳 돌베개 | 등록 1979년 8월 25일 제406-2003-000018호
주소 (10881) 경기도 파주시 회동길 77-20 (문발동)
전화 (031) 955-5020 | 팩스 (031) 955-5050
홈페이지 www.dolbegae.co.kr | 전자우편 book@dolbegae.co.kr
블로그 blog.naver.com/imdol79 | 트위터 @Dolbegae79 | 페이스북 /dolbegae

책임편집 이현화
표지 디자인 형태와내용사이 | 본문 디자인 이은정·이연경·강영훈
마케팅 심찬식·고운성·조원형 | 제작·관리 윤국중·이수민
인쇄·제본 상지사 P&B

ISBN 978-89-7199-599-0 (03610)

이 도서의 국립중앙도서관 출판시도서목록(CIP)은 e-CIP 홈페이지
(http://www.nl.go.kr/ecip)에서 이용하실 수 있습니다.(CIP제어번호: CIP2014012205)

작은 한옥 한 채를 짓다

서촌 파 교수댁 어락당 탄생기

황인범 지음

돌베
개

노동자들이 기와에 피워놓은 소박한 꽃들은

체구 작은 어머니의 광주리에 들어 있던 **들꽃 한묶음**이다.

작은 한옥 한 채에는 이 집에 살게 될 집주인의 일상이 편안하길 바라는

노동자의 마음이 오롯이 담겨 있다.

집으로 말하는 사람의
책 출간의 변辯

오랫동안 현장에서만 살아왔다. 그동안 손에는 대패, 먹칼이 쥐어져 있었고, 나무와 집을 한시라도 떠난 적이 없다. 목수로 출발해 현재의 도편수 역할이란 좋게 말하면 오케스트라의 지휘자고, 아니면 거친 설전이 일상이다시피 한 해결사 같은 것이다.

한옥 짓는 현장에서는 거칠 것 없는 왕 노릇을 하지만, 그 일을 글로 바꾸어 표현하는 건 겪어보지 못한 생소한 어려움이었다. 많은 전문 분야, 그 중에서도 질투 날 만큼 매력적으로 잘 풀어 표현해내는 한옥 관련 글들을 보며 나 역시 지저분하고 거친 현장을 아름답게 보여주고 싶었으나 될 리가 없다. 그저 저잣거리 말투와 뒤죽박죽 서툰 발화, 울퉁불퉁한 전개에 독자 여러분의 아량을 바랄 뿐이다.

그럼에도 집을 짓는 과정을 '구체적으로' 말하고자 했던 것은 한옥을 좋아하고 살고 싶은 꿈을 꾸는 이들에게 필요한 이야기는 무엇일까 오랫동안 고민해왔고, 이 집에 이르러서야 용기를 낼 수 있었기 때문이다. 집에 관한 인문적 지식이나 집 짓기 기술에 관해서라면 이미 훌륭한 저작들이 많다. 그러나 '집을 말하는 것'이 아닌 '집으로 말을 하는' 사람으로서 이 작은 한옥 한 채를 어떻게 지었는지 사실 그대로 알려주고 싶었다.

집을 짓는 일이라 당연히 기술, 과정에 관한 내용이 많다. 하지만 12평 한옥을 지었던 반년 가까운 시간 동안 작은 집 한 채를 둘러싸고 벌어지는 생생한 이야기도 함께 담으려 노력했다. 현장에서 매 순간 쓰고 찍었던 800

여 개의 메모와 2,000여 장의 사진이 바탕이 되었다. 아마 한옥을 좀 더 가까이에서 살피고자 하는 분이라면 좀 더 편하게 한옥의 살아 있는 내용을 느낄 수 있으리라 본다.

현장의 생동감을 살리며 구체적인 과정을 그대로 보여주는 것에 대한 몇 가지 사소한 걱정이 있다. 먼저, 나를 포함해 집을 짓는 과정에 참여한 여러 분들의 기억, 의견, 주장이 사실과 어긋난 부분이 있을 수 있다. 한옥 시공과 관련한 정보가 거의 없는 시장에서 한두 권 책의 시공 사례가 과거 상당 기간 매뉴얼로 자리매김되어왔기 때문에 이 글 역시 그리 될까 두려운 마음이 없지 않다. 교범이 아닌 친절한 조언으로 받아들이신다면 감사하겠다. 또 어떤 내용은 독자 여러분의 생각과 충돌을 일으키기도 할 것이다. 그럴 때 책 속에 드러나 있는 개인들의 사적 영역이 침해받을까 염려된다. 기우이기를 바라며, 이 집에 대해 반박하고 싶을 때 가장 좋은 도구는 '집'이라 말해주고 싶다. 그것을 소위 '진검 승부'라고 부른다면 마다할 이유가 없다.

본문에 나오지 않지만 집을 짓는 동안 그리고, 책을 낼 때까지 보이지 않게 도와준 분들이 있다. 최재원 큐레이터, 최성욱·성아 남매, 마을 어른들을 포함해 오거리 청룡건재 정경녀 사장, 통인시장 안의 삼화식당 홍경자 사장, 루이스앤에드워드의 루이스 사장, 일러스트를 그려준 이예리 씨께 감사드린다. 보잘것없는 원고를 다듬어 빛나게 해준 돌베개 출판사의 이현화 팀장과 기꺼이 책 출간을 결정해주신 한철희 대표께 깊이 감사드린다.

이 자리를 빌려 특별히 감사해야 할 분들이 있다. 최초의 스승들인 위유환, 임임모, 이황기, 김창우, 백판인, 박영길, 박주환, 이신열. 이 어른들은 애초에 따뜻한 말 같은 건 잘 못하시는 데다 '오막살이'(당시 유행했던 담배 '오마 샤리프') 심부름이나 시키곤 하셨지만, 어느 날엔가 당신들끼리 하시는 말씀을 들었다.

"쟈도 인자 목수라고 불러야 안 허겠는가?"

이후 한 순간도 목수임을 후회해본 적이 없다. 이 집에 대해 한줌의 영광이라도 있다면 노인네 스승들께 돌린다. 아울러 가족들 모두에게도 마음으로부터 존경과 사랑을 전한다.

마지막으로 행여 이 책으로 인해 완공된 지 1년이 훌쩍 지나 백 년 전 풍경으로 조용히 돌아가 있는 골목과 집 주인, 주위의 어른들께 누가 되지 않을까 걱정된다. 호기심에 동네를 찾으신다면 언제나 환영하지만, 골목 안길까지 들어가시는 건 부디 자제해주시기를 부탁드린다.

2014년 4월
황인범

7

책으로 들어가기 전 몇 가지 미리 말해둘 것이 있다.

이 책의 주인공인 '어락당'語樂堂은 문화재가 아닌 생활한옥이다. 전통한옥의 외형과 내부구조보다는 거주하는 사람이 편하게 일상생활을 할 수 있게 지어진 '개량한옥'*이며, 1930년대부터 본격적으로 개발되어 1960년대까지 서울지역을 중심으로 지어진 '도시형한옥'이다.

어락당의 모태가 된 이 집은 1936년에 지어진 것으로 확인이 된다. 경복궁의 서쪽이자 인왕산의 동쪽 마을인 체부동에 지어진 이 집은 뽐낼 만큼 좋은 집은 아니었지만 여러 번의 수리를 거치며 변함없이 주거공간으로서의 역할을 잘해왔다. 집의 크기는 대지의 면적 21평, 건물은 12평으로 매우 작은 크기의 집인 셈이다.

집을 다시 짓는 데 들어간 비용은 대략 다음과 같다. 세금은 제외한 액수이다. 비싸다고 생각할 수도, 싸다고 생각할 수도 있으나 한옥을 한옥답게 지으려면 이 정도는 미리 예상하는 것이 좋겠다.

설계: 1,500만 원

기본시공: 평(3.3제곱미터) 당 1,000만 원

붙박이장, 주방시설, 세탁기 등 내부시설: 약 1,000만 원

기타 건축주 욕심(?) 또는 요청으로 인한 추가: 약 500만 원

총 금액: 약 1억 5,000만 원

　　공사기간은 설계하는 데 약 3개월 반, 시공하는 데 약 5개월 걸렸다. 설계는 심의를 포함한 기간이고, 시공은 추위로 연기된 기간을 포함했다.

　　이 집은 서울시의 '한옥수선비용지원금'을 받고 지었다. 따라서 서울시 '한옥위원회'의 심의를 받아야 했는데, 주로 외형적인 부분에서 전통한옥의 모습을 일정 부분 갖추도록 하는 가이드라인을 지켜야 했다.

　　이 책의 저자인 나는 설계를 제외한 집의 전체 시공을 책임지는 역할을 했다. 서촌이라 불리는 이 동네에서만 일곱 번째 집이다.

　　이 책은 왜 썼을까. 이 집을 통해 최고의 한옥을 지었노라고 자랑하기 위한 것은 아니다. 한옥을 지으려는 사람들, 한옥에 관심 있는 사람들에게 현실적으로 어떻게 한옥이 지어지는지 들여다보는 계기를 제공하고 싶었다. 집 짓는 과정을 낱낱이 소개하다보니 읽기에 조금 지루할 수도 있겠다. 그렇지만 실제로 집을 짓는 과정은 책을 보는 것보다 훨씬 더 지루하고 힘들다.

　　이 책의 독자들이 책을 통해 이 집을 짓는 데 참여한 많은 사람들 사이에 비집고 들어가 함께 즐기고, 안타까워 하며, 때론 배우기도, 때론 나무라기도 하며 마지막 장까지 함께 하기 바란다. 그러다보면 어느 틈엔가 자신만의 근사한 한옥 한 채 지어볼 엄두를 낼 수도 있지 않을까. 설령, 그 자리가 마음속일지라도.

●　'개량한옥'이라는 용어는 1920~30년대 논의되었던 '주택 개량'이라는 운동에서 비롯되었다. 이는 전통성과 근대성 사이에서 전통적 주거공간의 불합리한 면을 보완하고 주거환경을 근대적으로 개선하려는 활동이었다. 임창복 지음, 『한국의 주택, 그 유형과 변천사』, 돌베개, 2011.

차 례

저 골목의 끝은 또다른 이야기의 시작이다

골목을 이루는 집마다 오랜 시간이 내려앉아 있고

그 집마다에는 내려앉은 시간만큼 숱한 이야기들이 쌓여 있다.

집을 짓는다는 건, 그 공간에 쌓일 이야기들의 터를 닦는 일이기도 하다.

인왕산과 경복궁 사이에 자리잡은 오래된 동네, 서촌.

꼬불꼬불 이어진 골목의 가로폭은 넓어도 일곱 자尺, 약 2.1미터 남짓이다.

두 바퀴 손수레가 겨우 통과할 만큼 좁은 데도 있다. 그 안에서 집을 짓는 일은 일단 시공 과정도 쉽지 않지만, 다닥다닥 붙어 에워싼 주위에서 쉴 새 없이 온갖 문제가 일어난다. 시공보다 그 문제를 푸는 것이 더 어려울 때가 한두 번이 아니다. 테이블을 마주하고 앉아 합리적이고 이성적인 대화로 문제가 풀리는 경우는 거의 없다. 그저 골목 안에서 매일같이 마주치다 인사하고 웃다 싸우다를 반복하며 풀리는 게 다반사다. 이럴 때 골목의 주인인 노인네들이 내 편이 되어주면 그렇게 유리할 수가 없다. 애매모호한 상황과 긴가민가한 기억으로 승부를 내야 하는 일일수록 더 그렇다. 집을 짓는 동안 어른들과 잘 지내는 가장 쉬운 방법은 그분들이 바닥에 앉아 놀고 있을 때 그 곁에 철퍼덕 주저앉는 것이고, 두 번째는 일꾼들 새참 사올 때 통인동 '효자 베이커리'에서 얹어주는 빵을 한 조각이라도 함께 나눠먹는 것이다. 이렇게 반 년 정도 살다보면 집 한 채가 거의 마무리 되어갈 무렵에는 어느덧 자연스럽게 그 골목 한 자리를 차지하고 앉아 있는 내 모습을 발견한다. 그러는 사이 서촌 곳곳을 물 흐르듯 이어주는 골목마다 잘 생긴 한옥들이 한 채 두 채 단장하여 자리를 잡았다.

그 골목 한쪽에 우리가 만날 집 한 채가 들어서 있다.

집을 짓는 나에게 가장 중요한 것은 소통과 조화다.

집을 지을 때는 함께 짓는 이들과의 소통이,

짓고 난 뒤에는 그 집이 이웃과 이룰 조화가 중요하다.

내가 짓는 집이 언제나 사람들과 함께 하는 곳이기를 바란다.

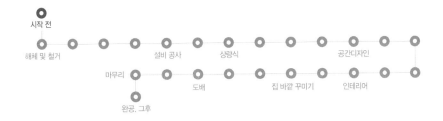

시작 전

해체 및 철거 　　　　　 설비 공사 　　　상량식 　　　　　　　공간디자인

마무리 　　　　　　 도배 　　　　집 바깥 꾸미기 　　인테리어

완공. 그후

모든 시작에는
거쳐야 할 통과의례가 있다

2012년 5월. 목수들의 망치소리로 소란스러워야 할 골목이 조용하다. 이웃 누하동 한옥의 신축공사가 끝이 난 지도 벌써 4개월. 새로운 계약을 하지 못했으니 일거리 없이 봄을 맞았다. 봄은 완연했지만 난 아직 봄을 느끼지 못했고, 오래된 골목은 젊은 청춘들이 재잘대는 소리로 가득했다. 그들에게 골목을 빼앗기고(?) 하릴없이 빈둥대며 동네 여기저기 기웃거리기나 하던 어느 날, 로버트 파우저Robert. J. Fouser 교수에게서 전화가 왔다.

"목수님, 요즘 뭐하고 지내세요?"
"뭐, 아시다시피 별일 없습니다."
"그럼, 저녁이나 같이 먹을까요?"

그와는 동네 모임에서 같이 활동하며 알고 지내는 사이. 저녁을 먹는 자리에서 그가 뜻밖의 제안을 해왔다. 예전에 사둔 체부동 한옥을 다시 지어보자는 것이다.

그의 집이라면 나도 모르지 않는다. 시인 이상이 어릴 때부터 살았던 집에서 어른 걸음으로 채 1분 거리가 안 되는 맞은편 골목 중간쯤에 있다. 이전에 한번 같이 둘러본 적이 있다. 그때 파우저 교수는 마당을 가득 채우는 햇살과 작은 창문으로 보이는 인왕산이 얼마나 좋은지 모른다며 행복에 가득 찬 표정으로 연신 자랑을 했다. 정작 나는 집을 보고 약간 실망했는데 좋아하는 집주인 앞에서 차마 내색은 하지 못했다. 집의 크기와 건축수준이 반드시 일치하는 건 아니지만, 그리 잘 지어진 집이 아니라는 걸 금방 알 수 있었다. 동네에서 둘러본 수많은 한옥들 중에서도 중간 이하의 수준이었다. 더군다나 집의 절반 정도가 경사진 골목의 높이와 같거나 더 낮았는데 이건 도저히 좋은 한옥의 조건이 될 수 없다. 나중 말이긴 했지만 파우저 교수는 그때 내 표정에서 그걸 충분히 읽었노라고 강조했다.

집을 다시 지어보자는 제의를 받고, 선뜻 '그러자'는 대답이 안 나왔다. 왜였을까. 위에서 밝힌 대로 잘 지어진 집이 아니라서? 좋은 위치가 아니라서? 아니었다. 그보다 더 험한 집도, 더 안 좋은 위치의 집도 마다하지는 않았다. 혹시 건축주가 인색해 보여서? 성격이 괴팍해서? 외국인이라 말이 잘 안 통할까봐서? 그것도 아니었다. 한국말은 그가 외국인이라는 걸 잊을 만큼 능숙하다. 할 일이 밀려 있는 것도 물론 아니다. 일 없이 놀고 있는 처지라 반색하고 나설 일일 수도 있다. 젊은 청춘들에게 내준 '나의 골목'을 찾아올 절호의 기회 아닌가. 그럼 왜? 그건 나와 건축주 사이가 친하다는 사실 때문이었다.

겨우 그런 이유로? 그렇다. 집을 짓는 입장에서 가장 어려운 상대는 바

◀ 동네 풍경. 수십 채의 한옥이
모여 있다. 맞은 편은 북악산.
▶ 방범창문으로 보이는 인왕산.

로 이런 '친한 건축주'다. 그럴 수도 있겠다 동의해주는 독자들도 있으리라. 설계기간을 포함해 반 년 이상 걸리는 길고 험난한(?) 건축 과정을 건축주와 시공업자가 갈등 없이 유지한다는 건 쉽지 않은 일이다. 설계도서나 시공도면이 기준이 되긴 하지만 한옥을 짓는 현장에서 '도면'은 최소한의 기준으로만 작동할 뿐, 분쟁이나 갈등은 계약서와 도면 너머에 도사리고 있는, 보이지 않는 빈틈을 타고 물 스미듯 찾아온다. 이런 일은 피할 수도 없고, 대비할 수도 없다. 이런 경우 서로 잘 모르는 관계라면 '좀 더 뻔뻔한' 쪽이 주로 이기지만, 가까운 사이에서는 양쪽 모두 지는 싸움이다. 그런 걸 뻔히 아는 내가 파우저 교수의 제안을 덥석 받을 수는 없었다. 집을 다 짓고 난 뒤에도 지금처럼 스스럼 없이 길 가다 만나면 반갑고, 저녁이면 길 건너 적선동의 '적선동술집'이나 누하동 '바르셀로나'에서 히히덕거리며 온갖 잡담을 나누는 동네 이웃으로 남을 수 있을 거라는 자신이 없었다. 파우저 교수가 이런 말을 했다. 내가 망설이는 이유를 알고 있는 것 같았다.

▬ 집수리는 누가 해도 쉬운 일이 아니라는 걸 잘 알고 있습니다. 일본 교토에서 살 때 오래된 집을 멋지게 수리했고, 누하동에서도 양옥을 수리해본 일이 있으니까요. 제가 황 목수님을 만나기 전까지 어떤 과정이 있었는지 말씀을 드려야겠군요. 2011년 초에 체부동 한옥을 계약하고 나서 바로 고쳐 살고 싶어서 유명한 업체를 몇 군데 방문해서 수리에 대해 논의를 했던 적이 있어요. 그런데 갑자기 이전 집주인분이 계속 전세로 이 집에 살고 싶다고 하시는 거예요. 고민을 하다가 결국 수락을 했어요. 그렇게 자연스럽게 공사는 유보가 되었어요. 그뒤로 1년 동안 조금씩 한옥에 대해 공부도 하고 집에 대해서도 생각을 했죠. 그런데 황 목수님도 잘 아시다시피 얼마전부터 서촌에서 한옥 수리 공사가

늘어났잖아요. 지금이야말로 공사하기에 적절한 시기라는 생각이 들었어요. 공사를 어떻게 할까 생각을 했지요. 구입 당시에 만났던 업체 생각도 났지만, 한꺼번에 맡기는 방법 말고 제가 직접 직영을 해서 공사를 해보고 싶은 생각이 들었어요. 교토와 누하동 집은 그렇게 했으니까요. 그런데 한옥은 예민한 부분이 많잖아요. 한옥을 잘 아는 사람이 공사를 해야 하는데, 그런 사람을 어떻게 구할 수 있을까 생각할수록 자신이 없어졌어요.

그러다 얼마전 단골집인 통인동 '커피공방'에 원두를 사러 서촌에 갔다가 갑자기 황 도편수님이 지은 집도 참고 삼아 다시 한 번 보고 싶더라고요. 천천히 동네산책 겸해서 다녀봤지요. 이전에는 대충 보고 넘어갔는데, 제 고민이 고민인지라 새로운 눈으로 보게 되었습니다. 집들이 튼튼하고 피곤하지 않은 느낌이었어요. 뭔가 뼈대가 좋은 한옥이라는 인상을 강하게 받았고요.

산책 끝나고 집수리를 황 도편수에게 맡기면 어떨까 생각했는데, 저 역시도 지금 황 목수님처럼 같은 고민을 하게 되었지요. 함께 동네 활동하면서 서로 존중하고 소통이 잘 되는 저와 황 목수님이 같이 일하게 되면서 관계가 깨지면 어쩌나 하는 우려가 생긴 겁니다.

그렇게 고민을 계속하다가 '인간관계보다 집을 잘 짓는 것이 중요하다'는 판단이 들어서 맡겨보기로 한 겁니다. 반복하지만, 집수리는 정말 누가 해도 어려운 일이고 의견 차이나 논쟁은 있겠지만 서로 기본존중과 의를 바탕으로 하면 어려움을 극복할 수 있을 거라고 생각했습니다. 한국에서는 많은 일이 '정'이라는 감정적 측면으로 이루어지는 경향이 좀 강하지만, 집, 특히 한옥을 짓는다는 것은 합리적이고 솔직한 소통을 통해서 하는 것이며 그러한 소통은 서로 존중하는 관계에서 나오는 것입니다. 우리는 그렇게 해나갈 수 있지 않을까요?

누구라도 설득할 수 있을 것 같은 그의 솔직하고 합리적인 말에 나의 우려와 불안감은 많이 누그러졌다. 오히려 집을 더 잘 지을 수 있을 것 같은 묘한 기분까지 들었다. 결국 고민과 우려를 잠재우고 그와 함께 집을 지어보기로 마음을 먹었다.

새로 지을 것이냐, 고쳐 쓸 것이냐

2012년 역시 5월. 앞 골목 '이상의 집'*에서 시공자인 나와 건축주 파우저 교수, 그리고 설계자인 건축사 셋이 모였다. 파우저 교수는 시공자인 나뿐 아니라 같은 시기에 설계 파트너, 즉 설계사무소도 결정을 했다. 모든 집 짓기의 첫 단계가 설계인 것과 마찬가지로 한옥도 설계로부터 건축행위가 시작된다. 더군다나 이 집은 서울시 한옥위원회의 심의를 거쳐 지원금을 받기로 했기 때문에 설계도서는 더 중요하다.

그런데 설계를 시작하기 전에 반드시 결정해야 할 한 가지가 있었다. 바로 집의 원형이라 할 수 있는 뼈대를 살리는 '대수선'으로 할 것이냐, 아니면 집을 허물고 맨땅에서부터 다시 짓는 '신축', 즉 멸실 후 신축을 할 것이냐를 정해야 한다. 여전히 고민 중인 파우저 교수는 자신이 정리한 문서를 꺼내 펼쳐놓으며 설명을 했다.

— 대강의 설명을 할게요. 두 분 다 아시다시피 이 집은 2011년 1월에 매입했는데 당시 생각했던 건 저렴하게 직영으로 좀 '모던한 한옥'을 만들어보는 것이었어요. 한옥의 원래 모습을 그동안 많이 상실했다고 생각하기도 했고, 계동의 '신조선식 미학'**으로 고친 한옥에 살면서 '만든 전통'에 대한 피로감도 좀 쌓였기 때문이에요.

* 이상이 어릴 때부터 살았던 이 집을 운영자인 '아름지기' 재단은 건물을 고쳐 개방했다.

** 개량형 도시한옥에 조선시대 전통 한옥의 요소를 도입한 부분을 두고 건축주가 부르는 명칭. 예를 들면 '세살 문양의 여닫이 창호' 등이 있다.

그런데, 생각이 점점 바뀌더라고요. 현재 집 상태를 보면 저렴한 직영으로는 꿈꿨던 집이 안 나올 것도 같고, 서울시의 지원금을 받아서 제대로 고친 한옥의 모습도 고민하게 됐죠. 기왕에 동네에서 집을 고쳐 온 경력이 있는 두 분을 만나기도 했고요. 그래서 오늘 미팅을 하기 전에 그동안의 생각을 네 가지로 정리해봤어요. 신축은 이번에 처음으로 생각했어요.

첫 번째인 'Orthodox한옥'이라는 신축 안은 황 목수님이 지은 집의 장점을 더 활용하고 무난한 '전통 일(一)자형' 한옥을 짓는 것이지만, 이웃 경관에 어울리지 않을 위험이 있고 사례가 많지 않아서 조금 조심스럽습니다.

두 번째인 'Pretty도시형한옥' 대수선 안은 도시형한옥 형태를 지키면서 북촌에서 쉽게 찾을 수 있는 집처럼 '예쁜 대수선'이었는데, 계동 집에 대한 피로감 및 독창성이 없어서 흥이 나지 않고요.

세 번째인 'Fun도시형한옥' 안은 매입했을 때의 생각과 비슷했는데, 설계 및 디자인을 자유롭게 하기 위해서 서울시 지원은 받지 않은 안으로서 자금이 충분할지에 대한 고민이 있습니다.

마지막으로 'New Wave한옥' 신축 안이 서울시 지원을 받으면서 한옥 심의 범위 안에서 지하실 또는 2층*을 포함해 창의적 도시형한옥을 짓는 것입니다.

각각의 안은 모두 단점과 장점이 있지만, 신축은 창의성이 있어서 마음이 왠지 그쪽으로 모이기도 하네요.

저 혼자 결정하기는 어려워서 이렇게 함께 뵙자고 한 겁니다. 물론 한옥 보존을 외치는 사람으로서 집을 부수고 새로 짓는 행위는 위선적이라고 생각해서 마음속에 '하고 싶은 것'과 '해야 할 것'에 대한 갈등이 계속되고 있다는 걸 솔직하게 말씀드립니다.

---

* 당시에는 2층이 건축법 상으로
안 된다는 것을 몰랐다고 한다.

명칭 항목	Orthodox 한옥 (신축)	Pretty 도시형한옥 (대수선)	Fun 도시형한옥 (수선)	New Wave 한옥 (신축)
유형	도시형한옥이 아닌 '전통한옥'.	'북촌 한옥'	옛것과 새것을 조화.	21세기형 2층 도시형한옥.
서울시 지원	○	○	×	○
특징	양지와 입지를 강조.	양지와 공간 잘 활용.	양지와 공간 잘 활용.	양지와 입지를 강조하면서 공간 확장.
장점	역사를 느낄 수 있는 작품, 독립된 공간 확보.	현존 공간 활용, 마당 유지.	현존 공간 활용, 마당 유지. 독창성 확보.	독창성이 있는 작 품, 공간을 확장, 독립 공간.
단점	Setback* 때문에 생활 공간 좁아질 수 있음.	독창성 떨어짐.	실행하기 어려움, 서울시 지원받지 못해 예산 빠듯함.	Setback, 주변 환 경과 충돌, 비용, 민원, 공사 비용
사례	배화여대 축대집, 김○○씨 집, 성북동 이태준집	체부동 골목집, 김○○집	서○○집	없음.
보람의 정도	많음. '작품에 산다'.	적음. '또 북촌'.	많음. '내 것'.	많음. 'the one and only' 또는 '첫 번째'.
결론	하고 싶은 생각은 많지만, 가능할까? 독특하고 매력적.	하고 싶지 않지만 안전하다. 지루하지만 안전.	하고 싶지만, 실망할 수도. 돈 걱정.	관심이 많지만, 가능할까? 신선하고 자극적.

파우저 교수가 정리해온 문서

* 건물을 신축할 때 법규에 따라 경계선
으로부터 건물을 뒤로 물리는 행위.

파우저 교수가 정리해온 문서를 찬찬히 훑어보면서 의견을 한번 내보시라. 건축주의 입장에서야 마음껏 상상해보면 좋겠지만 이 집은 넓은 들판한 가운데 홀로 서 있는 단독주택이 아니다. 오래된 골목 안, 기와지붕들이 파도치듯이 넘실대는 동네 가운데 자리를 잡고 있는 한옥이다. 과연 어떻게 해야 지역, 역사, 경관적 가치 등을 훼손하지 않고 집을 지을 수 있을 것인가.

"저는 새로운 한옥 주거환경의 좋은 예를 보여줘야 한다고 생각합니다. 이 동네에서 한옥은 1930년대의 공간에서 벗어나 새로운 길을 모색해야하며, 골목과 어울리는 신축 한옥으로 일종의 대안을 제시해야 합니다. 만약 형식조차 불변한다면 그것은 지나치게 수구적인 태도 아닐까요?"

내가 좀 공격적인 의견을 피력하자, 설계자는 정반대의 의견을 내놓으며 반박한다.

"지금 그대로의 건축 형태로도 충분히 새로운 공간을 만들어낼 수 있습니다. 목수님의 의견은 어떤 관점에서는 재개발의 논리도 될 수 있거든요. 또한 만약 신축으로 간다면 현재 한옥보존지구로서 우리가 지켜내야 할 지역과 경관의 가치는 의미가 없게 될 겁니다."

그는 건축 역사를 전공한 학구파인 데다가, 문화재실측설계 자격을 갖춘 전문가이기도 하다. 이런저런 의견을 더 주고받았지만 여전히 건축주는 결정을 내리지 못하고 시간만 흐르고 있었다. 이때 설계자가 결정적인 한 마디를 던졌다.

건축주가 구상한 설계안

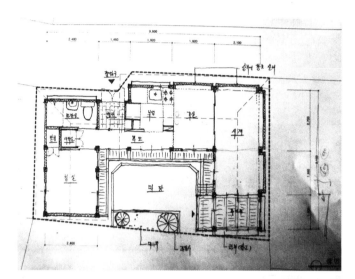

초기 설계안

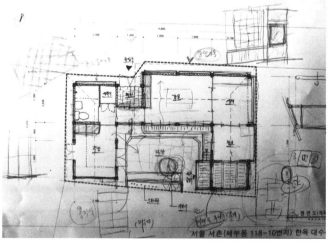

최종 확정된 설계안

"이 집을 원형대로 유지하는 대수선을 한다면, 이전에 집을 지으면서 구상해봤던 몇 가지 새로운 시도를 해보겠지만, 만약 신축으로 결정하신다면 저는 이 프로젝트에서 빠지겠습니다."

"신축이든 대수선이든 마을이 지켜온 가치를 훼손해서는 안 된다는 대원칙과 함께, 같이 일하는 파트너들의 신뢰, 의리 또한 깨져서는 안 됩니다. 대수선으로 하기로 하고 프로젝트를 진행해보기로 하시죠."

분위기가 싸하게 식기도 전에 대수선으로 결정이 났다. 건축주가 드디어 결론을 냈다. 혹시 도편수로서 주장한 바를 이루지 못해 자존심이 상하지 않았을까 하는 염려에는 '괜찮았다'라고 답하겠다. 더군다나 설계자와는 이전에 같이 신축과 대수선 공사를 진행했고, 친밀한 사이이기도 하다. 며칠 후부터 건축주는 건축사사무소와 자료를 주고받고, 바쁜 시간을 쪼개 모임을 갖는 등 설계 작업에 돌입했고, 목수이자 시공 책임자로서 나는 두어 번 조언을 한 정도였다. 건축주와 설계자는 기존의 집을 실측한 현황 도면을 바탕으로 계획도면을 만들기 시작했다. 다시 건축주의 이야기를 들어보자.

— 설계자인 건축사님이 가장 먼저 부탁한 일은 "많이 다녀보라"였습니다. 나 역시 원래 그런 것을 좋아해서 신이 났습니다. 살고 있는 북촌에 있는 수리된 한옥 여러 채를 가봤고, 혜화동에 있는 장면 가옥, 성북동에 있는, 최순우옛집, 그리고 옛날부터 사랑한 이태준 가옥(수연산방)을 보고 사진을 많이 찍었습니다. 설계자와는 계속해서 이메일과 미팅을 통해 의견을 교환하면서 설계 과정을 함께 해나갔습니다. 그리고, 마지막 단계인 서울시의 한옥 심의를 위한 설계도면을 검토하면서 설계에 대한 목적을 달성한 것 같아 만족했습니다.

설계를 위해 함께 의견을 나누는 과정에서는 두 가지를 중점적으로 살폈습니다. 남향의 위치를 충분히 활용하는 것이 첫 번째였습니다. 창살이 빽빽한 창호 대신 넓고 밝은 창살로 만들어 햇살을 마음껏 환영하고 싶었습니다. 두 번째는 작은 집이지만 다양한 공간을 원했습니다. 이태준 가옥을 본 딴 누마루 공간과 대문채와 문간채로 분리되어 있던 원래 상태에서 두 부분을 연결하는 현관 홀을 만들고 싶어 건축사님께 이런 제 생각을 전했습니다.

건축사님이 주문한 공부를 통해 정한 대수선의 기본 방향은 '전통 한국 건축의 하이라이트를 갖춘 1930년대풍 현대적 도시형한옥'이었습니다. 최종 설계도를 보면서 이 목적을 달성했다고 판단했고 신나는 설계 과정이 결국 웃음으로 끝났습니다. 물론 하고 싶은 것은 더 많았지만 대지 21평, 건물 12평인 물리적 한계와 빠듯한 비용 안에서 마음에 드는 설계안이 나와줘 행복했습니다.

지루한 여름의 더위가 물러날 때쯤 드디어 서울시와 종로구의 심의를 통과하고 건축사사무소로부터 공사를 시작해도 된다는 전갈을 받았다.

이별 그리고 출발/

건축주와 시공계약을 한 후 대문 열쇠를 넘겨받고 현장으로 향했다. 며칠 후면 공사가 시작된다. 그날 밤, 더위가 한풀 꺾이고 이제 제법 선선한 공

해체 공사를 시작하기 전 마당에서 바라본 집의 모습. 마당에 화장실이 있는 전형적인 도시형한옥이다. 2012년 8월 27일 낮 12시 40분에 찍었다.

기가 감지되는 텅 빈 한옥의 안방에서 얇은 웃옷을 이불 삼아 할 수 있는 한 편안하게 누웠다. 착 가라앉은 골목길에는 노란 보안등 불빛이 흐르고, 이따금 남자의 구두, 여자의 구두 소리가 들리고, 큰 골목 이상의 집 맞은편 술집은 조용하다 소란스러웠다를 반복하고 있었다. 집은 밤보다 고요했다. 생명의 명멸明滅과 그 사이의 모든 숨결을 말없이 지켜보고 지켜준 집이 이제 얼마 후면 무거운 짐을 내려놓을 것이다.

깊은 잠 속에 빠져들지 못하고 새벽녘이 되어서야 얼핏 잠이 들었다. 그것도 잠시. 이내 붉은 벽돌담 너머 바짝 붙은 앞집의 아침 식탁 위에 수저 놓는 소리와 이어서 들리는 가족들이 아침을 먹으며 나누는 도란도란 이야기 소리에 깨버렸다. 그러고도 한참을 그대로 그렇게 누워 있었다. 하룻밤 보낸 걸로는 이별이 차마 쉽지 않다. 하룻밤을 더 지내고 나면 이별할 용기를 낼 수 있을까.

다음날 저녁. 나는 금천교 시장 입구 '파리바게트'에서 전병이며, 화과자 몇 박스를 샀고 강의를 마치고 급하게 지하철을 타고 퇴근한 파우저 교수는 얼굴이 발갛게 상기되어 있었다.

"어느 댁부터 갈까요?"
"글쎄요. 이 집? 아니, 저 집?"

부담되기는 건축주도, 나도 마찬가지였다. 선뜻 발을 내딛지 못했다. 그래도 내딛어야지. 그래야 일이 시작된다. 골목 여러 집 중 한 집의 초인종을 드디어 눌렀다.

해체 공사를 시작하기 직전 골목의 모습. 붉은색 벽과 녹이 올라온 문패는 더 이상 볼 수 없을 것이다.

"누구세요?"
"아, 네. 저, 뒷집 주인인데요."

유창한 한국말이지만, 역시 조금 소극적인 느낌으로 답하는 로버트 파우저 교수. 작은 집을 둘러싸고 몇십 년을 함께 부대끼며 살아온 골목의 앞, 뒤, 옆집 이웃들에게 먼저 인사를 해야 한다. 공사할 때 생길 수밖에 없는 소음과 먼지 등으로 폐를 끼치게 되니 양해를 구해야 한다. 먼저 머리를 숙이고, 인사를 건네니 '좋은 동네로 이사 온 거 축하한다'는 환영의 인사가 돌아온다. 좁은 골목길에서 적지 않은 난관이 '반드시' 기다리고 있겠지만, 이 정도면 꽤 좋은 출발이다.

허무는 것에서
공사는 시작된다

골목이 소란스럽다. 이른 아침부터 노동자들이 골목 쪽에서 집을 둘러싸는 가림막을 설치하더니, 이내 지붕 위로 올라가 기와를 한 장, 한 장 걷어내기 시작한다. 이미 몇 번의 해체작업을 함께 해온 전호택 팀장은 지붕 위에서 능숙하게 작업지시를 내리며, 위험 상황이나 특별히 신경 써서 다뤄야 하는 부분을 정확히 알고 대처한다. 걷어내린 기왓장은 대략 3천 장이 넘었다. 그러나 다시 지붕에 올리기 위해 조심히 내린 것은 아니다.

　옛기와를 다시 사용하는 건 바람직한 일이다. 비용 면에서 유리할 뿐 아니라, 신축이 아닌 대수선이라는 목표에도 어울린다. 게다가 수공예품 같은, 정말 수공품이기도 하지만, 아름다운 문양을 지닌 기왓장의 가치는 비용으로 따질 수 없다. 수키와에 있는 다양한 문양을 보는 것도 좋고, 시대

노동자들이 앞집과 연결된 지붕 쪽 기와를 내리고 있다.

를 달리한 그것들이 뒤섞여 지붕을 이루고 있는 것도 그렇다. 옛기와 중에서도 1920년대 이후 집장사 한옥이 들어오기 전에 제작된 것으로 추정되는 기와는 다시 사용해도 좋을 만큼 튼튼하다. 마음만 먹으면 두께와 무게로 어느 정도 구분할 수 있으니 따로 추려내어 사용할 수도 있다.

그렇지만 누가 그것을 하고 있는단 말인가. 수천 장의 기와 중에서 재사용이 가능한 기와를 일일이 골라내는 일은 비용도 그렇고, 일정을 따져봐도 어지간한 결심 아니고는 쉽지 않은 일이다. 기와는 무엇보다 비가 새지 않아야 한다. 가능한 한 오랫동안. 시간과 비용을 들여 골라낸다 하더라도 그 가운데 강도가 약한 기와가 한 장도 섞여들어가지 않는다는 보장 또한 없다. 아름답지만 가질 수 없는 상대다. 눈 딱 감고 포기하기로 했다. 건축주에게도 이 문제점을 이야기했다.

"확신할 수 없지만, 옛기와를 재사용한다면 빠르면 3~5년 내에 문제가 생길 가능성이 있고요. 새 기와를 쓰면 최소 30년은 걱정 없지 않을까 예상합니다."

"처음에 물이 새지 않으면 오랫동안 그대로 유지되지 않을까요? 웬만하면 옛기와를 쓰고 싶은데……."

"그렇죠, 물론 오래갈 수도 있습니다. 그런데 와공*들 이야기를 들어보면, 옛기와는 기와 시공 중에 밟고 다니다 깨지기도 하는데 그걸 잘 모른다는 겁니다. 더 큰 문제는 집 다 짓고 나서 지붕 위를 걸어다니며 일해야 하는 사람들이 밟는다는 것이죠. 그분들은 이 집, 저 집 지붕 위로 넘어다니기도 해야 하니까요."

◀ 강도가 약해져서 금이 가기 시작하는 옛기와. 밟으면 쉽게 깨져 비가 새는 직접적인 원인이 된다.
▶ 여전히 아름답고 튼튼한 기와도 많지만, 분류 작업은 쉽지 않다.

"맞아요, 그렇죠? 기와지붕들이 딱 붙어 있으니."

　건축주는 와공들이 지적하는 현실적인 이유를 인정했다. 옛기와, 특히
1930~60년대 생산된 기와는 왜 쉽게 깨질까. 경기도 여주의 기와생산업
체인 '한국토형와전'의 이상재 사장은 이렇게 말한다.

▬　당시에 뭐 하나 풍부한 게 있었겠습니까. 흙마저도 마찬가지였겠죠. 대
　　부분 근처의 논흙으로 기와를 빚은 데다가, 구울 때 온도는 1,200도 이상
　　올려야 하지만, 당시에는 700~800도만으로 구워 강도가 많이 약하죠.

　생각해보면, 대도시 근처에서 기와 굽는 온도를 끝까지 올리지 못한 건
당연한 일이기도 하다. 일제강점기 혹은 전쟁이 막 끝난 뒤 땔나무도 없는
데 무엇으로 가마의 온도를 높일 것인가. 게다가 당시는 한옥이 대량으로
공급되던 시기여서 수요량을 맞추기도 힘들었을 것이다.
　지붕에서 내린 옛기와를 다시 사용할 수는 없지만 그렇다고 이들이 쓰레
기는 아니다. 북한산 너머 송추에 있는 고재상에 전화를 했다.

　"오랜만입니다. 사장님, 요즘도 옛기와 수거하시나요? 서촌에 있는 현장
에서 기와를 가져가셨으면 하는데요."
　"그렇긴 하지만, 골목 속에 있는 건 좀 어렵지요."
　"저희 철거팀이 지붕에서 걷어내려 정리는 해놨습니다."
　"뭐, 그럼 좋긴 하죠. 일단 수거하는 업자한테 연락은 한번 해볼게요."

　다음 날 시내에서 기와를 수거하는 업자분이 왔다. 현장을 보더니 이내
고개를 저었다. 요즘엔 고기와가 팔리지 않아서, 계속 수거만 할 수도 없다

＊　기와를 올리는 기술자. 정식 명
칭은 와장이지만, 현장에서는 '와
공'으로 호칭하는 것이 일반적이다.

는 것이 그의 변이었다. 잔뜩 흐린 말 몇 마디 남긴 채 골목 아래로 다시 급하게 사라지는 그의 뒷모습이 얄미웠지만, 어쩌겠나. 불경기에 직면한 영세한 업자의 푸념이 생존의 절박함으로 귓가를 파고드는 걸.

이제 옛기와는 정말로 폐기물이 되는 것인가. 비좁은 현장은 이미 기왓장과 흙, 다른 폐기물들로 터져나갈 듯했다. 그대로 두자니 현장은 비좁고, 버리자니 차마 그럴 수는 없다. 그때 전호택 팀장이 듣던 중 반가운 소리를 했다.

"일하는 아저씨 한 분이 기와를 조금 가져가도 되냐고 물어보는데요?"
"어, 정말? 당연하지. 마음껏 가져가시라고 해요."

노동자 한 분이 그 기와를 가져다가 천안의 시골집 담장이나 창고 지붕에 쓰겠다고 한다. 되도록 많이 가져가시라고 했다. 나중에 그 기와를 어디다 썼는지 들어보니 동네분들에게도 인심을 후하게 썼다고 한다. 무려 경복궁 옆 서촌에서 왔으니 귀한 대접을 받았으리라.

모든 기와가 그렇게 '처치곤란'은 아니다. 전호택 팀장이 직접 살금살금 올라가 조심히 걷어내려 잘 보관한 기와가 몇 장 있다. '망와'望瓦라고 부르는 특별한 기와다. 망와는 지붕마루의 끝단에 들어가는 장식용 기와인데, 다른 모든 기와는 재사용을 못하더라도 망와만큼은 다시 지붕에 올려서 집의 역사와 대수선의 의미를 보여주기로 했다. 요즘 망와와 옛 망와를 비교해보면 다시 쓰고 싶은 나의 마음이 저절로 이해가 될 것이다.

옛날에 기와를 구워낸다는 건 얼마나 힘이 드는 노동이었을까. 상상하기도 어렵다. 가난한 노동자들이 배불리 먹지도 못하면서 끈적한 흙을 치대고 빚어서 수천 수만 장을 구워냈을 테니 말이다. 시간이 흘러 기계화가 조금 이루어지기도 했겠지만 노동자들의 고단함은 여전했을 것이다. 그런 와

시대를 넘나드는 망와 　 1·2. 요즘 한옥에서 흔히 쓰는 무궁화 문양의 망와.
살림집에 용 문양을 올리기도 한다.
3·4·5·6·7. 서촌의 한옥 지붕에 아직 많이 남아 있는 옛 망와들.
상표(추정)조차도 감각적이다.

중에 그들이 기와에 그려놓은 즐거운 문양, 피워놓은 소박한 꽃들은 어렸을 때 종일 논밭 일로 녹초가 되어 집으로 돌아오시는 체구 작은 어머니의 광주리에 자주 들어 있던 들꽃 한묶음이다.

떠나보낸 자리에 남은 더 진한 흔적들 /

기와를 다 내리고 두꺼운 지붕의 꺼풀이 벗겨지면서 뼈대인 서까래가 조금씩 드러난다. 오래 묵은 목재에 물이 닿는 건 해체와 수리 현장에서 금하는 일이다. 그렇지만 가장 깊게는 한 자, 즉 약 30센티미터 이상 쌓인 흙에서 피어올라 동네를 온통 휘감고 도는 먼지 때문에 물을 뿌리지 않을 수 없다. 맞닿은 이웃 지붕 때문에 아주 제한적이어서 가림막도 별 소용없다.

지붕 위의 흙을 모두 내리는 데 사흘이나 걸렸다. 먼지가 많아 살살 긁어 내린 탓도 있지만, 워낙에 지붕 위에 쌓인 흙이 많았다. 이 집이 지어진 때는 지붕 단열을 오로지 흙에만 맡길 수밖에 없었을 테니 최대한 많은 양을 지붕 위에 올렸을 것이다.

흙을 다 내리고 지붕을 가볍게 하고 나니 아랫부분인 벽체와 바닥 등을 털어내는 데는 부담이 줄어들었다. 지붕의 기와에서 망와를 남긴 것처럼, 아랫부분에서도 버릴 것과 남길 것을 가려내야 한다. 해체팀은 내가 말하지 않더라도 벌써 그리하고 있다. 방바닥 맨 아래에서 나온 모양 좋은 구들, 근대 건축물을 상징하는 얼마 되지 않은 수량의 붉은 벽돌, 기단석을 포함한 모든 석재와 다듬어진 돌 등을 따로 가려낸다. 이 가운데는 정교하게 다듬어진 석재도 들어 있다. 궁궐 축대에 썼던 걸로 짐작되는 돌덩이다. 옛 부재를 다시 쓰는 것은 비용이 절감된다기보다 더 추가가 된다고 생각하는 것이 맞다. 옛 부재에 맞게 손을 써야 하는 일이 따르기 때문이다.

1

2

3

4

5 6

7

1. 지붕에서 내려온 흙이 산더미다.

2. 기와를 다 내리니 뼈대인 서까래가 모습을 드러낸다.

3·4. 자루에 담겨 있는 폐기물과 폐기물이 처리된 후에 골목 양쪽으로 가지런히 남겨진 돌.

5. 연목이 썩어 부러지고 있는 해체 후의 상태.

6. 그러나 아래쪽에서 보면 멀쩡해 보이기도 한다.

7. 아예 밑둥이 없어져 버팀대로 받쳐놓은 모습.

철거작업은 일주일 만에 끝났다. 여덟 명의 노동자가 매일 땀을 흘렸다. 사고 없이 끝낸 철거팀에게 감사하다. 철거 비용은 약 1,000만 원이 들었다. 적지 않은 비용을 들여 목조의 뼈대만 남기고 집을 해체하고 철거를 한 이유는 이 집을 처음 지었을 당시, 즉 1936년의 처음 상태로 되돌리기 위해서였다. 이 집은 지어진 뒤 오랜 시간 사람이 살면서 사는 사람의 편의에 따라 조금씩 살을 덧붙여왔을 것이다. 여기에 또다시 살을 붙여 집의 수명을 억지로 연장시킨다는 건 오래된 집에게는 가혹한 일이다. 처음 지어진 뒤 지금까지 지붕의 기와는 제 할 일을 다 했고, 서까래도 마찬가지다. 특히 밑둥치부터 썩은 기둥은 이제 나이 들어 벽이 붙잡아주지 않으면 허공에 붕 떠 있는 형국이다. 이제 제대로 손을 봐주지 않으면 안 될 만큼 이 집에는 세월이 앉았다.

사진을 보면 집의 상태가 심각한 것이 한눈에 보인다. '한옥은 천 년도 간다'는 말이 있다. 이 말은 집이 넘어지면 일으켜 세우고, 기울어지면 바로 잡아 같이 간다는 말과 다르지 않다. 서양 건축물을 두고도 같은 표현을 하는지 모르겠지만, 한옥을 두고 '집이 넘어간다' 또는 '집이 기울어진다'라고 하지 '집이 부서진다, 집이 무너진다'라는 말은 잘 하지 않는다. 다 넘어가는 이 집 역시 다시 세우는 과정을 이제 시작하는 것이다. 불필요한 살을 덜어내고, 뼈대를 드러내는 지금의 이 과정은 고통스럽긴 하지만 이제 비로소 집을 다시 세우기 위한 준비가 끝났다.

버려지는
근현대 건축물의 자취

오래된 한옥을 다시 지을 때면 어쩔 수 없이 있던 것을 버리게 된다. 그때마다 매번 드는 생각이 하나 있다. 현행 법규에는 신축, 즉 건물을 새로 지을 경우 이렇게 '땅위에 있는' 현존하는 건축물의 흔적은 깨끗하게 쓸어서 폐기물로 버리고, 2미터 아래에 있을지도 모르는 고대 또는 중세의 흔적을 찾기 위해 수백만 원을 들여 '문화재시굴조사'를 하도록 규정되어 있다. 왜 이렇게 하는 것일까? 늘 궁금한 일이었지만 내친김에 견지동 조계사 뒤에 있는 문화재발굴조사 기관인 (재)불교문화재연구소 유적연구실의 김진덕 발굴팀장을 만나 이야기를 들어보기로 했다.

"팀장님. 옛날 문화재를 찾는 건 그렇게 열심인데 근현대 문화재에 대해서는 상대적으로 소홀한 걸로 보이는 건 왜 그렇습니까?"
"그건 말입니다……"

그의 설명을 요약하면 아래와 같다

— 문화재文化財에서 '재'財는 '재화'를 뜻합니다. 엄밀하게 보면, 재화적 가치가 문화재라는 개념 안에 기본적으로 포함되어 있다는 의미죠. 그 가치는 오래될수록 높은 것이 당연하고요. 그러니 시간이 얼마 되지 않은 근현대 분야는 고고학의 범위에서 벗어나게 된 것입니다. 그래서 문화재를 발굴할 때 고고학에서는

근현대 시기의 것은 일종의 '교란층'으로 해석하고 그 밑에 쌓인 옛날 것을 찾기 위해 그냥 들어냈습니다. 지금은 모르는 옛날을 찾기 위해 수수께끼를 푸는데, 상대적으로 최근의 것, 그리고 이미 익히 알고 드러나 있는 건 당연히 덜 중요하다고 여기는 것이죠. 그래서 근현대 건축물이 비록 헐리더라도 땅 아래 뭐가 있는지 들여다보려고 하는 겁니다.

하지만, 근대 건축물들이 빠르게 사라지는 것은 너무 아쉽습니다. 현실적으로 근현대 관련 조사에 관한 시간과 비용이 너무 제한되어 있어요. 문제는 이게 더 복잡하고 시간도 더 걸린다는 겁니다. 최근 들어 생활사까지 다루는 민속학이 고고학의 파트로 들어오긴 했지만 근현대 문화재 관련한 광범위한 조사는 아직 여건상 어려움이 많습니다. 게다가 법규상 문화재 조사는 현재 건물을 부수고 건축허가를 통과한 후(멸실 후 신축) 착공신고 직전에 시행하기 때문에 기존의 건축물을 살펴본다는 게 불가능하죠.

그나마 다행히 사대문 안의 문화재에 대한 관심이 지난 2004년 일명, '피맛골 발굴' 때부터 본격적으로 시작되어, 사대문 안에서는 지표조사 차원의 데이터는 어느 정도 확보되어 있는 것으로 압니다. 의미가 있다고 평가되는 건물 등은 지역·필지 등으로 구분해서 이미 조사가 되어 있다는 뜻입니다. 저희만 해도 청계천 근처 멸실 한옥은 거의 조사를 했으니까요. 그렇지만 여력이 부족해 아직은 백데이터로만 있는 상태이고, 데이터를 가공하는 문제는 여전히 남아 있습니다.

결국, 근현대 문화재 관련해서는 법규 제도의 정비나 전문가의 열정 이전에 우리 모두의 관심과 참여가 필요한 일이라는 말이다.

이 집에는
어떤 나무를 쓸 것인가

이제 이 집의 훼손된 목구조를 손보는 일을 할 차례다. 우선 재료인 목재 이야기부터 해보자. 한옥을 지을 때 건축주가 가장 예민하게 살피는 게 '목재'라는 건 확실하다. 태생적으로 한옥이 목조건축이기 때문에 그럴 수밖에 없다. 그런데 이렇게 관심을 갖는 목재에 대해 요즘 만큼 뭘 모르는 시대도 없다. 누구를 뭐라 말하기 전에 제재소에서 잔뼈가 굵은 목수인 나조차 평생 농사를 지으신 나의 아버지보다도 목재에 관해서 잘 모른다. 시대가 그만큼 바뀐 것이다. 시대는 바뀌었어도 목구조를 기본으로 하는 한옥의 정체성은 변하지 않았기 때문에 한옥을 지을 때 그만큼 목재는 중요하고, 기본 상식이 없는 건축주들은 그만큼 목재가 궁금하고, 여기에 예민하다.

　궁금한 사람이 문제를 풀기 위해 가장 먼저 하는 일은 책을 보는 것이다. 그런데 여기에서 얻는 정보라는 것은 마치 옛날 중학교 체육 교과서에서 수영하는 법을 그림으로 그려 보여주거나, 또는 상수리나무·굴참나무·떡갈나무의 차이점을 애써 글로 풀어 설명하려는 것과 비슷하다. 그러니 현장에서는 거의 쓸모 없는 지식이 되고 만다. 이런 분들은 질문부터 잘못된 경우가 많다. 일주일 전에도 현장에서 이런 질문을 들었다.

"황 사장, 다글라스 있잖소. 하얀 게 비싼 거요, 붉은 게 비싼 거요?"

이 분은 '더글러스'douglas fir라는 목재의 품종과 특징은 알았지만, 실제로 본 적은 없음이 분명했다. 심재와 변재의 색이 달라서 생기는 오해지만, 또 완전히 틀린 말도 아니어서 어디서부터 설명을 시작해야 할지 난감할 뿐이다.

목재의 종류는 무궁무진하다. 우리 땅에 가장 많은 소나무만 해도 육송, 해송, 적송, 홍송 등 그 종류가 한두 개가 아니다. 여기에 수입목재까지 들먹이기 시작하면 그 낯선 명칭 앞에서 아무리 글과 사진으로 설명을 해도 일반 건축주가 나무에 대해 제대로 이해하기란 어려운 일이다.

나무에 관해 알고 싶다면／

나무에 관해 알고 싶다는 분들에게 내가 늘 권하는 책이 한 권 있다. 일본의 궁목수인 니시오카 쓰네카츠(西岡常一)가 쓴 『나무의 마음, 나무의 생명』 (최성현 옮김, 삼신각, 1996)이라는 얇은 책이다. 나무의 품종을 외우는 것에 앞서 이 책을 읽는 것이 나무를 이해하는 데 도움이 될 것이다. 『녹색평론 선집 3』(녹색평론사, 2009)에도 '나무의 생명과 목수의 지혜'라는 제목으로 그의 글이 정리, 발췌되어 있다. 그가 쓴 글을 짧게 인용하면 다음과 같다.

‐ 나무는 대자연이 낳고 기른 생명입니다. 나무는 죽어 있는 것이 아닙니다. 생물입니다. 사람도 또한 생물입니다. 나무도 사람도 자연의 분신

입니다. 말없는 나무와 이야기를 나눠가며, 생명 있는 건물로 바꿔가는 것이 목수의 일입니다. 나무의 생명과 인간의 생명의 합작이 진짜 건축입니다. (중략) 오래된 목재는 놀랍게도 만지면 따뜻하게 느껴집니다. 감촉이 부드럽게 느껴집니다. 해체 수리를 하다보면, 온갖 시대의 나무들을 만져보게 됩니다. 그 나무들을 통해 옛사람들이 나무를 사용한 방법, 나무를 대하는 사고방식 등을 엿볼 수 있어 재미있습니다. 나무 사용의 묘에 있어서는 현대의 목수가 옛사람들의 발 밑에도 쫓아갈 수 없다고 저는 생각합니다.

다음의 말도 들어보자.

- 이쪽 지방처럼 적당히 따뜻하고 아늑한 곳에서 자라는 소나무가 더 좋아요. 환경이 좋으니까 악다구니 쓰면서 애를 쓰지 않아도 되거든요. 반면에 너무 춥고 바위산이나, 고지대에 있는 소나무는 얼핏 강할 것 같지만 반대래요. 생각해봐요. 추울 때 잔뜩 웅크리고 있다가 따뜻해지면 이때다 하고 쑥쑥 커버리면 당연히 부실하지 않겠어요? 소나무는요, 우리들 사람하고 똑같다고 보시면 돼요.

이 말을 해준 사람은 강릉 토박이로 젊을 때부터 산판업*에서 일하다 직접 제재소를 차린 강릉 '삼팔제제소' 조성훈 사장이다. 그는 진한 강원도 말씨로 소나무에 관해 이렇게 설명해줬다. 조성훈 사장과 일본 궁목수가 같은 이야기를 해주는 것 같지 않은가. 나무 옆에서 사는 사람들의 말은 한

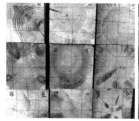

◀ 잘 마른 육송 기둥의 윗면. 동심원이 다양하다.
▶ 북미산 더글러스. 심재는 붉고, 변재는 더 흰빛이다. 목수들은 목재의 색깔뿐 아니라 옹이의 형태, 특유의 냄새, 고유의 질감 등 다양한 요소를 종합해 구분하기도 한다.

결 같다. 한옥을 지을 때 어떤 나무를 쓸까. 대부분 소나무, 즉 육송을 꼽는다. 좋은 육송은 어디서 구하는 게 좋을까. 조성훈 사장 말에는 자기 지역 소나무에 대한 지극한 사랑과 찬사의 표현이 더해졌다. 그렇지만 그게 무조건 자기 지역이라서 하는 말은 아니다. 실제로 관동 지역 소나무들은 강송, 금강송 등으로 호칭되며 최고의 목재로 취급된다. 일제강점기에는 이 지역 소나무를 벌채한 뒤 경북 봉화군 춘양면의 기차역으로 운송한 후 이동을 시켰다고 한다. 우리가 질 좋은 목재의 대명사처럼 알고 있는 춘양목은 봉화의 춘양역에 모인 질 좋은 소나무에서 이름이 나온 셈이다.

만약 여러분들이 직접 좋은 육송을 구경하고 싶다면 강릉으로 가면 된다. 제재소도 많고, 육송의 목재 질도 좋고, 가격도 상대적으로 저렴하다. 잘 모르는 사람을 혹시 속이기라도 하지 않을까 걱정은 하지 않아도 된다. 속이는 비용이 더 든다. 다른 목재를 강릉까지 운반하는 물류 비용을 생각하면 된다. 육송을 전문적으로 취급하는 제재소는 영주, 안동 등 경북 내륙 지역에도 여럿 있으니 참고하시기 바란다.

그런데 육송은 크기가 작다. 반면에 요새 새로 지어지는 한옥들, 예를 들어 사찰 내부의 문화재 관련 박물관·요사채·전시관이나 공공기관 발주의 기념관, 그리고 살림집으로 짓는 한옥까지 모두 그 규모가 궁궐처럼 커지고 있다. 욕망의 키재기라도 하는 것처럼 규모가 점점 거대해지면서 고만고만한 크기인 강원도 육송만으로는 집을 지을 수가 없게 됐다. 때문에 육송 대신 수입목재를 쓰기 시작했고, 가격 면에서도 어느 정도 유리한 수입목재가 점점 육송을 밀어내고 말았다. 그 결과 최근에는 규모가 작은 살림집조차도 서까래 정도를 제외하고는 모두 수입목재를 사용하는 것이 자연스런 일이 되고 말았다.

강원도나 경상북도의 제재소들이 국산 소나무 즉, 육송의 생산과 유통에 강점을 지닌다면, 인천·목포·부산 등 항구에 가까운 제재소들은 수입목

● 산에서 나무를 베어 끌어내려
제재소에 공급하는 분야.

유통에 더 유리하다. 따라서 항구 도시에 있는 대형 제재소들에서는 주로 일반 건설자재를 다루고, 일반 건설자재보다는 질이 좋은 원목, 즉 특수 자재로 취급되는 '문화재용 목재'를 다루는 제재소는 전국적으로 분포가 되어 있다. 이런 제재소를 보통 '문화재 제재소'라 부른다. 그런데 질 좋은 문화재용 목재로 집을 짓고 싶다고 해서 그것이 쉬운 일은 아니다. 경기도를 비롯한 수도권에는 오히려 이런 제재소가 드문 편이다. 살림집을 한옥으로 짓고 싶다면 강원도 강릉과 경북 북부, 그리고 대구와 광주 근처에 규모 있는 제재소가 많으니 이쪽을 살펴볼 것을 권한다.

나무에 관해 이런저런 궁금한 것을 '삼일제재소' 정영숙 사장께 묻는다. 전남 나주의 삼일제재소는 전국적인 규모이기도 하고, 질 좋은 수입원목을 많이 취급하는데 정영숙 사장은 20년 넘게 이곳을 운영하고 있다.

"정 사장님. 이곳의 원목은 주로 어떤 경로로 들어옵니까?"

"우리가 들어오는 더글러스는 주로 캐나다와 미국에서 벌채해서 시애틀에서 선적이 되고요, 광양항으로 들어오는 것들이에요."

"질 좋은 원목은 일본으로 전량 들어간다고들 하던데 사실이에요?"

"맞아요. 현지 기준으로 봤을 때는 일본이 가장 큰 시장이고, 그 다음이 중국이고, 마지막이 한국이라고 해요. 간혹 일본으로 가기로 되어 있던 목재가 우리 손에 들어올 때도 있어요. 그럴 때 보면 각각 선호하는 목재의 외형이 다를 뿐이지 특별히 좋아 보이지는 않더라고요."

"실제로는 큰 차이가 없지 않을까 하는 말씀이시네요. 그렇다면, 실제 좋은 목재의 기준은 어떻게 보십니까?"

◀ 앞의 사진 속의 목재와 비교해 붉은 부분이 월등히 많고, 나이테도 균일하고 촘촘하다.
▶ 제재소에 비치된 목재 견본. 비슷하기도, 다르기도 하다.

"심재, 즉 붉은 부분이 많아야죠. 그 다음 나이테가 촘촘한지를 살펴야죠."

"수입회사나 제재소 수준에서 구분하는 품종이 따로 있습니까? 아니면 제가 알고 있는 대로 더글러스와 홍송만으로 구분하나요?"

"저희도 그것 말고는 따로 구분하지 않아요. 일단, 캐나다산 홍송을 가장 좋은 목재로 인정해주는데요, 영어로 홍송을 'Old Growth Douglas Fir'라고 부르는 걸 보면 그쪽에서도 특별한 품종으로 구분하지는 않는 것 같고요. 아무튼, 홍송은 한옥 건축재로는 아주 훌륭한 목재라고 봅니다."

"홍송이 좋은 건 알아도 가격이 그만큼 비싸니까 대부분 건축주는 망설이지 않을까요?"

"꼭 홍송을 쓰지 않아도 괜찮아요. 더글러스를 선택해도 충분합니다. 오히려 나무와의 인연이 더 중요해요. 나무는 아시다시피 공장에서 만들어내는 공산품이 아니잖아요. 그러니까 품질이 일정치가 않아요. 저희 제재소에도 수없이 많은 나무가 오고 가는데 특히 눈에 들어오는 좋은 나무가 보일 때가 있어요. 그런 나무가 한 차 들어오면 이건 아껴뒀다가 친한 목수에게 줘야지, 생각을 하게 되거든요. 그런데 그게 쉽지가 않아요. 그 목수가 매일 나무가 필요하지는 않을 거 아니에요. 그러다 엉뚱하게 미운 목수가 그 나무를 차지하는 일이 비일비재해요. 이런 게 인연이죠. 나무와 목수의 인연. 그 집과 나무의 인연."

사람도 나무도 모두 인연으로 만나는 것

집을 지을 때 건축주와 목수의 만남을 목수인 나는 인연이라고 한다. 제재소에서 세월을 보낸 정 사장은 목수와 나무의 인연을 말한다.

건축주인 파우저 교수 역시 집에 쓰일 목재에 관심이 각별했다. 나는 강원도산 육송과 북미산 더글러스 중에서 선택할 것을 권했다. 그는 한참 고민을 하더니 육송을 선택했다. 그 이유를 이렇게 답했다.

 나무에 관한 기초 상식은 있었지만, 육송과 더글러스의 차이는 몰랐습니다. 목수님이 육송은 한국산이기 때문에 전통적으로 한옥을 지을 때 사용하는 나무지만, 잘 뒤틀리는 단점이 있고 반면에 더글러스는 튼튼하고 물에 강하지만, 갈라짐이 좀 있고 색감 등이 육송에 비해 친화적이지 않다고 설명을 해주셔서 결정하는 데 도움이 됐습니다. 이 땅에 지을 집이니 기본적으로는 이 땅에서 나는 것을 사용하고 싶었습니다. 우리가 지을 집은 도시형한옥인데, 이 집 자체가 '경성'이라는 지역성에서 나온 것이니 더더욱 그래야 한다고 생각했지요. 한국 단독주택 시장이 작아서 선택의 범위가 좁기 때문에 오히려 종류가 다양한 수입품을 고르는 게 좋지 않을까 하는 생각이 없었던 건 아닙니다. 그렇지만 제가 지으려는 집은 한옥이고, 한옥 자체가 디자인으로 공간을 지배하는 건축이 아니기 때문에 특이한 수입품을 쓸 필요가 없을 것 같았습니다. 서울 오기 전에 살았던 교토라면 습기가 걱정이 되었겠지만 서울은 그렇게 습하지도 않으니 육송으로 해도 괜찮겠다고 결론을 냈습니다.

 이렇게 해서 건축주의 선택에 따라 기본부재는 육송으로 정했다. 다만 비를 직접 맞는 지붕 쪽 합각 박공은 더글러스로 정했다. 나는 필요한 목재를 제재소에 주문했고, 목수들은 제재소 치목장에 내려가 대패질 등 치목을 했다. 우리가 사용한 강원도의 질 좋은 육송과 더글러스, 그리고 송추의 고재상에 따로 주문한 기둥, 서까래 등을 합한 전체 목재 가격은 기본 시공 비용의 약 10퍼센트 내외였다. 폭이 8치 이상인 판자 등 육송 특수재를 제외한다면 신축 한옥 목재값의 범위도 대략 이와 비슷하다고 생각하면 되겠다.

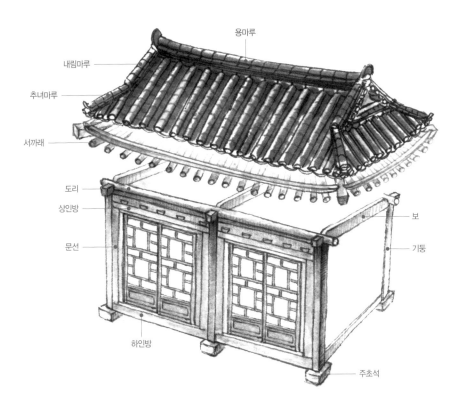

용마루

내림마루

추녀마루

서까래

도리

상인방

문선

보

기둥

하인방

주초석

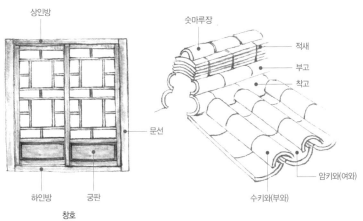

상인방

문선

하인방

궁판

창호

숫마루장

적새

부고

착고

암키와(여와)

수키와(부와)

때려야 뗄 수 없는
제재소와 목수 사이

옛날에는 집을 지을 나무를 구하려면 뒷산으로 올라갔을 것이다. 그런데 이제는 제
재소로 가야 한다. 나무를 가장 잘 아는 이들도 앞에서 보았다시피 목수에게 나무를
공급하는 제재소 사장님들이다.

2001년 봄, 나는 박주환 도편수를 따라 전남 장흥군에 있는 어느 한옥 사랑채를
지으러 갔다. 넓은 마당 한켠에 작은 비닐하우스가 있고, 그 안에는 이리저리 뒤틀리
면서 잘 건조된 목재가 가지런히 쌓여 있었다. 알고 보니 한옥에 관해 잘 아는 집주
인이 역시 목수셨던 박주환 도편수의 부친 되는 어른과 여러 해 전부터 함께 뒷산에
서 나무를 베어내려 제재를 해서 건조를 해두셨단다. 두 어른이 나무를 마련하면서
집 짓기를 구상하던 중에 박주환 도편수의 부친이 아흔 살 되던 해 안타깝게 세상을
떠나자 집주인은 이듬해 그 아들을 불러 사랑채 짓는 일을 부탁한 것이었다.

지금 생각해보면 꿈 같은 풍경이다. 뒷산에서 나무를 내려 현장 마당에서 다듬고
집을 세우는, 소위 '현장 치목, 현장 조립'의 시대는 이미 끝나가고 있었다. 이후 숱
한 한옥 공사현장에서 이런 풍경은 다시 만날 수 없었다. '제재소 치목 후 현장 이동'
의 시대가 시작된 것이다. 이런 현상은 많은 제재소 특히, 문화재(한옥)를 전문적으
로 다루는 제재소가 대형화하기 시작한 것과 서로 영향을 주고 받았을 것이다. 또한
사찰 등 문화재 관련 신축 한옥이 규모가 커지면서 크고 작은 목재를 다듬을 장소가
따로 필요해진 것도 관련이 있다. 이런 장소의 필요성이 현장에서 제기되자 제재소
들은 현장에 목재를 공급하는 것에 그치지 않고 목재를 다듬을 장소 즉, '치목장'治木

場을 목수들에게 제공하기 시작했다. 목수는 제재소가 제공하는 넓은 마당에서 편의에 따라 목재를 교환하기도 하고, 지게차 등 장비를 사용하기도 함으로써 제반 비용을 줄일 수 있게 되었다.

제재소는 목수에게 왜 이런 서비스를 제공하기 시작한 걸까. 이유는 간단하다. 제재소의 최대 고객이 목수이기 때문이다. 일반적으로 공사 발주자, 즉 시공회사나 건축주는 목수의 '제재소 선택권'에 깊이 간여하지 않는다. 다시 말해 어떤 제재소의 나무를 쓰느냐 하는 결정권이 목수에게 집중되어 있다보니 목수에게 필요한 부분을 알아서 서비스하기 시작한 것이다. 시간이 흐를수록 목수에게 제공하는 것들은 더 늘어났다. 제재소들은 치목장 외에도 제재소 부지 내의 식당, 숙소는 기본이고 기둥과 서까래를 둥글게 깎아주는 기계, 자동으로 대패질을 해주는 장비까지 제공하기 시작했다.

그럼 목수와 제재소의 관계에서 목수가 절대 우위에 있다는 말인가. 그렇지도 않다. 현장에서 제재소 선택권이 목수에게 있다면 제재소는 새로 들어가는 현장에 목수를 추천하는 일이 자주 일어난다. 이렇게 생각하면 쉽다. 집을 짓기 위해 발품을 팔아 드디어 마음에 드는 목재를 구한 건축주가 있다고 하자. 이제 건축주는 현장을 책임질 목수를 만나야 한다. 어떻게 목수를 찾을 것인가. 인터넷 검색으로 찾을 수는 없다. 이럴 때는 규모 있는 문화재 전문 제재소를 찾아가는 것이 제일 좋다. 그 제재소에 찾아가 추천할 만한 목수를 소개해달라고 하는 것이다. 문화재 전문 제재소는 대부분 수많은 목수들의 실력과 인간성까지 꿰고 있으며, 목수들의 성장 과정도 잘 알고 있다. 만일 어떤 목수가 제재소에 잘못 보이기라도 하면 이런 상황에서 추천을 받는 가능성은 극히 희박하다. 그러니 목수는 제재소에 '잘 보여야' 한다. 이런 제재소와 목수의 이른바 공생 관계를 가장 잘 아는 분들은 한옥 전문가인 '스님'들인 듯싶다. 이 분들은 제재소가 추천한 목수는 믿을 수 있다고 여기는 경우가 많다. 그렇다고 제재소에 한옥 시공에 관한 것까지 자문을 받으려 해서는 곤란하다. 제재소는 '목재와 목수에 관한 좋은 파트너'일 뿐, 특히 생활한옥을 짓는 것에 관한 전문가는 아니라는 사실을 기억해두기 바란다.

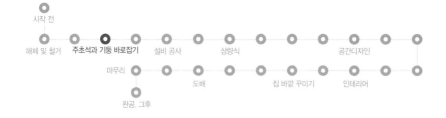

한치의 오차도 허하지 않는
수평과 수직의 세계

"수평과 수직. 진 자는 누울 것이고, 이긴 자는 서 있을 것입니다. 이것이 쿵푸가 아니던가요?"

　영화 「일대종사」에 나오는 대사다. 이 영화를 보며 나는 우습게도 수평과 수직에 관한 오래전 기억이 떠올랐다.

　선암사는 아름다웠다. 은목서 향기가 법당과 사이사이 들어앉은 2층한옥들을 휘감아 도는 어느 가을에 물주전자와 술병을 나르며 시작한 목수 생활은 파초가 죽지 않는 겨울을 지나 매화, 영산홍, 왕벚나무가 꽃대궐을 만드는 봄까지 계속되었다. 아직도 연장은 두 손에 쥐어지지 않았다. 그동안 배울 기초 과정(?)이 워낙 많았으니 뭐 딱히 원하지도 않았다.

　어느 날, 뒷마당 쪽 무우전 출입문(일각문)을 새로 짓게 되었다. 어른들이 물이 가득 담긴 얇고 긴 투명한 호스를 한쪽씩 들고 기둥에 표시를 하고 있었는데, 갑자기 날더러 호스를 붙잡으라고 한다. 엉겁결에 호스를 꼭 붙잡고 앉았다가 갑자기 물이 확 넘치고 말았다. 뭔가 잘못된 것이다. 성질 급한 스승은 불호령을 내릴 것이다. 손이 부들부들 떨렸다. 그런데 이상했다. 시간이 한참 흘러도 아무 말씀이 없다. 불호령도 없었지만 설명도 없었다. 물은 넘쳐 없어져도, 더 채워도 수평을 유지한다는 간단한 사실 말이다. 바들바들 손을 떨면서 생애 최초로 '물수평'을 경험했다.

목수의 세계도 수평과 수직이다. 흔히 한옥의 아름다움을 안허리·앙곡으로 표현되는 부드러운 지붕 곡선과, 귀솟음·안쏠림 등의 신기한 기술로 강조하곤 한다. 하지만 그 부드러움과 시각적 균형은 한 푼分의 오차도 허용하지 않는 정확한 직선인 수직, 수평에서 비롯된다는 건 간과한다. 그리고 정확한 직선인 수직과 수평을 제대로 이루어내기까지 실로 셀 수 없는 거칠고 긴 과정을 거친다. 지붕 곡선 따위야.

다시 맞춘 주초석/

수평과 수직의 시작은 주초석을 정확한 자리에 놓는 일이다. 신축 한옥의 경우는 기둥이 서게 될 자리를 미리 파고 시멘트 모르타르mortar를 부어 굳힌 후 그 위에 주초석을 올린다. 그런데 이 집은 보수 즉, 대수선이기 때문에 기존의 목구조를 그대로 세워놓은 상태에서 주초석을 움직여야 한다.

물수평이 수평이라면, 다림추는 수직을 확인하는 도구다. 다림추를 붙잡을 때는 손의 작은 떨림도 같이 붙잡아야 한다.

새로 짓는 집도 아닌데 이미 있던 집의 주초석을 왜 움직이는 걸까. 이 집의 거의 모든 주초석이 멀쩡하지 않기 때문이다. 가라앉고, 비틀리고, 제자리를 벗어나 있다. 1930년대 당시 지어진 소위 '집장사 한옥'들은 대부분 이런 실정이다. 물론 그대로 두어도 심각한 일은 없을 것이다. 그렇지만 주초석조차 똑바로 맞춰놓지 못한 집을 두고 나중에 '아름답네, 잘 지었네'라고 말할 수 있을까. 그러니 겉으로 멀쩡해 보이는 주초석을 들었다 놔야 한다.

한옥을 조금 아는 분들이라면 궁금할 것이다. 목구조를 완전히 해체한 뒤 주초석을 조정하는 것이 훨씬 쉬울 텐데 왜 굳이 기둥 등 목구조를 그대로 둔 채 주초석을 손대려 하는 걸까. 이유는 간단하다. 바로 건축법 때문이다. 현행 건축법에 따르면 구조를 해체하는 즉시 집을 멸실한 것이 되고 만다. 집을 멸실하면 대수선이 아닌, 신축이나 다름없는 '개축'의 과정을 거쳐야 한다. 이 건축법은 콘크리트로 지어진 현대식 건축물에서나 적용될 사항이다. 해체와 조립이 자유로운 한옥의 본질과는 거리가 멀어도 너무 멀다. 그렇다고 현행 건축법 규정을 정면으로 거스를 생각은 없다.

주초석을 바로 잡으려면 주초석과 기둥 주위의 땅을 넓게 판 다음, 땅바닥에 배를 깔고 엎드려서 주초석을 들어내면서 작업을 진행한다. 이 일은 고용한 노동자에게 맡기지 않는다. 목수가 해야 하는 기본적인 작업이다.

이틀이면 끝날 것 같았던 '주초석 자리잡기'는 나흘이나 걸렸다. 초반부터 일정과 비용이 늘어나기 시작한다. 작업 능률이 오르지 않자 목수들의 얼굴이 점차 굳어간다. 유일하게 활짝 웃고 다니는 이는 건축주. 앙상한 기둥과 보, 도리, 서까래 곳곳에 집이 처음 지어졌던 시대와 지나온 세월의 흔적이 고스란히 남아 있어 그것을 확인하는 재미에 푹 빠졌기 때문이다.

◀ 무질서해 보이지만 각각의 주초석은 수평에 가장 가까우며, 전체 주초석의 수평과 직각도 정확하다. ▶ 수평실에 맞춰 놓은 자연석 주초석. 기초와 주초 사이 빈 공간에도 시멘트 모르타르를 채워 넣어 굳힌다. 문화재 관련 보수는 해체와 조립을 좀 더 많이 허용한다. 건너편은 해체부재를 보관하는 간이창고.

한국말보다 일본어에 더 능숙한 파우저 교수는 보에 붙어 있는 일제 시대의 신문 한쪼가리에 말 그대로 희희낙락이다. 그런 그의 생각을 모르는 바는 아니지만 기둥 등 구조재에 붙어 있는 옛날 신문들을 제거하지 않으면 이어지는 공정은 진척이 더딜 수밖에 없다. 오늘도 새로운 흔적을 찾아내 얼굴 가득 웃음이 가득한 건축주와 마주 앉았다. 출근하기 전 매일 현장에 들러 확인하고 함께 점심을 먹는다. 그는 오늘도 골목 안쪽 중국집 '청우'의 맵지 않은 잡채밥을 주문한다.

"교수님, 지금 남아 있는 저 세월의 흔적들은 어떻게 할까요?"
"일단 그대로 두고 덮어 씌울 수 있는 방법이 있나요?"

예상했던 대로다. 뭔가 방법을 찾아 보존했으면 하는 건축주를 향해 한 마디만 건넨다.

"없습니다."

그 세월이 귀한 건 나도 안다. 그러나 현장진행은 단호해야 한다. 이 집이 박물관은 아니다.
그는 좋아하는 잡채밥을 얼마 먹지도 않고 학교로 향한다. 건축주의 표정은 무거웠다. 대신 현장은 좀 더 가볍게 주초석 놓는 일을 정리하고 다음 공정을 준비하기 시작한다.

◀ 신축 한옥 시공. 수평 규준틀을 설치한 다음 바윗돌처럼 큰 주초석을 다 놓았다. ▶ 대수선 현장. 수평실에 맞춰 주초석을 놓는 목수들의 흙투성이 장갑이 보인다. 원칙은 열십자(十)로 직교하도록 실을 띄우지만 현장 조건은 그마저 쉽지 않다.

썩고 상한 기둥을 다시 세우다 /

이 집의 기둥은 송추의 고재상에서 구입한 소나무 고재와 강원도의 육송을 사용했다. 고재 기둥과 별도로 강릉에서 올라온 육송 특유의 부드러운 나무 향이 골목을 가득 채운다. 아침 일찍 광고 촬영을 위해 유럽으로 출장 간다며 나서는 옆 골목 최문용 감독이 제일 먼저 알아본다. 한옥에 살고 있기도 하지만, 역시 카메라감독답게 나무의 색감과 분위기에 대해 정확하다.

"따뜻하고 편안한 느낌, 이것이 육송이군요."

그뿐만 아니라, 동네분들은 다들 한마디씩 보태며 골목을 지난다.

"나무 냄새가 정말 좋아요."
"비 오는 날은 더 멀리까지 나는 거 같아요."

기둥을 완전히 교체하거나 부분적으로 수리할 때 그 내용은 보통 설계도면 상에 표시되어 있지 않다. 설계도면은 집을 해체하기 전, 겉으로 보기에 멀쩡한 상태에서 작성이 된다. 그렇지만 기둥의 실제 상태는 지붕이나 벽을 털어낸 후에야 온전히 드러난다. 그러니 설계도면에 상세하게 표시하는 것이 애초에 불가능하다.

기둥이 썩었다면 아예 통째로 교체하는 것이 오히려 비용이 적고, 기술적으로도 쉽다. 하지만 기둥 일부가 부식되었어도 오히려 신재보다 단단해서

◀ 고재상에 가서 목재를 일일이 살피고 있다. ▶ 골목에 목재를 쌓아놓으니 향내가 진동한다.

1·2.   밑둥이 썩은 기둥에 먹칼로 먹을 긋는다. 새 기둥의 주먹장이 들어올 자리를 만들었다.
       주먹장, 또는 나비장이 없거나 못으로 꿰매기 하는 기둥잇기는 사기나 다름없다.
3·4.   수장 홈의 세로선을 보면 그 정교함을 알 수 있다. 요즘은 홈이 나뉘어진 쌍장부가 대부분이다.
5·6.   기둥을 세우고 물수평으로 높이를 확인하는 목수들과 주초석 중심에 서지 못한 기둥.
       이 사진 속에는 숨은 그림 찾기가 있다.

오랫동안 서 있을 수 있다는 판단이 서면 교체하지 않는다. 그것은 경험 많은 목수가 결정한다. 이 집에서는 최대한 원래의 기둥을 사용하기로 했다. 목수 공정을 책임진 전재옥 목수는 문화재 현장에서 성장한 베테랑이다.

먼저 썩은 기둥을 고른 다음 먹을 긋고 잘라낸 자리에 주먹장부를 만든다. 그 다음 깨끗한 고재나 신재를 맞춤으로 만든 다음 단단히 끼워넣어 한 몸처럼 이어준다. 이렇게 기둥을 자르고 잇는 작업이 이루어진다.

전 목수가 송추에서 들여온 고재 기둥을 길이에 맞춰 먹을 긋다가 감탄한다. 수장구멍이 기막히다는 것이다. 가까이 가서 보니 옛날 어느 선배 목수의 훌륭한 끌솜씨가 남아 있다. 그걸 보고 있자니 문득 초보 목수 때 스승께서 들려주신 옛 이야기가 생각났다.

▬ 옛날에 어떤 사람이 목수를 불러 집을 짓도록 시켰단다. 목수는 온종일 기둥의 수장구멍 한 개를 들여다보고 끝없이 끌질을 하고 있었다는 거야. 집주인은 하도 어이가 없어 바로 쫓아 보내버렸지. 그리고 도대체 그 목수가 무슨 짓을 하고 있었나 다가가서 봤더니 깊고 좁은 구멍 안에 용 한 마리를 새겨놓았다더라.

기둥의 수장구멍에 용을 새길 만큼 꼼꼼한 옛 선배에게는 미치지 못하겠지만, 비좁은 현장에서 땀 흘린 목수들의 수고로 22개의 기둥이 제자리를 잡았다. 작은 집 치고 적지 않은 기둥이다. 22개의 기둥 가운데 썩은 밑둥을 잘라내고 새로 맞춘 기둥이 8개, 기둥 자체를 교체한 것이 4개다. 집을 확장할 때 없어졌던 2개의 기둥도 당연히 새로 끼워넣었다. 주초석 위에 정확히 자리 잡지 못한 기둥도 있는데 그만하면 만족해야 한다. 집을 버텨주기에는 충분하다.

"이 집은 대들보가 다른 보와 비슷하게

작고 소박해 보이는 게 좋았어요.

오랜 시간 동안 이 집과 함께 해왔다는 것도 마음에 들어요."

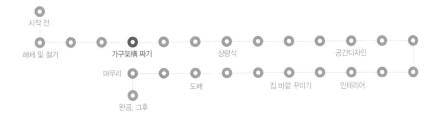

시작 전

해체 및 철거　　　　　　가구架構 짜기　　　　　상량식　　　　　　공간디자인

마무리　　　　　　　　　　　도배　　　　　집 바깥 꾸미기　　인테리어

완공. 그후

하나의 대들보를 바라보는
서로 다른 시선

기둥을 세웠으니 이제 가구架構를 짜야 한다. 기둥을 바로 세우느라 조금씩 흐트러졌던 기존의 보와 도리를 다시 맞춰서 집의 골격, 즉 가구를 짤 때가 되었다. 심각한 고민이 생겼다. 이 집의 대들보가 약해 보인다. 통인동 '태창건축사사무소' 박무룡 선생이 골목을 지나다 들른 길에 대들보를 보고는 나와 비슷한 우려를 한다. 태창건축사사무소는 문화재 실측을 하는 곳이고, 박무룡 선생은 프랑스에서 건축을 전공하고 귀국 후부터 부친이자 문화재실측설계기술자 제11호인 박태수 어른의 업을 이어받아 문화재와 현대 건축을 병행하고 있다. 더구나 그는 이 동네에서 태어나 지금도 살고 있어 동네의 집들에 대해서는 해박하다.

　"보가 좀 약해 보이네요……흠……."
　"저도 걱정입니다. 그런데 흙이 이전 지붕보다는 적게 올라갈 거니까 괜찮지 않을까요?"

"흙은 그렇긴 하겠지만, 새 기와가 예전 기와보다 많이 무거울 텐데요."

　맞는 말씀이다. 박무룡 선생은 좀처럼 가볍게 입을 열지 않는 신중한 성격의 건축가인데, 이 집 대들보를 보자마자 눈에 띄었나보다. 그러니 내 고민은 더 깊어진다. 건축물 대수선 법규에 따르면 보를 바꿀 수 없다. 기둥, 보, 지붕재 중 하나는 절대로 수리를 할 수가 없다. 이미 기둥과 지붕재를 손댔기 때문에 남은 건 보다. 그런데 보가 이렇게 약해서 그대로 두자니 영 맘이 놓이지 않는다. 긴축물 대수선 법규와 달리 문화재 관련 규정은 목구조의 어떤 부분이라도 상태에 따라 교체할 수 있게 되어 있다. 현행 건축 관련법이 얼마나 한옥과 동떨어져 있는지 다시 한 번 알 수 있다. 그렇다고 여기에서 법이 잘못되었다는 타령만 하고 있을 수는 없다. 설계와 행정절차를 맡고 있는 건축사에게는 말을 꺼낼 수도 없는 노릇이다. 어떻게 할 것인지 빨리 결정을 내려야 한다. 건축주에게 먼저 의논하는 게 순서다. 학기 중이라 시간 내기가 쉽지 않은 건축주에게 연락을 했다. 정황을 간단히 설명하니 파우저 교수가 먼저 알고 되묻는다.

"법적으로는 불가능하지 않나요?"
"그렇긴 한데, 너무 약해서 문제가 생길 수도 있고요. 더 큰 고재를 구입해서 바꾸면 안전하고 또, 현행 규정은 조립식 구조인 한옥을 완전히 무시한 거라서 죽은 규정이나 마찬가지 아닙니까?"
"음, 한번 생각해볼게요."

가구조립을 끝낸 신축 한옥.

그가 어떤 결정을 내릴지 궁금하다. '목수는 보 몸통을 붙잡고 울고, 집주인은 보 목을 붙잡고 운다'는 말이 있다. 아무리 큰 대들보라도 기둥과 맞춰지는 부분, 즉 보 목은 폭이 3~4치 정도밖에 안 된다. 그러니 굵은 몸통에 비해 부러질 것처럼 가늘어 약해 보이기 때문에 건축주는 걱정이 태산이지만, 목수는 그냥 무시한다. 대신 보의 몸통은 대패질이라도 할라치면 스치듯 할 만큼 몸통의 굵기에 민감하다. 이유가 뭘까. 박무룡 선생은 이렇게 말한다.

— 우리의 전통건축 구조에서는 지붕의 모든 하중을 보가 직접 받아 기둥에 전달하는 역할을 하고 있습니다. 서양의 트러스truss 개념이 한옥에서는 없는 거죠. 트러스는 크기가 작은 부재들이 서로 짜여져 하중을 분산시키는 원리를 말하죠. 그런 서양 건축과 달리 한옥의 보는 소위, 사각형 구조라고 봐야죠. 불어로 'Portique'라고도 하는데 출입문을 생각하면 쉽습니다. 그래서 전통적으로 우리 한옥에서는 보를 가장 굵은 부재로 사용하게 된 것입니다. 덧붙이자면, 요즘 지붕에 올리는 기와들은 공장식 제작이라 밀도가 높아 무거워지니 그 밑에서 버티는 목부재도 옛날에 비해 당연히 더 커져야 합니다. 더군다나 이 동네는 옛날에 초가집이었다가 기와로 개량된 집도 꽤 있는데, 그런 한옥은 서까래부터 좀 더 굵게 바꿔줘야 합니다. 하지만, 부재가 너무 커져서 마치 헬스로 키운 울퉁불퉁한 근육을 자랑하듯 시각적으로 부담스러운 느낌을 주면 안 되겠죠. 저희 동네가 육중하고 권위적인 건 아니지 않습니까?

가늘게 만든 보의 목을 다듬고 있는 모습. 저 부분에 기둥 상단이 끼워지게 된다. 그러나 가구조립 때의 몸통을 보면 대단히 굵다. 같은 목재다.

기능적으로 부재를 굵게 써야 하는 부분은 그렇다 치더라도, 적당한 균형과 조화를 이루지 않는다면 집 자체도 예쁘지 않을 뿐더러 마을의 경관까지도 해치게 된다는 의미일 것이다.

다음 날, 현장에 들른 건축주는 보를 바꾸지 않겠다고 선언(?)했다. 이유를 묻는 내게 그는 언제나처럼 논리적으로 자신의 생각을 설명한다.

‒ 법적인 문제에 앞서 내가 바꾸고 싶지 않은 이유는, 이게 실용적이기 때문이죠. 옛날 집장사 한옥들이 다른 보들은 대충 만들고 대들보 한 개만 유난히 굵게 만들었지만, 그건 지붕의 하중보다는 일종의 과시인 것 같아요. 이 집은 대들보가 다른 보와 비슷하게 작고 소박해 보이는 게 좋았어요. 그런데 그걸 다시 굵게 만드는 것은 이해하기 힘들고요. 지탱하는 힘은 잘 모르겠지만, 오랜 시간이 지나 안정되어 있기 때문에 괜찮을 거라고 생각합니다. 목수님이 무슨 말씀을 하시는 건지 완전히 이해하지만, 정말 특별한 문제가 없으면 현재 가구의 뼈대를 그대로 유지하는 걸로 가시지요.

그냥 설득당했다고 표현하는 게 더 낫겠다.

고민은 끝이 났을까. 그럴 리가 없다. 이번에는 일부 보에 붙어 있는 C형 강관을 처리하는 문제가 고민이다. 왜 보에 철강이 붙어 있을까. 먼저 다음 페이지의 사진을 보면 왼쪽 중간 부분에 서 있어야 할 기둥이 잘려 나가고 흔적만 남아 있다.

앞 골목의 이상의 집에도 똑같은 C형 강관 설치물이 있다. 대수선 공사에서는 이런 불법 증축된 부분을 제거하고 원래의 건물 면적으로 되돌려놔야 한다. 일단 골목 쪽 두 개의 보에 붙은 강관은 떼어내지만, 측면 벽 쪽에 있는 강관은 그대로 두자고 함께 일하는 목수들에게 제안했다. 면적을 줄

살아남은 대들보. 작기도 하지만, 자세히 보면 오랜 세월 지붕의 무게를 버틴 탓인지 아래로 살짝 휘어져 있다.

이지 말자는 게 아니라, 세 군데 중 하나라도 그대로 남겨서 이 집에서 일어난 구조변경의 역사를 보존하고 싶었기 때문이다. 목수들이 이구동성으로 반대하고 나섰다. 그들로서는 선뜻 받아들이기 어려운 일일 터. 그럼에도 나는 뜻을 굽히지 않았다. 나무를 다룰 때와 집을 지을 때의 관점은 다르다는 걸 효과적으로 설명할 방법을 찾지 못한 채 신경전이 계속 되었다.

이미 정해놓은 상량식 날짜는 다가오는데 이런저런 어려움으로 공정이 생각만큼 진전되지 않자 좁은 현장 분위기는 흐린 가을날만큼 낮게 가라앉는다. 강의를 마치고 학교에서 돌아온 건축주는 현장 구석 어디선가 새로운 일제 시대 신문을 발견했다고 흥분해서 소리를 치며 자랑하다가 금방 현장 분위기를 파악하고 조용해졌다. 아무도 인사로라도 관심을 보이지 않는다.

결국 내 뜻에 따르기로 결정이 났다. 내가 버티고 있으니 다른 도리가 없기도 했을 것이다. 철골구조물은 보와 함께 천장 위에서 지금까지와 같이 또 여러 세월을 조용히 지내게 될 것이다. 철거된 다른 강관은 차양 오해근 사장 손에 고철이 되어 들려나갔다가 다음날 '비타500' 한 통으로 되돌아왔다. 오 사장은 그것이 4만 원짜리라고 살짝 귀띔했다.

보와 함께 집의 수평 구조를 이루는 도리는 상태가 비교적 양호해서 꼭대기에 올리는 상도리 한 개만 신재新材로 교체했다. 보와 도리를 제대로 맞추었으니 이제 집의 골격이 다 짜인 셈이다. 전체 목공사 과정 중 대략 절반 이상이 끝난 셈이다. 현장 작업 위주인 보수 즉 대수선에 비해 치목 과정이 많은 신축 역시 이와 별반 다르지 않다.

C형 강관

기둥의 흔적

처마 끝까지 공간을 확장하기 위해 기둥을 없애고 강관으로 보의 길이를 대신 늘렸다. 늘린 보는 기둥 대신 벽체가 지탱해준다.

설비란 무엇이냐 물으신다면
물에 관한 모든 것이라 말하겠어요

집의 골격을 짰으니 이제 지붕을 만들어야 한다. 그 전에 집의 전체적인 설비를 챙기기로 한다. 설비는 쉽게 말해 상·하수도와 정화조 관련 시설, 우수(빗물) 처리 관련 시설, 보일러와 난방 등 물과 관련한 모든 배관과 시설물을 설치하는 공사를 말한다. 설비가 왜 중요한지는 군이 긴 설명이 필요하지 않을 듯하다. 그래도 간단히 짚고 가자면 실생활과 가장 밀접한 부분이고, 그만큼 하자가 빈번하게 일어난다. 문제는 관련된 주요 설비가 대부분 땅 밑으로 들어가기 때문에 하자가 생겼을 때 해결하기가 쉽지 않다는 것이다. 그러니 애초에 이 부분을 말끔하게 해놓지 않으면 사는 사람이 두고두고 애를 먹는다. 특히 한옥을 비롯한 단독주택에서는 표준절차 같은 규정을 정하기가 어려워 하자가 날 가능성이 더 크다. 물론 설계 단계에서 모든 배관 흐름을 정해주는 것이 원칙이지만, 한옥 대수선 공사에서 설비 관련한 사항을 모두 담아놓은 도면은 드물기도 할 것이고, 미리 정해놓는다고 해도 실제 현장에서 보면 도면과 현실이 동떨어질 때가 많아 도면대로 하다보면 오히려 일을 키울 위험도 있다.

그동안 이 동네에서 집을 지으면서 동네 설비기술자와 같이 일을 하지는 않았다. 그렇지만 이번에는 동네에서 찾아보기로 마음먹고 친하게 지내는 차양 오해근 사장에게 전화를 했다.

"사장님, 설비 맡아줄 사람 한번 알아봅시다."
"아, 실력 있는 친구가 하나 있는데."
"오 사장님이 추천하신다면 저야 뭐 믿을 수 있지요."
"그럼, 내일 오후에 함께 갈 테니 현장에서 얼굴이나 봅시다."

다음 날 오후, 건장한 체격에 훤한 용모를 가진 아저씨가 오 사장과 함께 나타났다.

"안녕하세요, 이정호라고 합니다."

악수하는 손이 나만큼 두껍고 나보다 거칠다. 일단 첫인상은 괜찮다. 오 사장은 소개를 시키면서도 왠지 조심스러워 보인다. 그는 일단 설비의 첫 단계인 상·하수도 배관을 이틀 정도 해보고 전체 일을 맡길 수 있는지 보라는 투로 이야기를 한다. 하루 뒤 일을 하기로 약속한 시간보다 일찍 오 사장이 현장으로 왔다.

"그 친구는 일하는 방식이 조금 독특하니까 그것만 이해하면 만족할 거요."
"뭐, 그런 거야 있을 수도 있지요."

얼마나 특이하기에 이렇게 따로 먼저 와서 당부를 하는 걸까. 잠시 뒤 온 이정호 사장은 상·하수 배관과 정화조 기초 배관 작업을 시작했다. 일단 땅을 판다. 계속 땅을 파낸다. 비 오듯 땀을 흘리며 땅을 판다. 보조인지 감시인지 옆에 오 사장이 바짝 붙어 있다가 일을 교대해주기도 한다. 갑자기 이정호 사장이 골목 아래로 사라졌다. 좀 있다 오겠지 하며 기다리고 있는데 한참을 지나도 나타나지 않는다. 오 사장은 안절부절 못한다. 당신 일하러 갈 생각도 안 하고 현장에 붙어 있다. 다시 나타난 이 사장은 손에 작은 연장을 들고 있다. 그걸 가지러 어딘가에 다녀온 모양이다. 별 말 없이 다시 땅을 판다. 기술자가 하는 일은 일단 지켜보는 게 좋다. 하지만, 금세 사라졌다가 나타나기를 몇 번씩 반복하니 현장 구경 오신 앞집 어른이 한참을 구경하며 서 계시다가 한 말씀 하신다.

"이렇게 땅 파서 내년 봄까지 파겠네."

그러더니 분통이 터져 땅 파는 것도 다 못 보고 가시고 만다. 오 사장이 말한 특이한 방식이라는 게 뭔지 알 것도 같았다. 내년 봄까지 끝나지 않을 것 같았던 삽질이 드디어 끝났다. 이번에는 PVC파이프를 배열했다. 보통 설비 기술자는 보조 일꾼을 데리고 다니는데, 이정호 사장은 혼자 하는 일에 익숙한 듯 보였다. 그래서 보는 이의 눈에는 속도가 느린 것 같다. 각각 다른 기능의 배관은 높이 차이는 있지만, 위낙 좁은 장소라 도시가스관을 피해 상·하수관, 오수관을 배열하는 건 어지간한 경험을 갖지 않으면 쉽지 않은 일이기도 하다. 이틀에 걸쳐 기초 배관을 끝냈다. 이틀 동안의 비용을 계산하고 나머지 공사에 관한 계약도 이 사장이 원하는 대로 했다. 계약서

땅속으로 기어들어가 일을 하는 이 사장.
그는 어떤 궂은 일도 마다하지 않는다.

는 없고 주고받은 계약의 내용은 간단하다.

　'물에 관계된 모든 일.'

　전북 고창 출신인 그는 군대 시절을 보일러 수리병으로 지내고, 이후 동네에서 30여 년을 설비와 현장일로 살았다고 한다. 그를 보고 있자니 들어왔던 몇몇 이야기가 생각이 난다. '빠르고 섬세한 목수는 없다.' 스승들로부터 귀에 딱지가 내려 앉을 만큼 들었던 이야기 중 하나다. 지켜보는 사람들이야 속이 타든 말든 자기 속도로 일을 진행할 줄 아는 이정호 사장이 진짜 기술자였다. 이런 옛말도 떠오른다. '빗자루 들자 마당 쓸라는 주인이 제일 밉다.' 내 일은 내가 알아서 하는데, 갑이랍시고 맥락도 모르면서 낄 데 안 낄 데 나서는 꼴이 밉다는 뜻이다.

　그가 맡은 일을 하는 동안 내가 해줄 건 거의 없었다. 냄새나고 거친 작업 현장에서도 자신의 영역 안에서 완전한 주도권을 쥐고 척척 해결하는 그에게 해준 거라곤 갑자기 사라져도 내버려두는 것과 워낙 힘을 쓰는 일이라 막걸리를 적당한 때 제공하는 일뿐이었다.

수평과 수직의 세계를 건너
곡선의 세계에 이르다

집의 골격을 짜는 것과 지붕을 만드는 일의 차이 중 하나는, 앞서 말한 '수평과 수직'에서 이제 '자유로운 곡선'으로 발전한다는 점이다. 지붕을 만든다는 것은 한옥의 외형적 아름다움을 결정하는 주요 키워드인 '물매'에서부터, 앙곡과 안허리로 표현되는 처마선 등 시각적인 곡선을 만드는 일을 의미한다. 집의 골격을 짤 때 목수가 마치 기둥과 보의 성격처럼 단단하게 규격을 지켰다면, 지붕을 만들 때는 수직과 수평으로 이루어진 기둥과 보를 바탕으로 더욱 자유롭게 '아름다움'을 위한 집의 선을 만들어나간다.

　지붕을 만들 때야말로 이전까지 잘 보이지 않던 목수의 실력, 집을 대하는 그의 태도, 안목 등이 고스란히 드러난다. 한옥에 관심이 있다면 좋은 집을 만날 때 자연스럽게 고개를 끄덕일 때가 있을 것이다. 여행 중에 '무늬만 한옥'인 식당이라도 만나면 저절로 눈살을 찌푸릴 때도 있을 것이다. 뭐라 정확하게 이유를 말할 수는 없지만 좋거나 어색한 부분을 느끼는 것이다. 전통건축 전문가들이야 전문용어를 사용하며 집을 품평할 수 있겠지만 우리 옛어른들이 마을에 새로 들어선 한옥 한 채가 마땅치 않을 때 한마디로 일갈하면 그걸로 끝이다.

"그 목수는 틀렸어!"

지붕은 처마선을 만드는 기준 틀이라 할 수 있는 '평고대'를 먼저 걸고, 거기에 서까래(연목)를 하나하나 맞춰 붙이며 만들어나간다. 이 집은 썩어 부러진 서까래가 30개가 넘었다. 부득히 교체를 해야 하니 이왕이면 같은 굵기의 고재로 교체하고 싶다. 그러나 아무리 찾아봐도 비슷한 굵기의 고재를 찾을 수가 없다. 원래의 서까래가 다른 집들에 비해 약간 가늘었던 탓이다. 그렇다고 새로 만든 것으로 바꾸고 싶지는 않아 최대한 비슷한 굵기의 고재를 구해서 올리긴 했는데 아래에서 올려다보니 제각각이다. 건축주에 따라 문제를 삼자면 삼을 수도 있는 일이다. 그런데 다른 것은 하나도 그냥 넘어가는 법이 없는 깐깐한 파우저 교수는 그걸 대수롭지 않게 여겼을 뿐 아니라, 오히려 새로 구해온 고재들이 오래전에 어딘가의 한옥 지붕에 있던 거라는 사실을 더 재미있게 여기는 듯했다.

평고대를 걸고 서까래를 올리니 이제야 집이 지어지는 느낌이 물씬 난다. 하루가 다르게 모양새가 달라진다. 그런데 지붕을 만들기 전에 잊지 말고 결정할 사항이 하나 있다. 그건 바로 서까래와 서까래 사이를 어떻게 막을 것인가이다.

방법은 크게 두 가지다. 하나는 치받이 방식이고 또하나는 개판을 쓰는 것이다. 치받이 방식은 서까래와 서까래 사이를 흰색 미장으로 마감을 하는 것이다. '산자 엮고 앙토 바르기'가 정식 용어다. 개판은 긴 판자로 서까래와 서까래 사이를 덮는 것으로 서까래 방향으로 덮는다. 최근 지어지는 신축 한옥에서는 주로 개판을 많이 쓴다.

1   2 3

5   6 7

1. 백 평이 넘는 가구의 수평 구성 일부.
    자유로움이 최대한 절제된 단단한 느낌이다.
2. 지붕마루에서 바라본 두 평 남짓 맞배집의 부드러운 처마끝선.
3·4. 이매기의 양곡과(3) 안허리(4) 곡선을 만드는 중.
    요즘엔 보통 '반생'이라 불리는 젓가락 굵기의 철사를 이용한다.
    반생을 여러 가닥으로 꼰 다음 평고대를 아래로, 안으로 동시에 끌어당긴다.
    너무 당기면 어느 순간 툭 부러지기 때문에 아주 천천히 움직여야 하며,
    반드시 우두머리인 도목수가 맡는다.
5. 이 집 지붕 공사를 하고 있는 현장.
6. 평고대로 처마 곡선을 만드는 목수들.
7. 이 집의 연목은 굵지 않지만 작은 지붕에는 충분하다.
8·9. 산자엮기 하는 모습.
    가늘고 긴 나무 등을 엮어 고정하고 진흙(황토)을 펴바른 다음
    아래에서 올려다보며 흙을 붙인다.(치받이)

4

8

9

이게 어떤 차이인지 선뜻 이해가 되지 않는다면 지금 있는 곳에서 머리를 들어 위를 올려다보며 머릿속으로 그림을 그려보면 이해가 빠르다. 서까래와 서까래 사이 노출된 부분에 흰색이 채워진 것과 나무판자가 보이는 것 중 어느 것이 더 좋은가. 어느 한쪽을 정답이라고 말할 수는 없다. 비용은 치받이 형식이 조금 더 들 것이다. 그렇지만 비용만으로 결론을 내리기에는 조금 생각해볼 것이 많다. 각자의 경험에 따른 선입견, 시각적인 호불호 외에도 전통에 관한 해석, 이후 유지 보수의 편의성, 조명과의 어울림 등 여러 가지를 종합적으로 고려해야 한다.

이 집의 건축주는 개판을 쓰고 싶다고 했다. 그의 결정에는 경험이 한몫을 했다.

— 지금 살고 있는 한옥은 흰색 미장으로 치받이를 했는데요, 좀 차가운 느낌이에요. 게다가 집이 동향이라 너무 밝은 느낌도 나고요. 이 집은 남향이기도 하고, 좀 더 따뜻한 느낌을 갖고 싶어요. 그리고 중요한 건 천장에서 자꾸 뭔가 떨어져요. 판자로 막으면 훨씬 나을 거라 봐요.

다행히 삼팔제재소에 절반쯤 마른 육송 판자의 재고가 있어 비싸지 않은 가격에 구해올 수 있었다. 넓은 육송 판자는 가격이 꽤 비싸다.

기둥·보·도리·서까래 이야기를 하다보니 한옥 시공의 비밀 아닌 비밀을 한 가지 밝히고 싶다. 흔히들 한옥을 지을 때는 못 하나도 쓰지 않는다고들 한다. 못을 쓰는 건 심지어 엉터리라고 하는 말도 들은 적이 있다. 이 오래되고 굳건한 믿음은 그러나 반쪽만 진실이다. 지붕 작업을 할 때 얼마

◀ 개판으로 덮은 천장.
▶ 하얗게 치받이 미장을 한 천장.

나 굵고, 많은 못을 사용하는지 안다면 아마 놀랄 것이다. 철물이 귀했던 과거에는 못(연정)을 거의 쓰지 않고, 각각의 서까래에 한 치 정도 굵기의 구멍을 뚫어 연침이라 부르는 가느다란 싸리나무 등으로 엮어 연결하기도 했다. 문화재한옥을 해체작업하며 이 연침을 볼 때마다 옛 목수들의 수고에 경의를 표할 수밖에 없다. 지금은 어떤 한옥 지붕 공사 과정에서도 '연침'을 쓰지는 않고, '연정'이라 부르는 커다란 못을 사용한다. 그리고 진실의 나머지 반쪽은 여전히 유효하다. 기둥·보·도리 등 가구재를 맞출 때 제대로 된 목수라면 못을 쓰지 않는다. 그러니 이제 한옥 공사현장에서 못을 발견했다고 해서 놀랄 일은 아니다. 다만 그 못이 어디에 어떻게 쓰이는지만 자세히 살펴볼 일이다.

어느 날 점심을 먹고 큰길가 '카페 민석씨'에서 차를 마시는데, 건축주가 갑자기 낭패한 표정을 짓는다.

"아! 큰일났네."
"왜 그러십니까?"
"강의 출석부를 잘못 챙겨왔어요. 아, 이런!"
"아직 그럴 연세는 아닌 것 같은데요?"
"음, 요새 집 지어가는 걸 보는 재미에 중요한 것도 자주 까먹는다니까."

갑자기 진척이 빨라진 현장을 따라잡기 위해 건축주도 무던히 애를 쓰고 있는 것이다. 더구나 곧 상량식이 아닌가.

목수,
그들은 누구인가

목수의 주요 작업 공간 중 하나는 지붕이다. 고백하건대, 나는 지붕을 잘 타지 못하는 목수였다. 지붕 위에서 벌벌 떠는 모습을 감추느라 무진 애를 쓴 덕에 점차 나아지긴 했지만, 그래도 "목수는 뭣보다 지붕을 잘 타야 허는 것이여!" 일갈하면서 그 옛날 여수 진남관 지붕 보수 때 백척간두(?) 추녀 끝에 서서 일했던 무용담을 일부러 크게 말씀하시던 노인네 스승들에 한참 못 미쳤다.

시대는 안전해졌다. 그러나 목수는 여전히 위험한 직업이다. 지붕을 타고 다니는 건 예나 지금이나 변하지 않았다. 그뿐만이 아니다. 날카로운 기계 연장을 다루는 일이라 크고 작은 사고에 항상 노출되어 있다. 게다가 역마살의 현대적 전형이라 불러도 무리가 없을 만큼 떠돌아야 하며, 노동의 강도는 단연코 최고 수준이다. 그럼에도 운명처럼 나무를 붙들고 사는 그들, 목수는 누구인가?

보통 목수 조직은 4~6명이 한 팀이다. 들고 나는 것은 비교적 자유롭지만, '오야지'를 중심으로 위계가 형성되어 있다. 오야지는 현장에서 중요하게 쓰이는 용어이고, 의미를 대체할 다른 단어를 찾지 못했다. 여기에서의 의미는 중소규모 노동자 조직의 우두머리, 사장, 최고실력자 정도이다. 일반 건설현장의 노동자 조직에 비해 좀 더 수직적이고, 폐쇄적인 문화를 유지하고 있기도 하다. 이건 도제식 시스템이 아직 남아 있는 전통건축 업계의 일면이라 보면 될 듯하다.

강원도 강릉의 한 제재소에서 만난 충청도 출신인 이경훈 목수가 이끌고 있는 팀은 가장 일반적인 목수 조직으로 보인다. 오야지인 이 목수는 1990년대 중후반에 이 일을 시작했다고 한다. 그는 일도, 말도 빠르다.

"그땐 먹고 살려고 이 일을 시작했어요. 주변에 아는 분이 있어서 따라다닌 거죠. 그러다보니 시간이 흘러갔고, 힘들어도 다른 일을 시작하기엔 늦어버렸어요. 어떻게 버티다보니 벌써 세월이 이렇게 지나왔네요."

아마 현재 가장 왕성한 활동으로 한옥 시공의 중심 역할을 하고 있는 목수들이 이경훈 목수 또래인 50대 초중반의 나이에, 경력은 20년 전후인 '젊은 오야지급'들일 것이다. 물론, 훨씬 연세 많은 어른들도 여전히 활동하고 있다. '젊은' 그들이 입문할 당시만 해도 목수 일은 아무나 해낼 수 없는 지독한 노동 강도와 전통적인 도제시스템이 건재해서 젊은이들은 견디기 어려웠다. 게다가 현장을 따라 떠돌아야 한다. 현장은 주로 산속(절)이나, 외딴 곳(향교, 서원 등)이다. '아는 분을 따라' 요행히 이 일을 접하게 될 만큼 희귀한 직업이기도 했지만, '처자식 먹여 살려야 하니' 어쩔 수 없이 버틴 것이다.

"좋은 점은 시간이 비교적 자유롭다는 겁니다. 그리고 건강하기만 하면 앞으로도 오랫동안 이 일을 할 수 있고요."

도리 위를 걸어 다니는 목수들. 안전장구는 보고용 사진에서나 필요한 게 아직 대부분의 한옥 공사현장의 현실이다.

오야지의 경력엔 약간 못 미치면서, 팀의 살림 등 참모 역할을 하는 2인자인 서정희 목수가 옆에서 거들었다. 이런 2인자를 현장에서는 '세화'라 부른다. 약간의 자유와 정년이 정해지지 않았다는 건, 젊은 날 불안한 노동의 시간과 그걸 버티느라 강건해진 신체에 대한 지극히 약소한 보상일 것이다. 경제적인 대가는 어느 정도일까.

"지금 받는 일당은 약 15~17만 원 정도이고요, 한 달 평균 20일에서 하루, 이틀 더 일하니까. 수입은 300만 원을 약간 넘는 정도입니다."

경력 20여 년, 한옥 목수의 연봉은 약 3,600만 원이다. 이것이 그의 평생 실제 수입의 상한선일 가능성이 크다.

"돈을 벌려면 이 일은 절대로 해서는 안 됩니다. 농사를 지어도 이보다는 수입이 많을 거니까요."

팀의 세 번째 목수인 장두환 목수는 단호하게 고개를 저었다. 그는 50대 중반으로 2007년에 경북 청도의 목수학교를 나온 신세대(?)다.

"그런데, 이 일은 왜 시작하셨어요?"
"목수일, 그러니까 나무를 다루는 게 좋아 보였어요. 현장 관리직이었는데, 그만두고 시작했죠."
"현재 수입은 어느 정도 되나요?"
"평균 250만 원 정도요. 가족이 넷이라 힘들어요. 예전엔 수입이 괜찮았던 터라 상대적으로 요즘 더 힘이 드는 것 같아요."
"그렇죠. 가족이 있으면 훨씬 힘들 거예요. 그럼에도 불구하고 버티는 이유랄까, 뭐 그런 게 있어야 할 텐데?"
"나무에 미친 거죠. 그런데, 성격이 느긋해진 걸 보면 이게 수양도 되는 것 같더라고요."

열악한 임금과 나무를 다듬는 지루한 육체노동 등 악조건을 자신의 가치관과 알맞게 결합해내고 있는 장 목수의 말은 앞서의 선배 목수와 뭔가 다르다. 소위, '학교 출신' 목수들은 대개 자발적으로 힘든 일을 선택한 이들이다. 이것은 확고한 자기 생각이 없으면 할 수 없는 일이기도 하다. '생각'을 가진 그들은 어떻게 생겨난 것일까.

1990년대까지의 전통적인 도제시스템에서 살아남은 목수는 극소수에 불과했다. 한옥을 거의 짓지 않았던 시대여서 목수도 많이 필요치 않았지만, 오랜 수련 기간은 그만큼 중도에 포기할 여지도 많았고, 특히 학교 교육에 길들여진 젊은 세대는 거친 현장 방식에 견디지 못했다. 젊은이들은 알음알음으로 들어왔다가 그만두기 일쑤였다. '씨가 마를 정도'였다는 표현이 더 어울릴 때쯤, 어디선가 젊은 목수들이 나타났다! 2000년 전후로 생긴 목수학교를 졸업한 이들이다. 당시 뜻있는 분들이 목수학교를 세우기 시작했고, 그 졸업생들이 전국에 산재한 문화재 현장에 투입된 것이다.

그러나 이들을 받아들이는 현장은 난감했다. 이제껏 듣도 보도 못한 '학교'에서 일을 배운 목수라니! 인력이 필요해 불러오긴 했는데, 젊은 것들의(?) 행태는 낯선 것들이었다. 원래 목수 일은 맨손으로 시작하는 것이다. 심부름부터 배워야 하니까. 그러다가 어른들이 슬그머니 사소한 연장 한 개씩 넘겨주면 황송하게 받아쓰며 일한다. 그런데 학교 출신 목수들은 이미 온갖 연장 일습―襲을 갖춰 가지고 들어온다. 이건 준비물을 잘 갖춘 모범생이 아니라 '배워먹지 못한 버르장머리'였다. 게다가 그들의 짐 속에는 책이 있었다. 책이라니! 모르는 게 있으면 선배에게 묻기 전에 책을 보고 해결하려 든다. 목수학교에서도 실습을 중시한다고는 하지만 이론 수업은 학교구조에서는 피할 수 없는 일이고, 젊은 세대에게 책이 더 익숙한 건 어쩔 수 없는 일이니 누구 탓이라 말할 수도 없다.

그렇게 현장에서는 이전에 없던 종류의 충돌이 생겨났지만, 시간은 젊은이에게 확실히 유리한 법. 초창기 학교 출신 선배들의 힘겨운 적응 덕에 점차 늘어난 신세대 목수들은 현재 그들이 없는 목수 조직을 상상하기 어려울 만큼 숫자가 늘었다. 목수가 되고 싶은 사람은 전국에 생겨난 목수학교에 지원하면 되고, 현장의 목수 역시 대부분 30~40대인데다, 학교에서 배운 동류라 적응하기 쉽다. 최진희 사장은 이렇게 말한다.

학교 출신 목수들이 당시 인력난에 시달리던 문화재 업계의 해결사로만 아니라, 현재 한옥 붐을 지탱하는 역할을 하고 있는 것은 분명한 사실이에요. 그런데 나는 이 사람들이 정말로 목수의 자질을 갖추고 있는지 의문이 들 때가 많아요. 첫 번째로, 목수학교는 사회에서 실패한 인생들이 여기저기 찔러보다 마지막으로 선택한 종착지여서는 안 됩니다. 두 번째로, 이 분들이 이런저런 현장을 전전하다 자기들끼리 어울려서 팀을 꾸릴 때 집의 품질이 확 떨어질 때가 많다는 겁니다. 이런 '취미형 목수'들이 점점 늘어나고 있어요. 한옥은 경험과 기술력이 축적된 건축인데, 취미로 남의 집을 짓는다면 그게 목수입니까?

2000년대 중반 목수학교를 졸업한 그가 날선 칼을 들이댔다. 학교를 통해 끊임없이 배출되고 있는 목수들 중에 함량 미달인 경우도 많고, '사회에서의 실패'가 자산이 아닌 습관으로 굳어지는 이들이 있다는 것도 사실이다. 그러나 도대체 이들이 아니면 누가 목수를 한단 말인가? 다만, 한 해라도 젊었을 때 자신의 운명(?)을 결정하는 것은 다른 분야보다 더 중요하다. 거의 모든 일이 '노가다'라고도 하는 단순한 육체노동이며, 그것을 바탕으로 오랜 시간 손으로, 눈으로 습득하며 성장하는 것이 목수이기 때문이다. 하나 더, 말로 짓는 집은 없다는 것을 일찍 깨달아야 한다.

이경훈 목수 팀의 막내인 김준영 씨는 비교적 이른 나이에 입문한 셈이다. 그의 나이 갓 서른한 살. 아직 목수라 부르기엔 어딘가 어색하다. 경력은 석 달. 그럼에도 일하는 자세가 제법 갖춰져 있다.

"아직은 재미있어요."
"20대 때는 뭐하고 지냈어요?"
"식당도 운영해봤고요, 호프집, 곱창집도 했었죠. 너무 얽매인 생활을 하다보니 막 돌아다니고 싶었어요."
"목수학교를 안 가고 곧장 현장에서 일을 시작했다던데?"
"학교를 가면, 그동안 수입이 없잖아요. 되레 수업료를 내야 될 수도 있고요. 결혼한 지 4년차라 수입이 없으면 안 돼요. 그리고, 학교 가면 이론 수업도 많이 한다고 해서 그냥 현장에서 시작하고 싶었어요."

"주변에서 노가다라고 말리지 않던가요?"

"설득도 좀 했죠. 여기 현장은 어머니께서 아시는 목수 통해서 소개받았어요. 잘했다고 하는 분들도 있고요. 죄송한데요, 난 이 일이 노가다가 아니라고 생각해요."

그가 '아, 이것은 노가다구나'라고 생각할 때쯤 그는 나무 향기가 몸에 밴 진짜 목수가 되어 있을 것이다. 그리고 그 순간이 '노가다' 이상의 무엇을 시작하는 출발점이 될 것이다. 예술이든, 장인이든, 건축이든. 그의 일당은 9만 원이라고 한다.

짧은 인터뷰로 한옥 목수가 누구인가를 속속들이 살펴보는 건 턱없이 부족하다. 그렇지만 명절의 흔한 클리셰cliché인 몇몇 전통장인의 모습이나, "육체 노동자를 그 자체로 이상화하려는……"● 등의 '설정'이 아닌, 그들 목수들의 실제 삶의 단면을 아는 것은 현실적인 면에서 봐도 이득 없는 일은 아니라 본다.

한옥은 노동력, 즉 '장이' 또는, '장인'이라 불리는 이들의 노동으로 만들어지는 집이다. 같은 설계도면을 가지고도 장인들의 솜씨에 따라 천양지차의 결과물이 나온다. 현실적으로 그걸 관리할 방법은 거의 없다. 그러니 단지 결과물이 아니라 과정이 더 중요할 수밖에 없는데, 이런 한옥 시공에서 중추적인 역할을 맡는 목수라는 직업을 가진 사람들을 알아두는 건 한옥에 관심 있는 이들에게는 필요한 일이다.

목수들의 이야기 중에 눈에 띄는 것이 있다면, 임금에 관한 내용일 터. 예상컨대, 비슷한 경력의 경제활동 인구 중에서 최하위를 기록하지 않을까. 그뿐만 아니라, 그들은 임금 외에 유·무형의 부가적 혜택이 전혀 없기 때문에 어쩌면 경제적 하층민의 수준에 가까이 가 있다고도 볼 수 있다. 사랑하는 사람 곁에 있지 못하고 평생 떠도는 삶은 또 어찌할 것인가? 다수의 목수들은 1년 평균 여섯 번 정도 현장을 이동하며, 집에는 한 달에 한 번 꼴로 다니러 간다고 말했다. 누군가 이들에게 문화재 혹은 전통건축장인으로서 품위나 자존심을 들먹인다면, 맞서 싸울 수 있다. 그런데 정작

● 『위건부두로 가는 길』, 조지 오웰 지음,
한겨레 출판사, 304쪽.

자존심에 목마른 이들은 목수들이다. 문화재청이 매년 시행하는 '문화재수리기능자 자격시험'은 이 자존심을 공인받는 유일한 길이다.

2005년 10월 초순의 어느 맑은 아침. 구파발 너머 서오릉 앞은 전국에서 몰려든 장정들로 꽉 들어차 있다.* 대략 600~700명은 됨직했고 여자는 찾기 어렵다. 바로 목수를 비롯한 문화재 관련 일꾼들이 한곳에 모이는 딱 하루, '문화재수리기능자자격시험'이 있는 날이었다.

문화재청 주관으로 1년에 한 차례 치르는 이 시험은 목수뿐 아니라, 와공·미장·드잡이·석공·단청·목조각·소목 등 스무 가지 정도의 문화재 관련 직종을 포함한다. 인원이 압도적으로 많은 대목, 즉 집을 짓는 목수 분야는 500명 가까이 접수했다고 한다. 사실, 그 중 열에 한둘은 아는 얼굴이고 또 한둘은 한 다리 건너 대충 파악이 되는 상황이다.

이 해의 시험 과목은 오전에 '도리 왕지 조립', 오후에 '머름틀 만들기'이고, 심사위원은 인간문화재분들을 비롯한 업계(?)의 대선배 어른들이다. 시험을 치를 때는 전기대패, 엔진톱 등을 일절 쓰지 못한다는 것이 현장과 크게 다른 점이다. 평소 거의 사용하지 않던 손톱, 손대패, 도끼, 자귀 등 손연장을 써서 해야 하니 어찌 보면, 시험은 기술이 아니라 체력을 가늠하는 게 아닐까 하는 정도이다.

포기한 듯 팽개쳐진 목재와 끝까지 손을 놓지 않는 목수들. 그리고 완성작. 그 해에 처음으로 일찍 끝냈다.

아홉 시에 맞춰 시험이 시작되자 넓은 숲 아래에서 수백 명이 일제히 자기 앞에 놓인 목재를 대패로 깎기 시작한다. 이 나무는 원목이 아닌 제재목이다. 대패질을 끝낸 목수는 치수를 결정하는 먹을 긋는다.* 톱으로 자른다. 자귀로 깎고 끌과 망치로 내려친다. 울려퍼지는 소리가 장관이다. 연장 소리가 점점 거칠어지면서, 목수들의 실력도 조금씩 드러나기 시작한다. 긴장된 허리를 펴는 사이에 주위를 슬쩍 둘러보니 벌써 절반 포기한 이들은 오히려 편안한 표정이다.

오전 시험이 끝난 후 한꺼번에 몰려드는 근처 식당에서는 연락처 주고받기와 때이른 자체 심사평으로 왁자지껄하다. 뭔가 불만인 듯 울분을 터트리는 이는 대개 혼자 열심히 예상문제를 공부했으나 엉뚱한 문제에 당황한 초보목수들이다. 반면에 시험 중에도 현장에서 걸려온 전화를 받고 이것저것 지시하는 고참 목수들은 지지리 시험운 없는 양반들임이 틀림없다.

오후 시험 과제가 시작되었고 가을 오후는 유난히 짧다. 누구보다 그걸 잘 아는 목수들은 시간 내에 과제를 완성하려 안간힘을 쓴다. 실력은 바닥까지 드러났고, 오전에 눈치나 보던 이들은 이제 슬슬 자리를 벗어나 근처의 실력자 주위에 모여 (자신들이 보기에) 신들린 솜씨를 구경하느라 여념이 없다.

다섯 시가 넘어 시험은 끝났다. 감독관은 그만 손을 떼라며 독촉하고, 뜯어말릴 때까지 목재를 끌어안고 안간힘을 쓰는 목수, 경황 중에 사라진 연장을 찾아 두리번거리며 대팻밥 사이를 더듬는 목수들 사이로 가을 해는 빠르게 떨어지고 쌀쌀해진 바람이 내모는 대로 하나둘 바쁜 걸음을 떠난다. 밤새 달려 만나는 내일은 주로 산속인 현장에서 망치질, 대패질을 하게 될 것이다. 한옥 목수들이 세상을 만나는 단 하루가 끝났다.

시험치고는 조금 특이하다 할 수 있겠으나, 실력 차이는 엄연하다. 다만, 정답이 간단한 숫자나 단어가 아니라서 목수학교를 나왔지만 현장경험이 전혀 없는 사람이 합격을 할 수도, 수십 년 고참 목수도 매번 떨어질 수 있다. 그래서 시험으로 자격을 인정받는 것과 현장에서의 실력은 거의 관계가 없다. 물론 이것은 수많은 다른 분야 자격증과 별다르지 않다. 이렇게 자격증을 딴들 문화재시공업체에 등록이 되는 것 말고는 실제 혜택은 전혀 없다고 보는 것이 좋을 듯하다. 다만 이 자격증은 목수 자

* 지금은 부여의 국립전통문화대학
교에서 시험을 치른다.

목수들이 걷는 길이 남다르다면

그것은 그들은 어디에도 기록되지 않지만,

자신의

땀과 열정과 외로움과 그리움이

오롯이 집 한 채로 남아

100년도 가고 200년도 간다는 사실 아닐까.

신에게 자기 위안이나 자기 확신의 근거가 되어준다. 자유주의자든, 역마살이든 현실의 시스템에서 벗어났다고 여기며 살아온 몸뚱아리에게 자신이 세상과 끝내 연결되어 있다는 확인증이며, 말글로 표현하기 힘든 육체노동자의 자존감이 '글씨로 박혀 있기' 때문이다. 그해 시험을 거쳐 받은 문화재청등록문화재수리기능자 제3702호.

나는 그렇게 공식 인증 대목이 되었다. 물론 겉으로 바뀐 건 없다. 한여름에 흐르는 땀은 셔츠를 흠뻑 적시고도 모자라 얇은 바지를 타고 내리며, 함박눈이 갑자기 쏟아지는 한겨울, 모닥불의 온기는 손끝에만 닿는다.

무엇이 이들로 하여금 그 길을 가게 하는 것일까. 가족을 위한 생계, 그나마 가진 기술, 일에 관한 약간의 열정은 그저 주어진 자신의 삶을 소리 없이 참아내며 가는 보통의 사람들과 많이 다르지 않다. 목수 또한 자신의 선택에 따라 지난한 일상을 살고 있을 뿐이다.

가을 햇살이 들기도 전인 이른 오전, 벌써 두 번째 식사를 하는 저들에겐 짧은 하루에도 세 번의 식사가 더 남았을 것이고, 비 오는 날만 쉬다보면, 어쩌다 주어진 맑은 날 하루는 여지없이 당황스럽다. 그런 날의 빼먹을 수 없는 일거리는 고참 목수를 따라 공연히 연장 등을 정리하는 것이다. 그렇게 목수는 수많은 사람들처럼 그렇게 노동자의 하루를 산다.

목수들이 걷는 길이 남다르다면 그것은 그들은 어디에도 기록되지 않지만, 자신의 땀과 열정과 외로움과 그리움이 오롯이 집 한 채로 남아 100년도 가고 200년도 간다는 사실 아닐까. 노인네 스승들께 "목수는 집 짓고 연장 챙기면 다시는 뒤돌아보지 않는 법"이라 배웠다. 그만큼 모든 걸 쏟아내라는 의미이고, 집은 서 있으되 나는 사라지는 무명의 빌더Builder, 어쩌다 선택한 그 길을 평생 마다 않고 가는 이들이 목수라는 뜻일 게다. 목수 이야기는 여기서 맺는다.

1. 지붕 작업을 하는 목수.
2. 기둥을 세우는 목수들. 육체적인 힘은 절대적이다.
3. 쉬는 날, 봄 햇살을 피하며 대자귀날을 갈고 있다.
4. 오전 새참을 먹는 목수들. 변변한 차림은 꿈도 못 꾼다.
5. 지붕에서 내려와 불 가까이 모여 있는 목수들.

시작 전

해체 및 철거　　　　　가구架構 짜기　　　　　　상량식　　　　　　　공간디자인

마무리

완공, 그후　　　　　　도배　　　　　집 바깥 꾸미기　　인테리어

온 마을의 잔칫날,
어락당 상량식

서촌에서 여러 채의 집을 지으며 빼먹지 않은 일 중 하나가 상량식이다. 문화재나 사찰 쪽에서는 지극히 당연한 행사지만, 한옥도 마을도 사라진 서울의 건축주들은 대부분 그런 걸 꼭 해야 하는지부터 묻는다.

‒ 상량식은 집이 태어난 날을 축하하는 날입니다. 완성되는 순간(낙성식)이 아닌 집의 뼈대를 모두 짜맞추고 맨 꼭대기의 목재에 그 날짜와 축원문을 써서 올리고 집을 지은 목수들의 노고를 치하도 하고, 동네 사람들도 불러 잔치를 벌이는 날이죠. 우리가 생일을 기억하고 잔치도 하는 것처럼 말입니다. 특히나 골목 안에서 집을 짓느라 폐를 끼치는 주변 분들을 모셔서 대접하는 자리로 만들면 좋지 않겠습니까?

처음에 마뜩찮아 하던 건축주들도 막상 상량식에 관한 설명을 듣고 난 후부터 ‘이게 꽤 즐거운 잔치가 될 거’라는 생각을 하는 듯하다. 이왕 하는 거 잘하고 싶은 맘이 드는지 친지들도 부르고, 김치도 새로 담그고, 이웃들을 초대한다. 간단히 치르고 넘어가려던 일이 갈수록 흥겨운 마음으로 판이 커진다.

이 집의 상량식은 각별하다. '몸-도시 포럼'이 주최하는 '흐르는 골목' 전시회의 오프닝 행사를 겸하기로 했기 때문이다. 그러니 준비할 게 더 많다. 건축주의 가족들이 해야 할 일이 있는데 가족이 없는 파우저 교수가 상량식 준비를 할 수 있을 리 만무하다. 파우저 교수한테 고사상에 올릴 돼지머리를 구해오라고 할 수는 없는 일이다. 집을 짓는 사람들이 상량식까지 준비하게 생겼다. 고사상에 오를 돼지머리는 목수들이 상량식날 아침에 사직터널 너머 영천시장까지 가서 구해오고, 떡과 김치는 미리 통인시장 안에 있는 단골식당 '삼화식당'의 홍경자 사장한테 특별히 부탁을 해두었다. 잔칫날 빼놓을 수 없는 막걸리는 경험 많은 최진희 사장이 추천하는 남원 이백면 주조장에서 말술로 받아오기로 정했다.

건축주에게는 한 가지만 부탁했다. 상량문 쓰는 것까지 우리가 할 수는 없었다. 수십 년 동안 글을 써온 분이어서 뭐, 어려운 일이랴 생각했는데 그게 아니었나보다. 인사동 가서 한지와 붓펜을 사와 집에 펼쳐둔 지는 꽤 오래된 모양인데, 며칠째 시작도 못하고 있다고 날짜는 다가오는데 현장에 올 때마다 난감한 표정만 짓는다. 그러더니 상량식날 아침에서야 꼭 접은 두툼한 한지를 가져왔다.

"오늘 새벽 세 시까지 썼어요. 수많은 글을 썼지만, 내가 죽고 나서 누군가가 펼쳐볼 글을 쓰는 건 처음이네요."

그가 지은 상량문을 간략하게 옮기면 다음과 같다.

한국과의 인연은 말 때문에 시작되었습니다. 1980년대 초, 미국 미시간 대에서 일본어를 전공하면서 한국어에 대한 관심이 생겼고 1983년에는 한국에 와서 1년간 서울대에서 집중적으로 한국어를 공부했습니다. 미 시간대에서 응용언어학 석사를 받고 나서 다시 한국으로 와 7년간 한국 과학기술원 그리고 고려대에서 영어를 가르쳤습니다.

그후에 더블린 트리니티대에서 응용언어학 박사를 받고 일본에 가서 가고시마대, 교토대 등에서 영어와 영어교육을 가르쳤습니다. 그후 가고시마대에서 한국어 교양과정을 설립할 기회가 생겨 3년 동안 일본어로 한국어를 가르쳤습니다. 그러다 2008년 서울대 국어교육과에서 석 · 박사 과정 중심으로 한국어 교육을 가르칠 기회가 생겨서 13년의 일본 생활을 마치고 한국에 다시 오게 되었습니다.

말을 배우고 사용하는 것은 저에게 매우 즐겁고 흥이 나는 일이라 저는 그 즐거움을 나누고 싶은 마음으로 이 집을 어락당語樂堂으로 정합니다. 앞으로 어락당을 출입하시는 분 누구나 '말의 흥'을 느끼시고 늘 즐겁고 진지한 소통하실 수 있기를 기원합니다. 마지막으로 저를 키워주신 부모님께 깊은 감사드립니다.

2012년 10월 13일 체부동 118-10번지에서

로버트 파우저Robert J. Fouser

상량문 치고는 좀 독특하다. 보통의 상량문에는 집을 다시 짓게 된(중수한) 경위와 과정에 참여한 분들의 이름, 축원 등이 들어가는데, 워낙 바빠

로버트 파우저 교수가 쓴 상량문.

상세한 설명을 하지 못했더니 이 양반은 당신 이력서를 써온 것이다. 혼자 웃고 말았다. 먼 훗날 펼쳐볼 사람들의 표정이 궁금하긴 하다.

마을의 잔칫날이 되다 /

연로하신 부모님이 기억하는 50년 전 시골 한옥의 상량식은 이랬다.

▬ 1961년, 그러니까 큰애를 낳던 해였지. 이전 해에 나무를 다듬고, 정월에 주초를 시작해서 상량은 스무닷새날에 치렀다고. 내가 독을 새로 사서 거기에 술을 거르고, 상량대 글은 동네 제일 큰어른이 썼어. 집에서 직접 짠 무명베를 매달아 온 동네 사람들이 그네를 타고 놀았지. 큰소리로 축원을 올리면서. 그때 어떤 분이 5형제를 낳고 뭐 했는데, 그대로 되었단 말이야. 그때 무명베와 떡 한 시루는 그대로 목수가 가져갔어. 그때 도편수가 이재규 목수라는 사람이었는데, 일을 너무 꼼꼼하게 하니까 당최 줄어들지가 않아…….

2012년 10월 12일 날씨 맑은 토요일 열한 시에 상량식이 시작되었다. 초대장을 따로 보내지 않았으니 누가 얼마나 올지 몰랐다. 좁은 골목길 사이로 한 사람, 두 사람 모여 들더니 나중에는 꽉 차서 풍물패 소리를 듣고 나서야 쉬엄쉬엄 나오셨던 어른들은 골목 입구에 들어올 수조차 없다.

행사를 주관하는 이 측, 사회자는 이상준 서울풍물연구원 대표가 맡는다. 그는 나와 함께 동네에서 세 번째 상량식을 치르는 셈이다. 마을 어른들뿐 아니라 건축주의 학교 제자들, 왕립아시아학회 회장을 비롯한 외국 분들, 그리고 SNS를 통해 알게 된 이들도 오셨다.

상량대(장여)에 상량글과 축원문을 쓰는 모습.
이 글은 유학자이자 동네의 큰 어른인 지재희
선생께서 지어주셨다.

풍물패가 태평소와 어울려 길놀이와 지신밟기를 하고 있다.

건축주가 술을 따르고 있다. 상량문은 도리에 홈을 파서 들기름을 붓는다. 상량대를 들어올리는 건축주와 여러 분들.
사진 제공: 한겨레신문 임종업 기자, 로버트 파우저.

어림잡아 200명도 더 되어 보이는 손님들을 대접하는데 고기와 떡은 물론 일손도 부족했다. 건축주의 가족, 친지를 대신해 이 집을 처음 소개해준 누하동 '물푸레 부동산'의 손 여사와 큰길 건너 효자동 한옥 '서경재'의 주인인 권혜진 선생을 비롯해서 동네의 젊은이들까지 팔을 걷어붙이고 나서서 밀려드는 손님들을 접대했고, 경험 많은 최진희 사장은 뒷일을 감당했다. 가르치는 학생들과 함께 참석한 김민옥 박사*는 이렇게 말한다.

━ 우리의 전통주거공간에서 집은 홀로 존재하지 않았습니다. '우리의 집'은 언제나 앞집, 옆집, 뒷집 사이에 존재했습니다. 마을 안에서 사람과 사람끼리 이웃하듯 집과 집도 이웃하였습니다. 그러나 언제부터인지 우리는 집이 아닌 위층과 아래층으로 구분된 칸에 살아가면서 이웃을 잃어버렸고 마을은 사라졌습니다. 그런데, 오늘 서울의 도심 한복판에서 우리의 전통건축의례 중 하나인 상량식을 볼 수 있다는 것이 무척 반갑고 놀랍습니다. 상량식은 집의 뼈대를 완성하고, 새로운 이웃집이 되었음을 정식으로 신고하는 의미를 갖는데, 이곳에 와보니 새삼 그 의미를 실감하게 되었습니다. 서촌이 진짜 아름답게 느껴지는 것은 오래된 골목과 옛집들 때문이 아니라고 생각합니다. 우리가 잃어버린 과거의 소중한 삶의 모습을 찾고, 사람의 정과 이웃의 의미를 발견하려는 이러한 노력 때문이 아닐까 합니다. 전통은 과거의 어떤 것이 아니라고 생각합니다. 오늘 상량식은 한바탕 잔치이자 곧 전통이며, 지금 우리의 중요한 문화라고 생각합니다.

상량식을 시작으로 '몸-도시 포럼'이 주최하는 '흐르는 골목' 전시회는 일주일 동안 변사무성영화 상영, 동네 답사, 한옥음악회 등의 행사로 이어졌다. 공사가 중단된 현장에서는 건축주인 파우저 교수가 살았던 1980년

* 그는 문화콘텐츠학을 전공했으며 옛 문화와 전통을 재현하는 일에 전문가이다.

「서울을 그리다」의 저자 이장희 작가가 '동아일보'에 게재한 그 날의 상량식 모습.

대 혜화동의 한옥 사진, '구가도시건축'에서 만든 체부동의 골목 모형, 신교동에서 '만들지' 공방을 운영하는 이유정 작가가 재활용 목재로 만든 수공예품,『서촌방향』책을 쓰기도 한 누상동의 설재우 씨가 제작한 벽수산장 모형, 동네 소식지『시옷』을 펴낸 최용훈 씨의 골목 사진들이 전시되었다.

전시를 보러 온 동네 어른과 손자.
그리고 작가와 대화 중인 사람들.

박공판에 얽힌
황 목수의 속사정

해체 첫날, 지붕 위의 일꾼들이 앞집과 연결된 부분의 기와를 걷어내리던 장면을 기억하실 것이다. 경계에 관한 한 워낙 민감한 부분이기도 하니 다시 한 번 보기로 하자.

동네 한옥들의 경계는 보통 기둥 간격 약 60센티미터, 기와 간격 약 20센티미터 정도 떨어져 있다. 이 정도는 그나마 다행이다. 이 집은 한쪽 지붕이 아예 앞집과 연결이 되어 있다. 도대체 이걸 왜 붙였을까. 앞집에서 태어나서 지금도 살고 있는 어른의 말씀으로는 집을 지을 당시에 앞, 뒷집 주인들이 사이가 좋았다는 이야기를 들었다 한다. 한뼘의 땅이라도 서로 아껴 쓰고 싶은 옛 주인들의 우정이 만들어놓은 일이라는 뜻이 된다.

그렇더라도 이제는 어쩔 수 없이 서로 떼봐야 한다. 경계를 넘어간 건축

물은 현행 건축법상 명백히 불법 건축물이다. 그나마 다행인 건, 두 집 기둥의 각각의 간격이 얼마 정도 떨어져 있다는 사실이다. 만약 기둥조차 분리가 되어 있지 않다면 이 집의 대수선은 법적으로도, 내용상으로도 불가능했을 것이다. 이처럼 '맞벽' 즉, 벽을 맞대고 이웃집과 경계를 나누어 지은 한옥은, 현행 법규로는 대수선이 불가능하며, 신축이든 대수선이든 허용이 된다 하더라도 이웃집과의 합의 과정은 건축법이 무색할 만큼 험난하다. 동네에는 이런 집이 아직 꽤 많이 남아 있다. 앞으로 이들 집들은 어떻게 될까?

지붕을 떼어내고 공사를 할 수 있다는 건 그나마 다행이다. 그러나 현장을 바라보고 있자니 가슴이 답답하다. 이렇게 좁은 곳에서 서까래와 박공을 매다는 일은 시간이 걸리는 건 말할 것도 없고 아주 '짜증'이 나는 작업이다. 아무리 요령 있는 전재옥 목수라 하더라도 쉽지 않다. 못을 박을 망치질조차 힘든 공간 앞에서 한숨이 저절로 새어나온다. 그러나 목수들은 묵묵하게 까다로운 공정을 잘 넘겨가며 지붕 공사를 마무리한다.

일은 뜻하지 않은 곳에서 일어났다. 완성된 지붕은 추녀 쪽 처마곡선이 무리하지 않고 부드럽게 살짝 치켜 올라가 있다. 작은 한옥에 알맞은 앙곡이고, 골목에 가지런히 늘어선 다른 집과도 잘 어울리는 모양이다. 그런데 아무리 봐도 이쪽 편 박공의 끝부분 모양이 마음에 들지 않았다. 문화재 일반에서 하는 방식으로 한 것이니 무난한 건 맞다. 그렇지만 이 동네, 그러니까 '서울 방식'은 아니다. 직접 보이지 않는 곳은 이미 설치도 된 데다 이집 목수의 성향을 그대로 보여주는 것이라 그대로 둔다 하더라도 입구 대문위에 가장 크게 설치된 박공판만큼은 지역의 특징적인 디테일을 따라가고 싶었다. 나에게는 중요하지만, 다른 사람은 사소하다고 생각할 수 있는 걸 일방적으로 주장하는 성격이 못 되는 나는 이걸 어떻게 해야 하나, 속으로만 계속 끙끙 앓았다. 힘들여 해놓은 것을 대놓고 다시 바꾸자고 쉽게 말할

◀ 집의 오른쪽 지붕 경계.
● 이 집의 용마루(지붕꼭대기)가 앞집 경계(기와의 와구토 부분)를 넘어가 내림마루와 연결되어 있다.
▶ 지붕을 분리한 후 걸린 박공의 모습. 앞집과의 간격은 20센티미터 정도이다.

만큼 현장 일꾼들의 자존심은 가볍지 않다. 다시 하자고 한들 그럴 시간도 충분하지 않고, 그에 맞는 목재도 남아 있지 않다. 눈 딱 감고 그냥 넘어갈 것이냐, 말이라도 해볼 것이냐 사이에서 며칠째 고민만 거듭하고 있었다.

일은 엉뚱하게 풀릴 조짐을 보였다. 박공판의 끝 '마구리'가 금이 가기 시작하는 게 아닌가. 꼼꼼하기로는 둘째 가라면 서러워 할 파우저 교수가 그걸 그냥 못 본 척 할 리가 없다. 목수들은 건축주를 강하게 설득해서 그냥 넘어갈 수 있도록 하자는 눈치였지만, 내 속마음은 좀 달랐다. 금이 간 것을 기회로 박공판의 모양까지 바꿀 기회가 생긴 거다. 나는 결단을 내렸다.

"형, 바꿉시다."

나무를 다시 들여오고 기존의 박공 판자를 떼어냈다. 박공판을 다시 만드는 아침. 나는 초조해졌다. 모양을 바꾸자는 말을 아직 못 들은 전 목수는 똑같은 모양의 박공판을 다시 만들어낼 것이다. 이걸 어떻게 말을 꺼내나, 사실 잠이 안 왔다. 이른 아침 찾아간 현장에서는 아니나 다를까. 벌써 넓은 판자를 작업대 위에 올려놓고 임용빈 목수가 매끄럽게 대패질을 시작한다. 이제 몇 분 후면 전 목수가 자를 대고 선을 긋겠지. 아, 뭐라고 말을 꺼내야 하나. 경력으로야 내가 1~2년 선배라지만 공정 책임자에게 마음대로 이래라 저래라 할 수는 없다. 그런데 이건 또 웬일인가. 갑자기 전 목수가 청계천에 다녀올 일이 있다고 한다.

◀ 저편에서 박공 뒤처리를 하고 있는 목수들.　● 지붕 공사가 끝난 모습.　▶ 더글러스는 강도가 세서 넓은 판자는 간혹 끝 부분이 갈라지기도 한다.

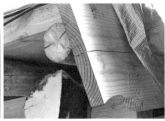

"임 목수님, 잠깐 청계천에 가서 연장 맡겨놓은 거 찾아올 테니까, 대패질만 해놓으세요."

말이 끝나기 무섭게 골목을 빠져나가는 그의 뒷모습을 보는 순간, 나는 재빨리 나무 위에 자를 대고 그림을 직접 그리기 시작했다. 오랜만에 그리는 데다 마음이 급해서 허둥대니 잘 안 된다. 청계천은 지척이라 한 시간이면 다녀올 수 있으니 시간 안에 모양을 그려 톱을 대고 잘라놓아야 하지 않겠는가. 허둥지둥 그리긴 했지만 그려놓고 보니 그럴 듯하다.

그렇게 해서 완벽한 서울식은 아니더라도 어느 정도 의도한 대로 박공판 모양이 완성되었다. 전국 표준형에서 벗어난 것이 이렇게 뿌듯할 수가 없다. 서촌과 북촌의 한옥 박공판 모양은 경복궁의 그것과 흡사하다. 워낙 궁궐 가까이 있으니 자연스럽게 영향을 받아 지역의 특징으로 굳어진 것이라 할 수 있겠다.

오늘날 한옥 목수 공정에서 지역의 특징은 거의 사라졌다고 해도 지나친 말이 아니다. 다른 분야도 마찬가지겠지만, 교통수단이 발달하면서 목수들은 무거운 연장을 차에 싣고 전국 곳곳으로 가서 일을 하기 시작했다. 규모 있는 문화재 관련 건물은 행정관청에서 발주하니 장이(장인)들은 당연히 시공회사를 따라 전국적으로 움직이게 되었다. 그러다보니 국보·보물급 건물을 제외하고, 사찰을 포함한 거의 모든 한옥 건축물은 지역의 특징은 사라진 채 전국 평준화가 이루어졌다. 일주문 밖 기념품가게의 소품들만 전국통일이 된 게 아니다.

그러니 이 집의 박공판을 전국 표준으로 만들어놓은 전 목수를 탓할 일은 아니다. 나 역시 몇 년 전 서울에서 처음으로 한옥을 지었을 때 똑같이 그랬으니까. 집을 지을수록 나는 사소한 부분에서라도 지역의 고유한 특징을 살려내고 싶었다. 이 집에서도 앞서 말한 망와의 문양이나 서촌의 박공 판자의 모양처럼 아직 남아 있는 것을 살리고 싶었는데 서로 낯 붉히지 않고 그럴 수 있게 되어 마음속으로 쾌재를 불렀다. 박공판 모양이 바뀐 데 이런 나만의 속사정이 있었다는 사실은 아무도 모른 채 목수들의 지붕 구조공사는 마무리가 되었다.

1. 남산골 한옥마을에서 본 신축 한옥의 박공(추녀) 끝 부분 모양이다.
2·3. 역시 근래에 새로 지은 건물의 박공.
4. 도편수 이승업 가옥을 복원한 집의 추녀. 고재를 재사용했다.
   앞의 세 그림과 다른 점을 찾을 수 있겠는지?(박공판과 추녀의 측면 모양은 거의 같다고 봐도 무방하다.)
5. 바뀐 이 집의 박공 모양. 누군가에게는 사소한 부분일 수도 있다.

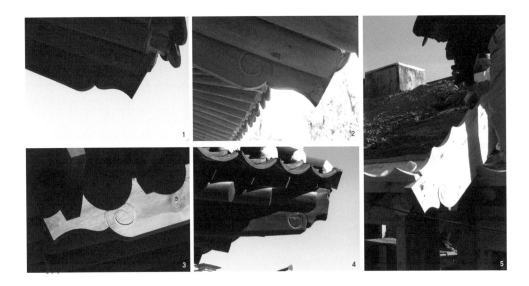

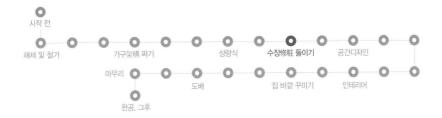

시작 전

해체 및 철거　　가구架構 짜기　　상량식　　수장修粧 들이기　　공간디자인

마무리　　도배　　집 바깥 꾸미기　　인테리어

완공. 그후

수평과 수직을 넘어
직각까지 아우르는 경지

목수들의 지붕 공사가 끝이 나면 기와를 올린다. 그런데 이 집에서는 공정을 바꿔 기와를 올리기 전에 '수장 들이기'를 먼저 하기로 했다. 수장修粧 들이기란 기둥 사이에 하방, 중방, 문선 등 창호와 방을 만들기 위한 프레임을 설치하는 작업이다.

기와를 올리기 전에 수장을 들이기로 한 가장 현실적인 이유는 현장이 너무 좁아서다. 수장 작업으로, 써야 할 목재를 다 쓰고 내부를 좀 정리한 다음에 황토와 적심, 기와를 들여놓는 것이 좋겠다고 판단했다. 기와를 올릴 와공들의 앞 일이 아직 안 끝나 이 집 공사를 바로 시작할 수가 없는 것도 이유 중 하나다. 곧 추위가 시작되는데 그들만 기다리고 있을 수는 없다. 목전에 닥친 추위에 앞서 어떤 일이라도 마무리를 해두는 것이 좋았다.

수장을 들이는 일은 섬세한 일이다. 수평, 수직이 정확해야 할 뿐더러 각각의 문틀이 직각을 이루어야 한다. 그것을 위해서는 하방, 문선 등이 연결되는 기둥이 움직이지 않고 정확하게 서 있어줘야 한다. 그렇기 때문에 보

105

통 미리 기와를 올려서 무게를 실어주는 것이다. 그런데 이 집은 워낙 작아 가벼운 데다 기와도 올라가 있지 않으니 기둥의 수장 홈에 조금만 빽빽하게 끼워넣을라쳐도 이리저리 움직이고 마는 기둥 때문에 목수들이 애를 먹었다.

수장 들이기를 하면서 도면에 없던 '머름틀'을 만들어 넣기로 했다. 설계사무소와 상의를 한 후에 안방과 주방 쪽에 '머름'을 설치하기로 하고 건축주와 50만 원에 타협을 봤다. 머름은 문지방 아래에 대는 널조각으로 수장재의 일종이다. 기둥 사이를 건너지르는데 장식적인 요소를 겸비하고 있다. 머름 설치를 끝으로 이 집에서 목수들의 일은 일단락을 지었다. 나중에 다시 들어와 해줄 일이 한 가지 남아 있긴 하지만 그건 나중 일이고, 큰 틀에서 목수의 할 일은 이제 끝이 난 셈이다.

목수 공정이 한옥 시공에서 차지하는 비중은 절대적이다. 법당이나 사당처럼 목조 중심이 아닌 작은 살림집이라 해도 목수의 실력과 안목에 따라 집은 달라진다. 구조적 안정성에서부터 미적 완성도까지 목수에 따라 폭넓게 결정되기 때문이다. 그렇다고 전체 시공비에서 목수가 차지하는 비용이 압도적인 것은 아니다. 보통의 살림집이라면 목재 비용을 제외한 순수한 목수 인건비는 전체 시공비의 약 20퍼센트 정도 차지한다. 20퍼센트의 인건비로 집의 완성도를 좌지우지할 수 있으니 건축주 입장에서 목수를 잘 만나는 건 큰 복이다.

그렇다면, 이렇게 실력과 안목을 두루 갖춘 목수를 만나려면 어떻게 해야 할까. 이 물음에 정확한 답을 줄 수는 없다. 확실한 한 가지는, 건축주의 안목을 뛰어넘는 한옥을 본 적이 없다는 사실이다. 훌륭한 목수를 만나는 것도 건축주의 눈썰미가 좌우한다. 언젠가 한옥을 짓고 싶다면 먼저 한옥을 많이 구경하고, 그 안에서 살아볼 것(?)을 권한다. 그렇게 안목을 갖추어야 한다. 집은 목수가 짓는 것이 아니고 건축주의 안목이 짓는 것이다.

건축주의 안목을 뛰어넘는 한옥을 본 적이 없다.

훌륭한 목수를 만나는 것도 건축주의 눈썰미가 좌우한다.

집은 목수가 짓는 것이 아니고

건축주의 안목이 짓는 것이다.

디테일이 만들어내는
절정의 아름다움

기와지붕은 참 아름답다. 그러나 사람 손으로 만든 아름다운 것들이 거의 그렇듯 이 일도 참 만만치가 않다. 이 집 지붕의 기와를 올려줄 도와공 최재필 사장은 1951년생으로 일한 지는 벌써 40년이 넘었다고 한다. 그의 말을 듣고 있노라면 우리나라 기와지붕 현장사가 한눈에 스쳐지나가는 듯하다. 처음 일을 배우기 시작한 곳은 성북동 삼선교 근처라고 한다. 소위 '집 장사집'이었는데 아침 일찍 현장에 나가 가장 먼저 하는 일은 리어카를 끌고 다니면서 지붕에 올릴 연탄재를 구하러 다니는 일이었다고 한다. 지금처럼 지붕에 올릴 적심 목재가 많이 있을 리는 만무하고, 지붕 경사는 맞춰내야 하니 흙보다는 가볍고 부피감도 있는 연탄재를 사용한 게 아니었을까. 연탄재는 참 옛날 우리 생활에 꼭 필요한 존재였던 듯하다. 타기 전에는 물론, 다 타고 난 뒤에도.

함께 일을 해주시는 부와공 한춘희 어른은 68세, 해방둥이라고 한다. 경력은 9년 정도 되었는데, 몇 해 전 금강산 신계사에서도 부와공을 했다고

1. 개판 사이로 흙 등 이물질이 떨어져 내려올 가능성에 대비해 직전에 천을 깐다. 2. 그 위로 적심을 쌓는 모습. 3. 목수공정
의 기초도 잘해야 하지만, 기와지붕의 기초도 마찬가지이다. 군데군데 꺼진 지붕 면을 보시라. 4·5. 연함을 파고 있는 모습.
예전에는 자귀로 현재는 보통 직소를 이용한다. 현장에 도착한 기와의 모양에 맞춰 본을 뜨는 최재필 와공. 처마곡선의 앙곡과
안허리를 반드시 도편수가 주도하는 것처럼, 이 과정 역시 도와공 고유의 일이다. 6·7. 처마선에 맞춰 연함을 고정시키는 최
와공. 전기공구로 할 수 없는 곳은 여전히 자귀를 사용한다.

한다. 도와공은 와공팀의 오야지이고 부와공은 팀의 2인자라고 할 수 있는
데 이런 명칭은 일반적으로 정해졌다기보다 편의상 그렇게 부르는 것이다.
기와공사 일은 한옥을 짓는 여러 과정 중에서도 육체적으로 가장 힘든 노
동이다. 그 연세에 무리는 아닐까 걱정이 된다.

　"일이 힘들지는 않으세요?"
　"하하하, 이래뵈도 저 도와공보다 나가 힘이 세지 않을까 싶은디."
　"이참에 팔씨름부터 한번 해보실라우?"

　듣고 있던 도와공이 맞장구를 치고 나왔다. 움직이니 건강하고 건강하니
유쾌한 어른들이다. 이 분들이 심심찮게 하는 말이 있다.

　"건강이 정년이랑께……."

기와 올리기의 기초 과정

기와를 올리는 데도 순서가 있다. 눈에 보이지는 않지만 대충 해서는 안 되
는 기초 과정이 있다. 귀찮고 힘들지만 제대로 해야 하는 일이다.
　첫 번째는 적심을 올리는 일이다. 적심은 제재소에서 목재를 켜고 남은
껍질 쪽 부분을 말한다. 얇디얇은 이것을 개판 위에 차곡차곡 빈틈없이 쌓
아 올려 지붕의 기초 경사를 만든다. 적심 쌓기는 나무 작업이어서 얼핏 목

수가 해야 하는 일이 아닐까 싶지만, 현장에서는 주로 와공이 작업한다. 기와 공사의 첫 단계이기 때문이다. 석공이 만들어놓은 주초석을 보통 목수들이 제자리에 놓는 것과 같다. 일정해야 하는 기와지붕의 경사면이 시간이 지나면서 울퉁불퉁해지거나, 지붕의 한쪽이 푹 꺼지는 집은 대부분 적심을 올리는 과정이 부실해서 그런 것이다. 적심을 올리는 작업은 보통 부와공이 주도한다. 그동안 도와공은 지붕 아래에서 연함椽檻을 만든다. 연함이란 서까래 끝의 암키와를 받기 위하여 평고대 위에 덧대는 나무인데, 암키와의 밑면에 맞게 톱니처럼 깎아낸다.

　지붕 경사에 맞춰 빼곡하게 적심을 채운 다음에 하는 일은 강회다짐이다. 강회다짐이란 황토와 마사토를 섞고 거기에 생석회와 물을 배합한 다음 적심 위에 얇게 깔아서 지붕 물매를 완성해가는 작업이다. 강회다짐은 근래에 생긴 방식이라고는 하나, 워낙 광범위하게 적용되는 터라 이 집에서도 같은 방식을 따랐다. 생석회를 섞는 것만 빼면, 좁은 마당에서 이들을 짓이겨 섞고 흙뭉치를 만들어 지붕 위로 던져 올리는 노동자들의 모습은 아마 수백 년 이상 변치 않고 내려온 장면일 것이다. 이런 작은 집이 아니면 와공들이 처음부터 끝까지 손으로만 작업하는 모습을 보기가 어렵다. 마당이 약간만 넓어도 굴삭기 등 중장비를 불러다가 기계로 작업을 하기 때문이다. 이렇게 손으로 하는 일은 분명히 하는 사람 입장에서는 고단하고 힘들 것이고, 비용면에서도 경제적인 건 아니지만 몽땅 기계에 내주고 사라져버리기에는 아까운 풍경이다. 어딘가에 이런 풍경이 남아 있어도 좋지 않을까. 이 작업은 부와공의 지휘 아래 초보 와공들이 담당한다. 전라도 영광이 고향인 박남도 씨와 경상도 안동 출신인 고재구 씨가 그들이다. 박남도 씨에게 힘든 일과 단짝인 탄산 많은 장수막걸리를 권하며 슬쩍 말을 건넸다.

"힘드시죠?"

"땀은 나네요."

한잔 들이키고 다시 삽질을 하기 시작했다. 그는 소목(창호를 만드는 목수) 일을 배우다가 와공으로 전업한 지 1년 남짓 되었다고 한다. 그래서인지 목수들이 일할 때면 멀리서나마 눈길이 자꾸 그쪽으로 향한다고 한다. 그의 성실한 눈빛은 여전히 소목에 미련이 남은 듯 보인다. 어떤 인연으로 깔끔하고 세밀한 일을 하다가 기친 흙을 만지기 시작했을까.

어떤 기와를 쓸 것이냐

한옥 기와를 생산하는 대표적인 업체로는 경상도의 산청기와, 고령기와, 달성기와, 노당기와, 대동기와와 전라도 구례의 동부기와 등이 있다. 어떤 기와를 쓸지 건축주와 상의 후 결정을 해야 한다. 파우저 교수는 이미 기와에 대한 자신의 생각을 정리해두고 있었다. 그는 요즘 기와의 검은 색깔을 불만스러워 했다. 동네의 오래된 한옥들의 기와는 붉은빛이거나 검은색이라도 연한데 요즘 기와는 너무 검다는 것이다. 근처 경복궁의 검은 빛깔 기와는 권위가 있어 보이지만, 이 집처럼 작은 한옥 지붕에는 어울리지 않을 뿐더러 자칫 검은색을 잘 사용하는 일본식의 느낌도 나서 꺼려진다는 것이다. 까다로운 양반 같으니.

까다롭기는 해도 자신의 미감을 이렇게 합리적으로 제시하면 감정적인

여러분은 어떤 색깔이 더 마음에 드는지?

반감조차 생기지 않고 잘 맞춰주고 싶은 마음이 저절로 드는 게 문제다. 이 집을 짓기 전 그동안 여러 집을 지을 때 사용했던 대동기와뿐 아니라, 가장 검은빛을 내는, 궁궐에서 많이 쓰는 고령기와도 제외해야 한다. 이럴 때마다 등장하는 분이 최진희 사장이다.

"산청에 공사하는 후배가 한 번 놀러오라캐서 만나러 가이께네 거 기와는 빨갛턴데?"

"정말요? 어딘데요?"

"어⋯⋯. ○○기업 회장이 저거 생가 짓는다 카대요."

"가만 있자⋯⋯. 그 집 옥인동 '삼간일목'의 권 소장이 설계했다는 집인데요?"

"어허⋯⋯. 이래서 세상이 쫍은기라."

최 사장이 찍어온 사진 속 기와는 정말 붉은빛이 나는 기와지붕이다. 권 소장에게 전화를 걸어 알아보니 경기도 여주의 '한국토형와전'이라는 회사의 기와였다. 날을 잡아 건축주와 함께 여주로 내려갔다. 색깔은 괜찮았다. 그러나 수량이 충분하지 않았다.

"산청 현장을 위해서 따로 구워낸 거라 거기 쓰고 남은 겁니다."

더군다나 모양이 고르지 않은 것도 살짝 꺼려졌다. 그렇지만 결정적인 하자는 아니지 않은가. 슬쩍 건축주의 얼굴을 살피니 제법 만족스러운 것 같다. 그래도 내가 먼저 나서서 결정하지는 않았다.

"수량이 부족하니 여기 있는 검은 기와를 섞어서 써야겠네요."

건축주가 한마디 거든다. 이만하면 순조로운 결정이다. 기와의 크기는 작은 집에 더 어울리는 소와다. 돌아오는 차 안에서 건축주는 짧게 한마디를 보탰다.

"되도록 집에서 가까운 곳에서 나는 것을 쓰는 게 맞겠죠?"

마을에서 기와 올리는 날의 풍경 /

바닥기와를 가지런히 놓기 시작했다. 흔히 명품은 디테일에서 차이가 난다고들 한다. 기와도 마찬가지다. 도와공의 발끝에서 기와의 멋진 골이 생겨났다. 툭툭 건드리고 살짝 밟아주고……. 경사진 지붕 위에서 일하는 모양새가 물 흐르듯 부드럽고 숨 쉬듯 편안하다. 그는 지극히 자연스러운데 바라보는 이는 왜 숨이 막힐 듯 긴장이 되는 걸까. 마치 거장의 연주를 듣는 관객처럼 저절로 숨을 죽이고 바라보게 된다.

지붕 위에서 본격적으로 기와 공사를 진행하자 골목을 지나는 어른들도 지나다 들러 한마디씩 하곤 한다. '못 지을 집이 길갓집이다'라는 말이 있다. 오며가며 한마디씩 거드는 사람들이 많아 당사자들에게 그만큼 피곤한 일이라는 뜻인 것 같다. 그렇지만 꼭 그렇게만 볼 것도 아니다. 이미 사라져버린 옛집 짓기의 노하우를 그 '한마디'에서 얻게 되는 일이 많다.

누하동의 배화여고 운동장 아래 사시는 안성기 어른이 들렀다. 2년쯤 전에 집을 짓고 그곳에서 사시는 분이다. 집을 지을 때도 자주 현장에 들러 이 일 저 일 상세히 말씀해주시더니 한옥이 완성된 그날부터 직접 꾸미고 고쳐서 지금은 지었을 당시에 비해 훨씬 살기 편한 집으로 바뀌어 있다. 그런 분 말씀이니 하시는 말씀마다 귀에 쏙쏙 들어온다.

"오랜만에 내려오셨네요. 건강하시죠?"

"한옥 짓고 더 좋아졌지. 하하하. 아무리 집을 잘 지어놔도 약간 불편한 건 자기 손으로 직접 만져야 해. 자잘한 것도 집 지은 이에게 계속 의존하다보면 한없이 의존하게 되는 법이지. 한옥은 집주인이 절반은 짓는다고 봐야 해. 나는 한옥이 참 좋아. 다 죽어가는 난초 화분을 집에 갖다놓았더니 꽃대가 다시 올라오더라고. 물론 관리도 좀 해야겠지만 확실히 한옥에서는 식물이 잘 자라는 면이 있어. 식물한테 좋은 집이면 사람한테는 당연히 좋겠지. 그뿐만 아니야. 예전에는 자고 일어나면 찌뿌둥했어. 그런데 지금은 일어나면 머리가 개운해. 돈 있으면 한 채 더 짓고 싶어."

들고 있던 파우저 교수도 고개를 끄덕인다. 골목에서 종이박스를 잔뜩 담은 작은 카트를 밀고 지나가던 동네 할머니는 인사할 겨를도 없이 "집 언제 다 지을겨? 겨울 오면 추워서 안 돼!"하고 한마디 툭 던지고 대답도 필요 없다는 듯 가버리신다. 금천교 시장에서 작은 양장점을 하시는 어른이다.

청와대 앞 청운파출소에서 근무하는 황제완 경위는 한옥에 관심이 많아 작년 사직동 파출소 때부터 알고 지내는 사이다. 야간 근무를 마치고 귀갓길에 일부러 들러 역시 추위가 다가오는 걸 걱정해준다. 아랫집 한옥에 사는 박홍숙 통장은 기와를 잘못 깔아 비가 새지 않을까 걱정이다.

"기와에 비 새지 말라고 깔아주는 거 있죠? 그거는 꼭 해야 해요."

낡은 기와를 이고 있는 동네 한옥들의 지붕은 요즘 들어 내리는 폭우를 감당하지 못하고 비가 새들어와 아주 골치다. 도와공에게 넌지시 묻는다.

"최 사장님, 방수시트를 가져와서 깔아볼까 하는데, 괜찮으세요?"

1·2. 기와가 골목에 도착하면 한 번 더 집 앞까지 옮긴 후 지붕 위로 올린다.

3. 기와를 두 장 겹쳐 던지는 이영범 와공. 지붕에서는 바닥기와를 미리 받아놓는다.

4·5. 바닥기와를 한 장씩 자리에 놓는 최 와공. 한 줄이 끝나면 위에서 내려다보며 발로 건드려 미세조정에 들어간다.

6. 방수시트를 까는 모습. 전통적으로 회첨골에는 넓은 동판을 깔아 누수를 막았으며
    집을 해체할 때 비싼 동판을 걷어내서 회식을 한다는 이야기도 있다.

7. 적새를 쌓는 최 와공과 돕는 이성권 와공.

8. 내림마루를 꾸미는 최 와공.

9. 부와공인 한춘희 어른이 입담을 풀어놓으며 와구토를 바르고 있다.

"안 됩니다. 저는 방수시트는 깔지 않습니다. 옛날 기와를 다시 사용할 때라면 방수시트를 깔아야겠지요. 그런데 이 집은 새 기와로 시공하는데 방수시트를 깔 필요는 없습니다."

예상보다 더 단호했다. 겉으로야 태연했지만 속으로는 '그럼요, 그러서야죠.'라고 맞장구를 친다.

"아, 네. 그럼 회첨골 쪽만 깔도록 하시죠."
"그럼요. 회첨골은 깔아야죠. 더 꼼꼼히 작업할게요."

회첨골은 지붕이 서로 모이는 곳으로 안쪽으로 꺾이는 부분을 이른다. 누수는 이곳에서 가장 쉽게 생긴다. 도와공은 왜 방수시트 까는 걸 단호하게 거절했을까. 와공의 입장에서 보면 미리 하자를 인정하자는 말과도 같기 때문이다. 내가 속으로 맞장구를 친 이유는 만에 하나 와공의 실수로 비가 샌다 하더라도 지붕 아래에서 확인하고 그걸 바로잡는 게 옳다고 생각하기 때문이다. 기와공사는 비교적 초기 공정이라 완공 전까지 비가 새는지 아닌지를 자연스럽게 확인할 수 있다. 그런데 방수시트를 깔면 비가 새도 모르게 된다. 잘못된 부분이 드러나지 않으니 바로 잡을 길도 없게 되고 만다. 그래도 건축주가 안전하게 방수시트를 깔자고 하면 계속 고집을 피우지는 못했을 것이다. 그러나 다행히 파우저 교수는 비가 많은 가고시마와 교토에서 오래 살면서도 방수시트는 그리 선호하지 않았다.

기와를 올리는 일은 계속된다. 지붕 위에서는 와도瓦刀로 기와를 탱탱탱 소리를 내며 내리쳐 회첨골을 만드는 도와공과 부와공의 몸짓이 분주하고 아래에서는 흙을 연신 비벼 지붕 위로 던져 올리는 젊은 와공들의 몸짓으로 북적인다.

마을분들의 이런저런 참견(?)과 함께 기와 골도 한 줄 한 줄 생겨났다. 수키와는 바닥기와가 놓인 대로 따라갈 수밖에 없기 때문에 바닥기와를 정확한 선에 따라 놓는 게 훨씬 중요하다. 그렇다고 이 역시 아무나 하는 건 아니다. 부와공이 놓았다 하더라도 뒤에 도와공이 따라오며 툭툭 건드리고 밟고 하면서 기와 골을 완성시킨다.

한옥 공사현장에서 우리 와공을 다시 생각하다

누상동에 사는 김다연 씨는 건축학을 전공하고 관련회사에 다닌다. 현장에 자주 들르는 그는 지붕 공사를 하는 와공들을 보면서 자신이 감리하는 현장의 엔지니어와 전통 장인의 어떤 차이를 발견한 듯하다.

"엔지니어가 기술을 쟁취하는 것으로 본다면, 장인은 세월과 함께 익어가는 개념 아닐까 싶어요. 그런데 저 분들은 도제식으로 키우는 제자들은 없어요?"

"음……워낙 현실이 열악해서……그런데, 왜요?"

"건물의 재생이나 공간의 이야기들을 좋아했던 학부 시절의 취향과는 반대로 지금 트랜디한 패션 매장의 인테리어 PM(Project Management)일을 하고 있어요. 처음에 담당 매니저를 따라 공사 감리를 나가서 설비 작업 현장을 대면했는데 좀 충격적이었어요. 천장에 매달린 거대한 공조기, 그 시설물에 노동자가 매달려 덕트 호스를 직접 끼우는 장면들이었죠.

뭐 여느 공사현장도 그렇겠지만, 노동자들은 뿌연 공기를 마시며 안전장비에 몸을 맡겨 주어진 일을 하고, 숙련된 엔지니어들은 매뉴얼대로 수학문제를 푸는 듯 기술을 응용하여 현장의 문제를 해결하고요. 수도 없이 복잡하고 위태했던 순간들이 지나고 건축 공사가 끝날 무렵, 기능공들의 땀으로 만들어진 구조물의 무게감은 서운하게도 가벼운 인테리어 마감재로 말끔히 가려지고 말아요.

그걸 보면서, 그들은 자신에게 맡겨진 일을 하면서 그 행위에 건축적인 의미를 담고 있을까, 하는 생각이 들었어요. 물론, 규모와 용도 등 전제조건이 상대적이라 섣불리 판단하긴 힘들겠지만 모든 건물이 지어지는 과정을 같은 맥락이라고 봤을 때는 기술철학을 어떻게 가지느냐에 따라 건물의 품질이 높아지고 사람들의 행동 습관도 겸손하게 만들 수 있지 않을까요?

일반적인 현대 건축과 비교해서 한옥이 지어지는 경과를 지켜보면, 일하는 사람 개개인마다 사명감을 지닌 듯 섬세하게 작업하는 것 같아요. 장인들은 어떤 설명서도 없이 연륜과 경험이 몸에 배어 자연스럽게 집을 위한 좋은 방법을 찾은 거 같고요. 아마도 한옥의 재료와 구조 특성상, 기능공의 짓는 행위가 고스란히 노출되어 존재하기 때문에 보는 이로 하여금 그 공간 안에서는 태도가 공손해지는 것이 아닐까 해요. 그리고 반대로, 짓는 사람들 역시 그 피드백을 통해서 자기만의 기술철학을 쌓아가는 것이 아닐까 생각해요. 이런 장인의 대가 끊어지지 않는다면 한옥만이 아닌 한국 건축의 정체성이 좀 더 뚜렷하게 자리잡을 수 있지 않을까요?"

추운 겨울과 한여름 더위에는 일을 못하는 와공들의 삶은 목수만큼이나 열악하다. 그러나 목수들이 한옥 시장에서 그나마 각광을 받는다면, 와공은 그에 상응하는 대접을 받지 못하는 것이 현실이다. 전통건축 또는 한국 건축을 생각하는 젊은 건축가의 바람이 현실이 된다면 얼마나 좋을까마는, 나는 다만 다음 현장에서도 이들이 와서 변함없이 흙을 뭉치고, 기와를 던져 올리고, 담배를 피워대는 모습을 볼 수 있기를 소망할 뿐이다.

용마루, 내림마루, 추녀마루 꾸미기 /

믿을 수 있는 부와공이 수키와 일을 하는 사이에 도와공은 마루를 꾸밀 준비를 한다. 와공들은 '마루를 꾸민다'고 하는데, 아마도 이 과정의 장식적인 효과를 두고 하는 말일 터이다. 마루에는 세 가지가 있다. 가장 높은 용마루와 용마루에서 이어 내려오는 내림마루, 그리고 추녀 위에서 만드는 추녀마루가 그것이다. 마루는 착고, 부고, 적새를 차례로 쌓아올려 꾸미는데 이걸 빼고 더해서 기와지붕의 품격을 결정한다.

가장 아랫부분인 착고는 필수적이고, 그 위에 쌓는 부고는 작은 집에서는 안 해도 무방하다. 그리고 다음 순서인 적새는 바닥기와를 홀수인 3, 5, 7단으로 겹쳐 쌓아올린다. 적새를 쌓으면서부터 지붕 마루의 곡선을 자유자재로 만들 수 있기 때문에 적새쌓기야말로 도와공의 미적 감각이 발휘되는 순간이다.

"황 사장, 어때요? 난 괜찮아 보이는데."
"어디 한번 볼까요? 음, 좋습니다. 역시 최 사장님이십니다!"

도와공이 용마루를 거의 완성해놓고 말을 건넨다. 처음부터 계속 주의 깊게 지켜 보고 있었지만, 이제야 본 것처럼 너스레를 떤다. 칭찬과 인정은 최고의 장인도 까마득한 업계(?) 후배 앞에서 우쭐하게 만든다.

"큰일 잘한다고 잘하는 게 아닙니다. 큰집은 보통의 실력이면 누구나 할

수 있어요. 올망졸망한 작은 집을 잘해야 진짜 실력이지."

정말로 그렇다. 최 와공은 골목의 다른 작은 한옥들 지붕과 비교해 뽐내거나, 부자연스럽거나, 움츠러들지 않고 마치 수십 년 함께 해온 친구처럼 자연스럽게 녹아 있는 곡선을 만들어냈다. 사실 그는 문화재 업계의 관련 분야에서도 인정받는 분이다. 잠깐 쉴 참이라도 생기면 과거 창덕궁 인정전과 경복궁 근정전 지붕 해체공사를 했을 때의 이야기를 들려주기도 한다.

"그런데 있잖수. 인정전 지붕은 뜯어보니 그렇게 깨끗할 수가 없었는데, 경복궁 근정전 지붕은 그보다 훨씬 못합디다."

그의 말은 기와를 잘못 올리면 나라를 대표하는 문화재 건물도 여지없이 손상될 수밖에 없다는 뜻이다. 파우저 교수는 최 와공이 기와를 직접 올린다는 말을 듣고 문화재 장인들이 작은 서민형 한옥에도 참여한다는 사실을 무척 신기해 했다. 일본에서는 상상할 수 없는 일이라고도 했다.

"한국의 장인들은 이런 면에서 참 개방적이고 평등 의식이 있는 것 같아요."
"저 분들, 장인들이 인건비가 아주 많이 비싸지도 않습니다. 덕분에 이 집도 좋은 기회를 얻은 것이지요. 제 생각엔 어른 장인들에게는 장인이라는 의식보다 노동자라는 마음가짐이 더 큰 것 같습니다. 실력, 경력 이런 것들이 뭐가 그리 중요하느냐, 똑같은 노동이고, 그래서 큰 집 작은 집이 있을 뿐이지 귀하고 천한 집은 없다. 뭐 그런 마음이지 않을까요?"
"뭐, 그래도 어느 정도는 격이 나뉘어 있겠지요. 그런데 그걸 지나치게 폐쇄적으로 구분하면 건축주 쪽에서는 소위 이름값이라는 걸 소비하게 되

◀ 점도와 굳은 후의 강도를 높이기 위해 생석회를 더 넣고 발로 밟고 둥글게 굴린 것을 지붕 위로 던져 올린다.
● 지붕 위로 던져진 흙은 수키와(부와) 속에 들어간다. 모양이 홍두깨 같다.
▶ 홍두깨흙을 놓고 있는 부와공.   121

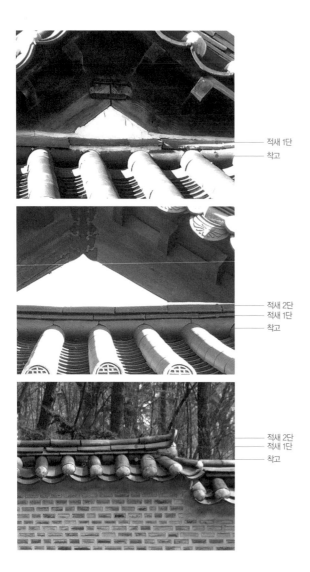

적새 1단
착고

적새 2단
적새 1단
착고

적새 2단
적새 1단
착고

▲ 잘 못 올린 적새의 모양.

● 합각(흰색 삼각형 부분) 아래 2단으로 쌓은 적새.

▼ 종묘 정전의 담장은 적새가 2단이다.

거든요. 비합리적 소비의 전형 아닙니까?"

마루 꾸미기를 하던 어느 날, 최 와공이 설계도면을 펼치더니 문제를 지적한다.

"이거 좀 봐요. 날개채 내림마루 적새가 2단으로 그려져 있네요."
"아, 맞네요. 원래 집이 2단이었을 수도 있겠지만, 아무튼 설계자의 실수입니다. 바로잡아 해주세요."

홀수여야 하는 적새가 짝수로 되어 있는 걸 최 와공이 발견한 것이다. 그는 너그럽게 한마디 더 보탠다.

"문화재 설계자들도 모든 것을 알 수는 없으니까요. 아니면 무심코 지나쳤겠죠. 그런데 2단 적새를 쓰는 데가 딱 두 군데가 있는데 어딘지 아세요?"

잘 모를 때는 대답을 안 하고 기다리는 게 좋다.

"합각 아래 작게 쌓는 적새는 2단이래요."
"왜요?"
"사람이 사는 공간은 홀수로 쌓잖아요. 그런데 우리는 조상을 모시고 사는 문화죠. 조상들이 집이 그리워 찾아왔을 때 거기서라도 잠시 쉬어가라는 의미란 겁니다. 살림집 말고 이렇게 한 곳이 또 한 군데 있는데, 바로 종묘예요. 종묘의 정전 담장의 적새가 2단인데 거기는 사람이 아닌 조상들이 사는 곳이니까 조상들이 마음대로 넘어다니라고 그리 쌓은 것이죠."

이제 기와 시공의 마무리 단계에 접어들었다. 기와 시공의 마무리는 와구토를 기와 끝에 발라주는 일이다. 와구토는 마사토와 백시멘트를 물과 혼합해 한참을 밟아 점성을 끌어올린 다음에 주걱처럼 생긴 와도로 척척 붙여 바른다. 약간 거친 맛이 나면서 색깔도 너무 흰색이 아닌 흙빛이 배어 오히려 자연스러워 보이게 하는 게 좋다. 이걸 미장 기술자가 하면 깔끔하기는 하나, 역시 기와와 관련 있는 일이라 와공에게 맡기는 것이 낫다.

한옥 짓기의 기본, 계절 맞추기

본격적인 추위를 눈앞에 두고 지붕 공사는 끝이 났다. 일주일만 늦었어도 이듬해 봄까지 공사는 중단되었을 것이다. 기와 시공 아니, 한옥 시공에서 가장 중요한 것은 바로 계절을 잘 선택하는 일이다. 목재, 특히 육송을 사용한다면 겨울에 치목해서 초봄에 집을 세우고, 기와를 올려 장마철이 오기 전에 공사를 끝내는 것이 가장 좋다. 그럴 수 없다면 가을에 집을 세우고 추위가 오기 전에 기와를 올려야 한다. 자칫 일정이 지연되거나 해서 시기를 놓치거나 추위가 빨리 오면 공사기간은 훨씬 늘어나게 된다.

기와 시공 비용은 기와 구입비를 비롯해서 흙, 생석회, 적심 등의 자재비와 인건비, 경비 등을 모두 합하면 평당 최고 150만 원 정도 예상하면 된다. 기초부터 목수 공정, 관리 비용 등을 포함해 모두 합치면 전체 시공 비용의 50퍼센트가 조금 넘을 것이다. 여기에 해체 비용은 제외한다. 집을 짓는 전체 과정 역시 기와를 올리고 나면 50퍼센트의 공정을 진행했다고 보면 된다. 사찰의 법당이나, 누각 등 목조 위주의 건물이라면 다르겠지만 한옥 살림집은 현재 지점을 반환점으로 봐도 무방하다.

그리고 이 지점에서 공사는 전통의 영역에서 생활의 영역으로 넘어간다고 할 수 있다. 지금까지는 건축주나 설계자 또는 디자이너가 쉽게 넘볼 수 없는 문화재나 전통건축 관련 일꾼들의 영역이었다면 앞으로는 반대로 나를 포함한 전통건축 관계자들에게 취약한 부분이다. 물론, 창호나 석공 등 몇 부분은 전통건축의 연장선에 있기는 하겠지만.

이렇듯 현장에서 내가 취약한 부분이 존재한다 할지라도 나는 이 집을 통해 현대인이 살아가는 한옥 살림집의 이상적인 건축 과정을 구현하고 싶었다. 무슨 뜻이냐 하면 문화재로 박제되어 있는 대상이 아닌 전통건축의 형식 안에 현대인의 일상을 잘 담아내고 싶었다는 말이다. 이 두 개의 개념과 가치가 자연스럽게 공존하는 한옥을 여럿이 함께 만들어가고 싶었다. 앞으로의 시공 과정은 지금까지와는 다른 것이다. 그럼에도 이런 과정의 시도를 통해 잘 지은 집이 갖춰야 할 최소한의 조건은 설계자(디자이너)와 시공자, 건축주, 그리고 이웃들의 참여, 존중과 협력이라는 사실을 읽는 분들이 공감해주기를 바란다.

요즘은 기와를
어떻게 만드는가

앞에서 언급한, 집의 해체 과정에서 기와에 관한 몇 가지 이야기를 한 바 있다. 설명한 이유 때문에 옛기와를 사용하지 않기로는 했지만 요즘 기와는 어떨까. 일단 전국의 모든 기와는 규격이 통일되어 있다. 바닥기와(암키와) 기준으로 중와中瓦는 폭이 한 자, 소와小瓦는 한 치 적고, 대와大瓦는 한 치가 더 크다. 그리고 품질도 가격도 주요 업체들은 비슷하다. 기와를 시공하는 와공들의 여러 이야기를 들어보면 메이저급 업체들이 생산하는 기와는 약간 무르고 단단하다는 특성만 있다고 한다. 대표적인 기와 생산업체 중 한 곳인 경남 산청에 있는 '산청토기와'를 찾아 김남주 대표와 만났다. 김남주 사장은 시할아버지, 시아버지를 이어 약 70년이 넘은 전통적인 기와공장인 (주)산청토기와를 운영하는 중견 기업인이다. 그 자신도 기와 일을 한 지 30년 남짓 되었다. 그에게 물었다.

규격화 되어 있는 요즘 기와. 사진 속의 기와처럼 옆면이
휘어지지 않고 반듯할수록 품질이 좋은 것이다.

"기와를 만드는 데 가장 중요한 건 무엇이라 보십니까?"

"흙입니다. 보통 요즘 기와는 흙을 원료로 하지만 약품 같은 걸로 화학적인 변화를 주는 과정을 통해 제조된 것이라고 생각들 하시는데 그렇지 않습니다. 어떤 화학적인 변화도 없습니다. 그래서 원료가 중요합니다."

"그럼, 어떤 흙을 주로 사용하시는지?"

"순수한 점토를 쓰죠. 멀지 않은 산청군 신안면 문대리에서 가져오기도 하고, 전라도 익산에서 가져오기도 합니다. 백토가 많은 흙은 구웠을 때 회색빛이 나고, 홍토는 금이 많이 생깁니다. 가장 좋은 흙은 노르스름한 황토예요. 우리가 실제로 황토라 부르는 것은 실은 홍토에 가까운 흙입니다. 그리고 점력, 즉 점도에 따라서 마사토를 섞을 때가 있지요. 흙의 종류별로 장단점이 있다고 보시면 될 듯합니다."

"황토에도 여러 종류가 있다는 거네요. 좋은 흙을 가져온 다음에는요?"

"성형을 해주는 자동 프레스에 찍어냅니다. 프레스에서 나온 기와를 건조대에 올려 1차 건조는 3일, 2차 건조는 일주일 동안 하지요. 건조된 기와는 적재 컨테이너에 그대로 실려 가마 속에 들어가 72시간, 꼭 3일 만에 나옵니다. 그 72시간이 아주 중요한데요, 먼저 26시간 동안 1,200도까지 온도를 올려가며 불을 땝니다. 그 다음 15시간 동안 식힌 후에 침탄(검은색을 입힘)을 해서 15시간 또 식히고, 온도가 580도까지 내려오면 문을 약간씩 열기 시작해서 200도까지 내려오면 문을 확 열어제낍니다. 그리고 16시간 그대로 식히면 총 72시간이 되겠지요."

막새와 망와의 다양한 문양들. 사진 제공: 산청토기와.

그는 주문처럼 정확히 온도와 시간을 술술 외우고 있었다. 그것만이 좋은 기와를 만드는 유일한 왕도라는 걸 말하려는 듯.

"천천히 개방하지 않으면 찬 기운이 들어가서 파손이나 실금이 갑니다. 순수하게 자연 기온으로만 식히는 거고요."

"기계가 나오기 전에는 어떻게 하셨나요?"

"예전에는 프레스 역할을 하는 원형 기계가 있었지만, 원시적이었어요. 거의 수작업이었습니다. 원형 기계 한 통에 넉 장씩 나오면 그걸 바닥에 세워 자연 건조를 시작하죠. 어느 정도 건조되면 떼어서 다시 엇갈리게 놓고 건조를 하고요. 사람 인人자 모양으로 엇갈려 놓고 말리는 건조 과정은 엄청난 수작업이었습니다. 그러고 나서 완전히 건조되면 토가마에 넣었어요."

"당시 만들었던 토가마는 어떻게 생겼습니까?"

"도자기 굽는 가마와 거의 똑같다고 보시면 됩니다. 가마 속에 차곡차곡 쌓는 것도 일이었죠. 가마 속에 기와를 가득 쌓고 고온에서 소성 후 환원 분위기를 조성하기 위해 흙으로 크고 작은 구멍들을 모두 막은 후에 장작을 넣고 뚜껑을 닫는 겁니다. 토가마에서도 거의 지금처럼 3일이 소요 됩니다."

"그렇게 옛날 방식으로 만들면 기와 품질이 지금보다 나을까요?"

"아니죠. 품질 보장이 안 되는 게 가장 큰 문제였죠. 그 해 겨울에 동파 날 수도 있고, 누룽지처럼 겉면부터 일어납니다. 10년 지나 동파가 날 수도 있으니까요. 그런데, 수작업으로 만든 건 토가마로 굽고, 자동 프레스에서 나온 건 현대적인 가마에 넣어야 하더라고요. 그걸 거꾸로 해보니까 나중에 동파가 심하거나, 나올 때부터 모양이 변형되고, 가장자리만 먼저 구워져 터져버리거나 해요."

"좋은 기와란 어떤 걸까요?"

"간단합니다. 처음 생산되었을 때는 틀어짐이 없고, 금간 것 없고, 색깔이 일정하면 좋은 거죠. 현재 전국적으로 분포한 기와생산공장은 대형화되어 있어서 품질은 거의 비슷하다 보시면 됩니다. '한식 그을림기와'는 아직 중국산도 없으니까요."

1. 프레스 기계에서 기와가 나오고 있다. 2. 건조대 위에 옮긴다. 3. 일본식 기와는 문화재 관련 건물의 수요가 있다 한다.
4·5. 바닥기와가 건조되고 있다. 6. 건조가 완료된 기와는 가마로 옮겨진다.
7. 가마를 조정하는 컨트롤 박스. 완전히 자동화되어 있다. 8. 연료는 이제 장작이 아닌 LNG가스다.

마지막으로 옛 기와에 비해 요즘 생산되는 기와의 문양이 왜 단순한지를 물었다.

"예전에 문양이 다양했던 이유는 고을마다 기와를 굽는 가마가 있었기 때문이
에요."

"그랬던가요?"

"그럴 수밖에요. 무거운 기와를 어떻게 운송을 했겠습니까? 마을마다 따로 가
마에서 구웠으니 문양도 다양했을 겁니다."

"요즘은 운송 수단이 발달해서 문양도 단순해졌다는 뜻도 되겠네요."

"하지만, 지금도 막새기와나 망와의 특이한 문양은 따로 주문하면 그대로 해줍
니다. 그림을 그려오시면 그대로 해줘요. 어떤 문양도 가능하고요. 물론 금형
비용은 들여야지요."

비용을 물어보니, 50~60만 원 정도라고 한다. 나만의 특별한 집을 짓는데 감당
못할 큰돈은 아닌 것 같다.

한옥의 공간디자인에 관한 염원을
품어온 지 어언 몇 해

앞에서 언급한 전통건축의 공간적 형식과 일상적인 생활의 방식이 만나는 지점에 있는 공정이 바로 '미장'이다. 미장 공사를 시작하기 전에 미리 이야기해둬야 할 두 가지가 있다. 공간디자인에 관한 것과, 창호를 주문하는 일이다.

　그러니까 이야기는 이때로부터 두 달쯤 전으로 거슬러 올라가야 한다. 해체 작업이 한창이던 지난 9월. 건축주와 마주 앉았다.

　"교수님, 저번에 한번 말씀을 드린 적이 있는데요, 디자이너 말입니다."
　"아, 그거 말인가요? 꼭 해야 될까요?"
　"이번에는 해보고 싶습니다. 뭔가 달라지지 않겠습니까?"
　"그렇긴 하겠지요. 하지만 얼마나 달라질 수 있을까요."

　한옥 시공에 따로 디자이너를 참여시킬 것인가를 두고 건축주는 여전히 소극적이다. 건축주가 주저하는 이유를 모르지는 않는다. 디자이너에게 지불할 비용은 시공자인 내가 부담하겠다고 미리 말을 했지만, 그건 건축주가 할 일이라고 생각했을 것이다. 그렇다고 '내가 부담하겠다'라고 나서는 것 또한 디자이너 고용 자체에 회의적인 그로서는 쉽지 않았을 게다. 그보다 더 큰 이유는 따로 있었다. 그는 일본에서 살 때도 이미 두 번이나 리모델링을 한 경험이 있고, 한국에서도 집을 크게 수리한 적이 있기 때문에 이번에 짓는 한옥의 내부 디자인도 자신이 직접 해보고 싶다는 열망이 컸다.

"내가 좀 더 신경을 쓰고 목수님이 도와준다면 잘 될 거라 생각해요. 힘을 모아서 우리가 직접 해보는 게 어떨까요?"
"교수님은 가능하겠지만, 저는 할 수 있는 게 없습니다. 디자인 감각도 없지만, 제 일은 현장을 이끌고 나가는 것이지 공간을 들여다보고 연구하는 일은 아니지 않습니까?"
"정 그러시다면 제가 생각을 좀 더 해보겠습니다."
"감사합니다. 되는 쪽으로 알고 있겠습니다."

집을 지을수록 하고 싶었던 공간디자인 /

한옥에 디자이너가 정말 필요할까. 이 물음 앞에 답은 분분할 것이다. 최근에 보았던 한옥에 디자인이라 부를 만한 요소가 있었는지 떠올려보는 것도 답을 내는 데 도움이 될 것이다. 카페나 전시공간 등은 논외로 치자. 오래 일하던 문화재 현장에서 벗어나 몇 년 전 동네에서 첫 번째 집을 지을 때 나는 한옥에 디자인이 반드시 필요하다는 걸 깨달았다. 내가 말하는 디자인은 단지 인테리어 디자인만을 의미하는 게 아니지만, 당시에는 완성이 집에 사는 이에게 이곳은 보존해야 하는 문화재가 아니다.

이곳은 사는 사람에게 **일상의 터전**이다.

한옥이 현대인의 삶의 양식을 받아들여야 하는 가장 중요한 이유이다.

된 설계도면이 이미 있었다. 그러나 한옥의 내부공간에 대한 배려는 빠져 있었다. 그래서 이 일을 함께 의논할 디자이너를 찾아 나섰다. 하지만 뜻을 이루지 못했다. 실력 있는 디자이너와 거의 성사 직전까지 갔지만 성급한 데다 서투른 일처리가 원인이었다. 첫 실패에 주눅이 들어 집을 지을 때 디자인 이야기는 한동안 꺼내지도 못했다. 계절이 두어 번 바뀌고 나니 또 도전할 마음이 들기 시작했다. 이번에도 훌륭한 인테리어 디자이너팀을 만났다. 그들은 시공도 겸하고 있어 금상첨화였다. 규모를 줄여 상세 견적까지 산출하고 드디어 시공에 들어갈 수 있겠다 싶었는데, 이번에는 현장의 갑작스런 일로 공사 중지라는 악재가 따라왔다. 다시 포기할 수밖에 없었다.

나의 경험 없음의 미숙함을 전제하고 이 일이 어려웠던 데는 이유가 있긴 했다. 우선 한옥은 상세(실시)도면이 거의 없다. 도면이 있긴 하지만 대부분 한옥 지원금을 받기 위한 형식적인 절차로 만드는 것이고, 지원금을 주기 위한 서울시의 심의는 한옥의 외부 형태에 좀 더 집중하기 때문에 내외부를 아우르는 도면을 갖추기가 어렵다. 여기에는 비용 문제도 있다. 건축주들은 대부분 한옥 공간의 상세 디자인은 없어도 된다고 생각해서 그 부분에 관한 비용을 지불할 생각을 하지 않는다. 설계사무소에서는 건축주가 요구하지도 않고, 비용을 지불할 계획도 없는 상세도면을 제출할 이유가 없다. 그러니 세밀하게 디자인된 설계도면이 없는 것이 이상하지 않다.

두 번째로 애초에 집을 설계했던 설계사무소가 아닌 다른 디자이너를 찾았다. 어차피 비용을 들일 거라면 처음 설계를 했던 설계사무소에 디자인 부분을 의논하지 않고 왜 따로 디자이너를 구하려 한 걸까. 애써 작업해준 사무소에 실례가 될 수도 있어 조심스럽긴 하지만 미감이 높지 않은 내 눈으로 보기에도 문화재(한옥) 전문 설계사무소들은 한옥의 전통적 구조와 외부 형태에는 탁월하지만, 현대적인 디자인 특히, 인테리어 부분은 좀 취약해 보였다. 그러니 하던 데서 다 하는 것보다 영역별로 잘할 수 있는 곳에 일을 맡겨 서로 인정하고 협력하는 것이 좋은 집을 짓는 데 도움이 될 거라고 판단을 했다. 그런 판단으로 추진했지만 결과적으로 두 번 모두 실패했다.

그렇다고 포기할 수는 없었다. 동네에서 한옥을 여러 채 짓고 나서도 만족스럽기는커녕 아무리 봐도 디자이너의 손길이 더 간절해졌다. 내가 짓고 난 집에 대한 품평 중에도 잘했다는 칭찬 대신 나 역시 아쉬운 부분에 대한 이야기만 더 크게 들렸다. 예를 들면 이런 말이다.

"황 목수 집은 건강한 기운은 넘치는데, 뭐랄까 세련되고 예쁜 느낌은 많이 부족한 것 같아."

"외부만 예쁘면 뭐해, 살림하는 공간에 대한 배려가 왜 이렇게 없어요?"

세 번째 도전을 해보겠노라 마음을 먹었다. 다시 기회가 왔다. 유망한 젊은 건축가들과 디자인, 시공을 같이 하기로 약속하고 현장 답사를 하는 등 신나게 진행을 했다. 뭔가 이루어지는 듯했다. 이번에는 건축주가 시공 자체를 그만두는 바람에 또 다시 중도 포기하고 말았다. 파우저 교수의 집이 네 번째 도전 대상인 셈이다. 그러나 이 분 역시 설득하기가 쉽지 않았다. 이번에는 과연 뜻을 이룰 수 있을 것인가.

디자이너와의 의기투합을 이루다 /

내가 생각한, 이 집에 필요한 디자이너는 이런 분이다.

먼저, 이번에는 왠지 인테리어 전문가보다는 건축가이기를 바랐다. 이미 훌륭한 외부 도면이 결정되어 있었지만, 한옥은 내외부가 건축적으로 아주 밀접하게 연결되어 있기 때문에 구조를 잘 아는 사람이면 좋겠다고 생각했

다. 두 번째는 미국에서 살아본 경험이 있었으면 했다. 건축주의 생활방식을 조금이라도 더 근본적으로 이해하려면 아무래도 미국에서 살아본 경험이 도움이 될 것 같았다. 너무 젊어서도 곤란할 것 같고, 적당히 노련한 분을 만나길 바랐다. 세 번째는 워낙 작은 한옥이니 이런 작은 공간을 좋아하고 섬세한 감각을 지닌 분이면 좋겠다고 생각했다. 마지막으로 현장의 노동자들을 존중하는 사람이어야 했다.

써놓고 보니 지금 봐도 욕심으로 가득한 바람이다. 이런 사람을 만날 수 있을까, 싶었다. 그런데 만났다. 박지민 소장이 바로 내가 찾던 디자이너다. 박지민 소장은 대학에서 물리학과 건축학을 복수 전공한 뒤 건축대학원에 진학, 1년을 공부했다. 그러고는 미국으로 건너가 건축학으로 석사 학위를 받고 현지의 여러 회사에서 일한 경험이 있다. 그뒤 한국과 미국을 오가며 일을 하다가 2008년부터 한국에서 주로 활동해온 그는 최근에는 가구 디자인과 제작에 전념하고 있기도 하다. 물론 당시에 이런 사실을 다 알지는 못했다. 내가 다짜고짜 만나자고 연락했을 때 박 소장은 어떤 생각이었을까. 직접 물었다.

— SNS로 제의를 해오셨잖아요. 황 목수님은 예전부터 관심 있게 지켜보고 있던 분이었어요. 메시지가 간단하고 단정해서 우선 맘에 들었어요. 한옥 공간디자인 때문에 고민이 많다는 목수님은 되도록이면 만나서 이야기하고 싶다고 명료하게 신호를 보내셨지요. SNS를 통해 이런 일이 생기기도 하는구나, 놀랍기도 하고, 한옥에 공간디자인을 고민하신다는 말씀이 흥미로웠죠. 저는 살림집 한옥을 본 적도 거의 없고, 한옥이라는 이미지에는 공간디자인이라는 개념을 상상하는 것조차 낯설었거든요. 한발 물러서서 생각해보니 어차피 한옥도 현대인들이 생활하는 공간이니까 부엌이니 화장실이니 하는 부수적 공간들에 대한 디자

인이 있어야 할 테고 그러자면 인테리어 디자이너가 필요할 수도 있겠다는 데까지 생각이 흘러갔지요. 그런데 왜 내부 디자이너가 아니고 건축가인 나에게 연락한 걸까, 하는 물음이 떠올랐어요. 그리고 굳이 왜 나일까 싶기도 했지요. 그때 저는 마침 다니던 회사를 그만두고 독립건축가로의 자립을 꿈꾸며 좋아하는 가구 만들기에 집중하고 있던 시기였으니까요. 어쨌든 좋은 기회였고, 작은 집도, 나무도 좋아하는 저로서는 마다할 수 없는 일이었고 만나보고 싶었어요.

그렇게 우리는 만났다. 그는 프로필 사진보다 부드러운 인상이었고, 젊은 남자와 함께였다. 체부동의 유일한 2층한옥인 카페 민석씨에서 마주 앉아 인사를 나눴다. 함께 온 그 남자는 미국에서 함께 직장생활을 한 후배라고 했다. 이름은 이종진이라고 소개를 받았다. 첫만남이 어땠느냐고 박 소장에게 또 물었다.

— 처음 뵌 목수님은 상상했던 것보다 젊었고 카페에 앉아 인사를 나누고 나서 차분하게 이야기를 끌고 나가기 시작했잖아요. 그런데 사실 한옥에 공간디자인이 꼭 필요하다는 말씀을 들으며 그 필요성에 대해서 공감이 되긴 했지만 건축가인 내가 할 일인가 하는 생각이 들었어요. 그래서 꼭 건축가가 필요하냐고 여쭀더니 목수님께서 이렇게 말씀하셨죠. '한옥의 구조를 이해하지 못하는 디자인에는 문제가 발생할 수 있지 않겠습니까.' 그때쯤이었던 것 같아요. 이 사람과는 대화가 되겠다는 생각이 든 것이. 그러고는 일을 해봐야겠다고 맘을 먹게 됐죠. 그런데 한편으로는 마음이 썩 편하지는 않았어요. 기껏 건축가인 저를 불러다 놓고 사소한 몇 가지를 자문해달라고 하는 게 뜻밖이었죠. '디자이너와 상의할 점들'이라고 제목을 붙여 물어보실 걸 종이에 적어오신 거 기억

하시죠?

디자이너와 상의할 점들

1. 집 안의 모든 조명.(위치, 색, 종류 등)

2. 벽지 및 바닥지의 종류, 색상.

3. 주방의 가구 배치, 색상.

4. 주방 위 다락의 형태, 재료 등 결정.

5. 화장실 위생도기 배치, 종류 등 결정, 타일 패턴, 색상 결정.

6. 다용도실, 세탁실 등 배치.

7. 서재, 침실의 가구 배치 등 조언.

8. 전체적인 분위기 등 조언.

그렇지만 곧 생각이 바뀌었죠. 졸업 후 줄곧 건축설계를 해온 나로선 인테리어 디자인을 본격적으로 해본 적은 없지만 인테리어 디테일을 그려본 미국에서의 경험, 집을 스스로 꾸미는 일에 대한 자신감을 가지고 한 번 해보자는 생각이 들었어요.

이제 남은 것은 비용에 관한 것이었다. 물론 전혀 충분하지 않은 금액을 제시했다. 박 소장은 거기에 50만 원을 추가해달라고 했다. 비용의 문제는 생각보다 쉽게 합의가 되었다. 마지막으로 내가 말했다.

"만약에 제가 비용을 초과하는 일을 부탁한다고 판단되시면 즉시 거절하십시오."

그러나 우리는 아직 최종 결론을 내린 게 아니었다. 같이 온 두 분이 상의하고 며칠 생각할 여유가 필요했다. 이때 파우저 교수에게 전화가 왔다.

"목수님, 점심은 드셨어요?"
"아닙니다. 마침 디자이너분들과 미팅 중이었습니다."
"그럼 잘 됐네요. 같이 드시면 어떨까요?"

실은 나와의 미팅 결과에 따라 파우저 교수가 자연스럽게 등장하기로 사전에 약속이 되어 있었다. 아마 건축주와도 마음이 통하면 그들도 당분간 심심한 잡채밥을 계속 먹게 될 것이다. 나를 만난 후 곧바로 건축주까지 만난 박 소장은 어떤 생각이었을까.

― 파우저 교수님은 첫 인상부터 굉장히 유쾌해 보이셨어요. 게다가 한옥에 대한 이해와 사랑이 남다른 미국인으로 건축가의 마음을 설레게 하는 지식과 경험을 가지고 있는 이상적인 건축주였죠. 두 분과 많은 이야기를 나누고 돌아가는 길에 이미 내 머릿속에선 디자인 방향이 굴러다니기 시작했어요. '한옥이 살림집이라면 일반적인 현대 건축의 문법을 사용한 집과 달라야 할 이유가 하나도 없다, 적어도 공간적인 측면에서는 그렇다, 편리해야 하고 따뜻해야 하고 짐을 수납할 수 있는 공간이 있어야 하는 등 삶의 가장 원초적인 요구들을 받아들일 수 있어야 한다' 등등이었죠.
그리고 일을 시작하면서 살펴본 동네의 몇몇 한옥들에서 가장 시급해 보이는 문제는 삶에 적합한 공간구성과 수납이었어요. 단열이야 황 목수님이 알아서 책임을 지신다고 했으니까 넘어가기로 했죠. 현대인의 삶은 입식생활과 완전히 분리될 수 없고 일정부분 받아들여야 하는 한계점이 있는데 한옥은 좌식공간이잖아요. 그 둘을 어떻게 하면 잘 어울리게 조화시킬 것인가가 관건이었죠. 그리고 집들을 보니 모두들 짐과의 전쟁이더라구요. 구석구석 들여다보면 보이지 않게 넣어둘 공간이 많이 보이는데 초기부터 그런 사소한 부분까지는 신경을 안 쓴 것이 보이더라구요. 여기저기 짐들은 널부러져 있거나 틈 사이에 구겨져 있었죠. 보통들 한옥에 살면 짐을 많이 버려야 한다고 하잖아요. 어느 정도는 맞는 말이에요. 해보니까 생활방식의 어떤 부분은 포기해야 하는 것이 있더라구요. 그렇기는 해도 지금 한옥 공간은 수납에 대해서 고민을 많이 한 것 같지는 않아요. 한옥을 전통의 아이콘으로만 사용할 게 아니라면 누구나 피해갈 수 없는 이 문제를 외면해선 안 되는 게 아닐까, 하는 생각이 들었어요. 전통은 머물러 있는 것이 아니라 지금 이 순간에도 만들어지고 있는 거니까요. 과거에 대한 기록의 차원에서 보존되어야 할 한옥과 도심의 살림집으로 사용되는 한옥을 같은 선상에서 판단해서는 안 되고, 공간도 조금씩은 변해야 한다고 생각했죠. 전통을 지키려다가 결국 동시대의 사람들에게 외면받다보면 사멸하는 결과를 낳을 수도 있으니까요. 우리 삶 안에 살아 숨 쉬는 전통을 만들어나가야 한다고 생각했어요.

이렇게 우리와 함께 하게 된 박지민 소장은 이미 이때부터 집 짓는 일에 조금씩 참여하기 시작했다.

그 안에서 어떻게 살 것인가, 한옥을 꿈꾸는 이들 누구나의 고민

한옥을 지으면서 피할 수 없는 고민이 있다. 바로 집 안에서 어떻게 살 것인가의 문제이다. 한옥의 내부공간을 어떻게 만들 것인가. 물론 이 고민은 나 혼자만 하는 것은 아니다. 나보다 더 깊이 오래 고민해온 분들이 많다. 그 가운데 동네를 잘 아는 주민이자 내부공간 디자인 분야의 전문가이기도 한 통인동의 '툴디자인'(Interior Architecture&Design TOOL) 김희정 소장(중앙대 실내환경디자인 전공 겸임교수)을 만나 의견을 들어보았다. 그 역시 이런 문제로 오래 고민해온 것이 역력하다. 그렇지만 그가 해답을 가지고 있는 것은 아니다.

— 오랫동안 외면해온 생활공간 한옥이 언제부터인가 '화려하게' 돌아오기 시작했습니다. 생활을 담고 있는 공간, 특히 주택을 중점적으로 다루는 사람으로서, 저 역시 한옥이라는 단어는 설레고 욕심나는 것이긴 합니다. 그런데 설레는 마음이 걱정과 고민으로 바뀌는 건 금방입니다. 여러 여건들을 감안하고 본다 하더라도 한옥과 우리 현대인의 삶 사이에는 여전히 많은 갈등들이 생겨날 수밖에 없기 때문이죠. 이 갈등은 당연히 한옥이라는 전통적 공간과 디지털 시대를 살고 있는 현대인의 삶의 방식의 차이에서 비롯된 것입니다. 이 차이를 해결하기가 결코 쉽지 않아요.

구체적으로 이런 삶의 방식의 차이는 어떻게 드러나는 걸까.

- 한옥이라는 생활공간은 타협하고 조율하기가 참으로 힘든 공간이라고 봅니다. 나름의 과정을 거쳐오긴 했지만 물리적 공간의 규모나 형태는 거의 변한 것이 없기 때문이죠. 실제로 겪어야 하는 문제들을 볼까요? 비좁은 옛날 공간이라해도 더블침대와 붙박이 옷장은 당연히 있어야 하고요, 책상과 책장도 있어야죠. 소파는 양보하기로 합시다. 양문형 냉장고와 김치냉장고도 있어야 하고, 거실의 주인공인 커다란 벽걸이 TV도 달아야죠. 가족들의 신발을 정리할 공간도 마련해야 하고, 이불도 빨 수 있는 대용량 세탁기는 필수겠죠. 모두가 다 한옥이라는 옛 공간에 현대인의 생활을 담으려고 할 때 시작되는 갈등의 불씨들입니다. 이미 많은 사람들이 이 불씨에 놀라 이미 한옥을 외면해온 건지도 모릅니다.

절대적으로 공감한다. 이런 차이에 대해 진지한 고민 없이 덜컥 한옥에 살기로 결심한 사람들의 집 안 풍경이 머리를 스친다. 김희정 소장 역시 그랬나보다.

- 동네 한옥들의 모습을 한번 떠올려 보시죠. 열린 대문 사이로 보이는 오랜 세월 거주인의 생활을 담고 있는 한옥의 공간은 무척이나 복잡합니다. 대문간에서 마루에 오르기까지 다양한 살림살이들이며 가전제품들이 나앉아 있죠. 방은 가구들에게 점령당해 거주인들은 거기에 맞춰 살고 있습니다. 한옥의 자랑인 마당도 변해가는 생활방식에 맞춰 내부공간으로 편입된 지 오래죠. 마치 어쩔 수 없이, 마지못해 한옥에서 사는 모습이라고밖에 보이지 않습니다.

그럼, 현대인들이 한옥에 살고 싶은 바람을 갖는 게 허망한 꿈일까. 이 문제를 해결할 방법은 없는 걸까.

- 이와 같은 상황에서 다시 한옥을 짓고 산다는 것은 '특별한 일'이라고 생각합니다. 마치 아파트와 입식 부엌가구가 처음 생겼을 때처럼 말이죠. 그런데 '사람은 주택을 만들고 주택은 사람을 만든다'는 말이 있습니다. 주택이란 공간은 단지 물리적으로 고정된 존재가 아니라 사람과 끊임없이 상호작용하는 마치 살아

있는 존재와 같다는 의미입니다. 현대적이고 서구적인 공간과 가구에 우리의 몸과 생활을 맞추다가 어느 때부터인가 우리의 생활에 맞도록 아파트의 공간과 부엌가구가 진화한 것처럼, 현대인에게 한옥이라는 생활공간도 그 특별함에 생활이 맞춰지는 것이 현재의 단계라면 앞으로 조금씩 진화하는 공간을 희망해볼 수 있겠지요.

그러기 위한 첫 번째 조건은 소위 스마트한 수납공간이나 방법이라고 생각합니다. 여기에 대해 저 역시 즉각적인 답을 내지는 못합니다만, 한옥이라는 공간이 일종의 유물이나 향수로 남아 있지 않으려면 현대인의 삶을 끊임없이 관찰하고 연구하여 주도면밀하게 대입해보고 수정하는 과정을 반복하여야만 할 것입니다. 동시에 한옥에 살고자 하는 현대인이라면 편리함과 온갖 문명의 이기들로 가득 찬 현재 삶의 방식을 절제되고 가볍게 바꾸어나가는 노력도 필요하리라 생각합니다. 무슨 일이든 기초가 탄탄하면 그 위에 세워지는 것들은 안정적이기 마련이죠. 생활공간으로서의 한옥도 생활의 근간이 될 수 있는 기본공간에 대한 배려가 적절하게 제공될 때 비로소 한옥살이의 즐거움과 자부심이 자연스럽게 생겨날 것입니다.

한옥에 살려는 사람이라면 새로운 주거공간의 특성에 맞게 자신의 삶의 방식을 일정 정도 수정하려는 의지를 가져야 한옥에서의 생활을 좀 더 즐겁게 누릴 수 있다. 그것을 바탕으로 한옥의 고유한 공간에 변화를 주는 적정선을 찾는 노력을 다 함께 해야 한다. 쉬운 일은 아니다. 어락당을 지으며 건축주와 설계자(디자이너), 시공자가 머리를 맞대 고민하고 문제를 해결한 방식 또한 정답은 아닐 것이다. 그러나 우리가 고민한 내용, 그것을 해결하기 위한 과정을 주의 깊게 살핀다면 한옥에서의 삶을 꿈꾸는 사람들 스스로의 정답을 찾는 데 도움이 되지 않을까.

볕 좋은 날이면 이곳은 햇빛으로 꽉 차 있다.

마당으로 쏟아지는 햇살은 저 유리 미세기문을 넘나들며 방 안에 고운 그림도 그려줄 것이다.

창호의 변천사는 한옥의 변천사, 이 집의 창호는 어떻게 할 것인가

창호는 수장 공사가 마무리되면 곧바로 주문에 들어가야 한다. 제작하는 데 시간이 걸리기 때문이다. 그렇다고 창호에 관한 고민을 수장 공사 무렵에 시작하면 좀 늦는다. 한옥의 얼굴이라고도 할 만큼 집의 인상을 직접적으로 결정하는 요소이기 때문에 설계 당시부터 꼼꼼히 챙겨야 한다. 그러나 대부분 한옥 건축에서 때로는 무시당하기도, 때로는 오버디자인over design되어 격을 맞추지 못하는 것이 현실이다. 우리는 이 집의 시공을 결정할 때부터 창호에 관한 고민을 많이 했다.

　완성된 어락당의 창호는 유리 미세기 창호이다. 낯설기도 할 것이고, 추억을 떠올리는 매개가 될 수도 있다. 일본식 같기도 하고, 은근히 현대적 디자인 같기도 할 것이다. 무엇이든 한옥에 어울리는 전형적인 창호는 아니다. 왜 우리는 익숙한 전통창호 대신 이걸로 했을까. 더 읽어보면 알겠지만 이걸 만드느라 우리 모두 애를 먹었다.

띠살창호는 싫다는 건축주 /

설계 당시부터 파우저 교수는 이 집에는 띠살창호와 창호지를 하지 않았으면 좋겠다고 했다. 당시 그는 계동에 있는 한옥에 살고 있었다. 누구보다 한옥에서 살고 있는 건축주의 경험담은 어떻게 집을 만들어나갈 것인가의 중요한 방향을 제시해주었다.

▬ 제가 지금 살고 있는 계동 한옥은 집의 균형도 좋고, 나무도 좋고 나름대로 운치 있어요. 대지가 24평이죠. 수리하면서 마당을 조금 좁혀 내부공간을 넓혔죠. 화장실과 부엌이 조금 불편하지만 그 외는 불만이 없어요. 그런데 살면서 뜻밖의 불편함을 깨닫게 되었어요. 보기에 좋은, 화려한 띠살의 단점을 느낀 거죠. 한마디로 띠살이 너무 어둡더라고요. 한옥은 처마에다 넓은 물받이가 있어서 마당이 작은 집은 그렇지 않아도 채광이 아쉬워요. 그런데 나무가 많은 띠살은 그 채광을 차단하니까 집이 더욱 어두워지더군요. 보기에는 좋지만 작은 도시형한옥에는 어울리지 않는 것 같아요. 그래서 이 집에는 창호에 띠살을 제외하고 '아'亞자 또는 '완'完자살로 만들어주셨으면 좋겠습니다. 이 한옥은 정남향 집이니 매일 선물을 받는 것처럼 햇살을 마음껏 환영하고 싶어요.

설계자는 한옥설계를 많이 해왔고 계동집에 가보기도 했기 때문에 건축주의 마음을 바로 이해했을 것이다. 그런데 띠살창호를 안 했으면 하는 건축주의 생각은 비단 햇살 때문만은 아니었다. 좀 더 심오한 뜻을 품고 있었다.

▬ 제가 띠살을 안 했으면 하는 이유는 또 있어요. 아시다시피 1988년에 혜화동에 있는 도시형한옥에서 살았잖아요. 당시의 기억이 아직도 생

생하게 살아 있는데 2000년대 들어서서 북촌에서 시작된 '한옥보존운동'은 도시형한옥이 아닌 조선 시대 한옥을 만들어내고 있는 것이었습니다. 왜 다들 전통한옥으로만 다시 짓는 걸까, 하는 생각이 들었어요. 1930년대 들어 전성기를 누린 도시형한옥을 기억하려는 집은 찾아보기가 어려웠어요. 대표적인 게 띠살창호였죠. 띠살은 조선 시대 고택에 어울리는 건데 북촌 한옥에서는 한옥 창호의 전형처럼 모두들 띠살로만 만들어졌어요. 도시형한옥에는 어울리지 않는 것이 분명해요. 이런 점이 아쉽기는 하지만 제가 건축가도 아니고 건축역사전문가도 아니니까 말로만 하는 것보다는 실제로 만들어 보여주는 게 제일 좋겠다는 생각이 들어요. 그래서 이 집에서는 기왕이면 집이 지어졌던 1930년대 당시의 역사적 맥락을 복구하고 싶어요. 도시형한옥을 존중하고 싶은 제 마음을 담고 싶은 거죠.

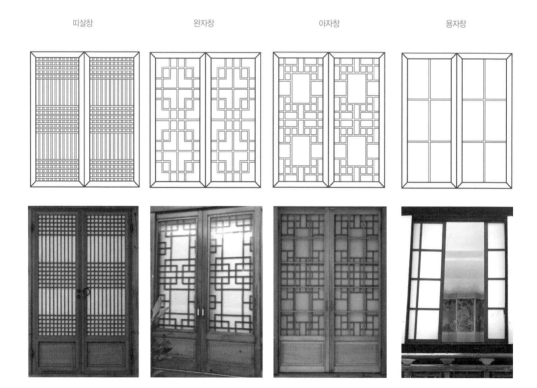

띠살창   완자창   아자창   용자창

띠살창호에서 유리 창호까지, 한옥 창호의 변천사 /

창호를 제대로 이해하려면 우선 용어부터 정리를 하고 넘어가야 한다. 문
도 나오고 창호도 나오고 창문도 나온다.

■ 일반적으로 어떤 건물에 드나들기出入 위해 설치한 시설물이 문門이고,
건물의 내부공간에 빛과 공기를 받아들이고 또 조망하기 위해 설치한
시설물이 창窓이다. 서양건축에서는 'door'와 'window'로 명확하게
구분하고 있고 서양식 건물에서는 크게 혼동할 일이 없다.

그러나 우리의 전통건축에서는 문과 창의 구분이 그렇게 명확하지 않
다. 창호窓戶라는 개념이 하나 더 있기 때문이다. 일반적인 창에 '호'戶
를 붙인 건데 이것은 일반적인 창과도 문과도 조금 개념이 다르다.

쉽게 설명하면 집의 출입에 필요한 대문 같은 것은 문이다. 그리고 방
에 드나드는 데 필요한 시설은 호다. 대문은 집 밖의 담이나 행랑行廊에
설치하는 반면, 호는 집 안의 여러 방들에 설치한다. 그럼 창은 무엇이
냐. 창은 그 자체가 하나의 시설물이기도 하지만, 한국 전통건축에서는
창에 호가 합쳐진 창호로 이름하여 건물의 한 구성요소가 된다. 창은
창이면서 방을 출입하는 용도(호)로도 사용하는 것이니 창호. 다시 말
해 창호는 방에 빛과 공기를 받아들이고 밖을 내다보기 위한 창과, 방
으로 드나들기 위한 외짝 지게문 호를 모두 지칭하는 것이다.

문과 창호는 그것을 만드는 목수의 영역도 다르다. 한국의 전통목수는
크게 대목장大木匠(대목)과 소목장小木匠(소목)으로 나눈다. 대목장은 집
과 같은 건축물을 짓는 목수이고 소목장은 가구와 같은 작고 섬세한 것
을 만드는 목수이다. 문은 대목장이 만들지만 창호는 소목장이 만든다.
창호는 용도에 따라 그 종류가 수십 가지다. 창과 문으로 그 용도를 구

분하여 사용하는 것도 있고, 창이면서 동시에 문으로 쓰는 것도 많다.*

전통적인 창호의 의미와 특징을 잘 표현하고 있을 뿐 아니라, 현실적으로는 대부분 혼용되고 있다는 언급까지 정확하다. 단, '대목장이 만든 것은 문이고 소목장이 만든 것은 창호가 되는 것이다'는 말은 혼동의 소지가 있을 수도 있겠다. 그렇다면, 보통 전통창호라 부르는 것의 형태는 언제부터 비롯된 것일까.『산수간에 집을 짓고』**에서 약간의 실마리를 찾을 수 있다.

⎯ 우리나라의 창호는 모두 크기가 작고 창살을 빽빽하게 짜며 살의 깊이가 깊다. 또한 창호의 안쪽에 창호지를 바른다. 따라서 햇빛을 받아들이는 데 상당한 방해가 된다. 이 때문에 근래 가옥에서는 꼭 영창映窓을 설치하는데, 바람을 막고 햇빛을 잘 받아들이는 점에서 중국의 겹창과 아무 차이가 없다. - 금화경독기

실학자 서유구는 띠살창호의 특징과 단점을 지적하면서 그것을 극복하기 위해 중국의 그것과 기능적으로 유사한 미닫이창을 안쪽에 같이 설치하는 유행이 시작되었다고 소개한다. 그때가 18세기 후반에서 19세기 중반이다. 책의 뒷부분에 당시 이은李激이라는 부호富戶가 영창이라는 채광창을 처음 개발했다고 나와 있다. 그로부터 100년 남짓 후에 등장한 것이 유리 미세기 창호이다.『아름지기의 한옥 짓는 이야기』***에서는 다음과 같이 말한다.

◀ 여닫이문 뒤로 보이는 용자살 미닫이창(남산골 한옥마을). 미닫이는 좌우 벽 안으로 들락날락하는 창호이고, 미세기는 요즘의 새시를 생각하면 된다.
▶ 가장 단순한 형태의 띠살창호. 먼지가 쌓이면 닦기가 힘들다. 안쪽이 창호지라면 더 까다롭다. 어른들 말씀으로는, 과거에는 1년에 한 번 겨울이 오기 전 문짝을 떼내 씻고, 다시 발랐다 한다.

▬ 대청마루 문에 유리를 사용하는 관습은 1930년대에 일본 유리가 들어 오기 시작하면서부터였다. (중략) 그 당시에는 제대로 짠 한옥 문짝에 유리를 댄 것이 아니라, 서양 문도 아니고 우리 문도 아닌 어정쩡한 문 짝 창살에 얇은 유리를 끼우곤 했는데(후략)

『한옥과 한국 주택의 역사』****에서는 아래와 같은 내용도 볼 수 있다.

▬ 개항 이후 새로운 건축 재료가 도입되면서 전통한옥의 공간 형식에 변 화가 생겼고, 이는 다시 공간 구성 차원의 변화로 이어졌다. 변화를 이 끌어낸 근대적 건축 재료로는 유리, 함석 및 동판과 같은 철물 그리고 벽돌이 있다. 유리는 바깥 공기를 차단하면서도 시야를 확보해주어 문 과 창의 마감 재료인 창호지의 대용으로 주목을 받았으며, 일부에서는 대청이나 툇마루의 전면에 새로이 유리문을 설치하여 개방적인 마루를 폐쇄적인 공간으로 만드는 등의 공간 형식 변화를 불러왔다. (중략) 전 통한옥의 주요한 공간 형식의 하나인 마루가 반 외부 공간에서 온전한 실내 공간으로 성격이 강화되면서 전통한옥의 공간 구성 전체에 큰 변 화가 수반되었다.

이 책에서는 1930년대 일본으로부터가 아닌, 그보다 훨씬 이전에 근대 적 건축 재료가 들어와 전통적인 공간의 형식에 변화를 주었을 뿐 아니라, 마루도 실내공간으로 들어오게 되는 큰 변화가 있었다고 말한다. 여기에서 의 마루는 툇마루 또는 대청마루를 말한다. 현재 남아 있는 도시형한옥에 서는 거의 발견할 수 없으며, 보통 툇마루라 부르는 마루는 정확히 말하면 쪽마루다. 관련 내용은 다른 책에서도 찾아볼 수 있다. 『한국의 주택, 그 유 형과 변천사』*****에서는 아래와 같이 설명하고 있다.

• 주남철 지음, 『한국의   •• 서유구 지음·안대회   ••• 정민자 지음,   •••• 전봉희·권용찬
문과 창호』, 대원사, 2001.   엮어옮김, 돌베개, 2005.   중앙M&B, 2003.   지음, 동녘, 2012.

미닫이 덧창호(영창)뿐 아니라 유리 미세기 창호 등이 한옥의 구성요소로 자리 잡은 것 역시 전통창호를 위협하듯 대체한 것이 아니라 시대의 흐름에 따른 새로운 문물의 유입과 함께 주거공간에 대한 다양한 욕구에 따른 자연스러운 현상이었다 볼 수 있지 않을까? 이 흐름을 주도한 이들은 서유구, 박제가 등 실학 사상가로부터 유길준 같은 개화파 정치가, 구한말 이 땅에 들어온 서양인들까지 다양했고 서양인이 개조한 한옥은 그후 조선인의 주거문화에도 많은 영향을 미쳤다고 한다. 외래문화와의 활발한 접변현상으로 오랫동안 침체해 있던 전통한옥에 드디어 변화가 시작되었던 것이다.

그렇다면, 왜 근대 이후 한옥에서는 여닫이 띠살창호를 유리 미세기 창호로 그렇게 빨리 바꿨을까. 아마 첫 번째 이유는 내구성 때문일 것이다. 수십 년 전 지어진 동네의 한옥에 남아 있는 유리 창호는 아직도 제 역할을 하고 있다. 아무리 좋은 창호라 하더라도 몇 년에 한 번은 갈아줘야 했던 당시에 한 번만 끼우면 몇십 년을 버티는 유리의 등장은 주거환경에 가히 혁명적 사건이 아니었을까 싶다. 두 번째는 개방성일 것이다. 창호에 종이 대신 유리를 설치한 것뿐인데 밝은 햇살이 마당뿐 아니라 대청 안까지 쏟아져 들어왔을 때 느꼈을 환한 개방감은 대단한 매력이었을 것이다. 그렇

◀ 1890년경에 이미 '어정쩡한 창살'에 유리, 한지를 섞은 창호가 만들어졌다.
사진은 경복궁 집옥재. 이뿐만 아니라, 1920년에 다시 지은 창덕궁 희정당의 내부에서도 유리 미세기 창호를 볼 수 있다.
● 툇마루. 마루가 기둥(퇴주) 안쪽으로 들어가 있다. ▶ 기둥 바깥에 독립한 쪽마루

1890년대에 지어진 삼청동의 김홍기 가옥. 유리문을 달아 대청과 찬마루를 내부공간으로 만들었다. 경복궁 집옥재와 마찬가지로 1930년대가 아니라 꽤 오래전부터 유리 미세기 창호가 시작되었음을 볼 수 있다. 사진 제공: 임창복

현재 남산골 한옥마을에 이전 복원된 김홍기 가옥은, 그러나 도시형한옥의 원래 모습을 깡그리 무시하고 드라마 세트장처럼 조선 시대(?) 한옥으로 지어놨다.

지 않아도 비좁고 어두운 한옥에 사는 서민들에게 이런 환한 개방감의 매력은 거부하기 어려웠을 것이다.

종이에 비해 가격은 좀 비싸지만, 깨뜨리지만 않으면 영구적이니 오래 두고 보면 비싼 것도 아니라고 생각했을 것이다. 청소도 쉽고 환한 데다가 너무 환하다 싶으면 반투명 유리(간유리)로 만들어 지나친 개방감을 조절할 수도 있으니 종이에 비해 장점이 훨씬 많아 보이는 것이 어찌 보면 당연하다.

문의 형태가 여닫이에서 미세기로 바뀐 것도 개방성 때문일 것이다. 여닫이문은 보통 양 옆에 소위, 날개벽이 있어 미닫이 덧창(갑창)이 벽 뒤로 숨게 되지만, 미세기문은 기둥과 기둥 사이에 모두 창을 낼 수가 있으므로

••••• 임창복 지음, 돌베개, 2011.

▲ 1890년대 삼청동 김홍기 가옥에서도 보이는 완자, 아자 창호는 전통띠살문을 대신해 1930년대 도시형한옥에 이르기까지 다양한 변형을 하며 사용되었다. ◀ 이후 서서히 앞쪽 미세기 창호의 형태는 단순해진 반면 전통 문양에 창호지를 바른 뒤쪽의 미세기 창호는 쉽게 변하지 않았다. 이 사진에서는 창호의 윗부분 교창(고창, 광창)의 창살이 이미 사라진 것도 확인할 수 있다. ▶ 일부 한옥에서는 유리 미세기 창호가 드디어 요즘 새시 같은 형태로까지 변했지만, 목재로 제작한 전통 문양의 방범창을 써서 단순함을 보완하고 집의 격을 높이려 한 사례도 보인다.

훨씬 밝은 내부환경을 만들 수 있다. 대부분 도시형한옥의 전면(마당 쪽)에서는 회벽을 보기 힘든 것이 그 이유다.

그러나, 유리에는 한 가지 커다란 단점이 있었다. 바로 춥다는 사실이다. 당시 서민들은 그래서 대청에는 개방감을 최대화 하기 위해 유리 미세기 창호만을 설치했지만, 방에는 단열과 프라이버시를 위해 원래 있던 덧창을 그대로 두었다. 그러면서 미닫이였던 덧창은 미세기로 기본형태가 바뀌기는 했으나 아자·완자를 변형한 화려한 문양과 창호지를 그대로 유지한 데 반해, 앞쪽 유리 미세기는 창살 문양이 점점 단순화하여 나중에는 창살이 없고 창문틀만 남게 된다.

한옥 창호의 진보는 여기에서 멈췄다. 이후 서민들의 주거형태가 서양식으로 급격하게 변화했기 때문이다. 그러면서 극소수의 한옥만이 제대로 유지되었고, 몇몇은 해체·이전되어 어설프거나 혹은 획일적으로 복원되었다. 대부분은 웬만하면 버리고 싶은 애물단지로 방치되고 있었다. 수십 년에 걸쳐 한옥은 썩고 병들어갔다.

자, 어락당의 창호는 어떻게?

그렇게 한옥이 옛 시대의 유물로 남아 일상생활 속에서 사라져가는 듯하더니 어느 순간, 한옥이 되살아나기 시작했다. 북촌에서 출발한 한옥 짓는 망치 소리는 경복궁을 넘어 서촌에서도 울려퍼졌다. 나 역시 그 망치질에 참여했고, 기분 좋게 첫 집을 만들었다. 나무로 기둥을 세우고, 기와지붕을 올린 다음에 창호도 새로 만들어 달았다. 새로 만든 창호는 궁궐의 창호 문양이 아닐까 싶은 모양으로 출중한 문화재 소목장이 직접 나섰고, 그 어른은 서울에서의 첫 한옥을 축하하는 의미로 무려 꽃살문도 만들었다. 그 문양은 범어사 팔상전 격자 매화 꽃살문과 같은 꽃살 문양이 아닐까 싶게 고왔다. 정말 꽃처럼 아름다웠다. 보기에 참 좋았다.

그런데 그렇게 신이 나서 집을 지어갈수록 점점 고개가 갸우뚱해졌다. 수십 년 동안 자리를 지키고 있는 동네 한옥을 보면 볼수록 내가 지은 집들이 조금 이상해 보였다. 분명히 튼튼하고 예쁘게 지었는데, 건축주들 모두 만족스러워 하는데, 내 눈에는 갈수록 이 집들이 답답하고 어색해 보였다. 시간이 지나면서 점차 깨닫게 되었다. 내가 지은 집들은 넓은 대지 안, 나지막한 담에 둘러싸여 고고한 멋을 간직한 전통한옥의 얼굴로 지어졌지만,

정작 그 집들이 있는 곳은 처마와 처마가 전후좌우로 어깨동무를 하고 있고 작은 마당과 좁은 골목을 맞대고 있는 도시형한옥 주거지역의 중심이었다. 내가 느낀 답답함은 한옥의 건축적 아름다움에서 비롯된 것도, '건축의 지역성' 같은 높은 차원의 담론에서 비롯된 것도 아닌 '어떤 조화'에 관한 문제였다. 내가 지은 집은 뼈대는 도시형한옥의 근대적 특성을 그대로 물려받은 채, 얼굴만 전통으로 보이는 집이었다. 어색해 보이는 것이 당연했다.

그 중에 내 시선이 가닿은 것이 바로 창호였다. 북촌에서는 전통 띠살창호에 창호지나 유리를 붙인 한옥이 대부분이었다. 그렇게들 잘 넘어가는데 유난히 그것이 눈에 밟히는 내가 예민한 걸까. 나의 답답함은 해소되지 않았다. 궁궐의 문살과 사찰의 꽃살 창호는 다음 번 짓는 집에서는 창살의 등을 둥글게 밀어 만든 투밀이문살로 바뀌었고, 그 다음에는 창살을 도드라진 부분과 오목한 부분이 있게 판 배밀이문살이 되었다. 내가 짓는 집의 문살은 점점 단순해졌다. 내 고민은 그러나 거기까지였다. 동네에 남아 있는 수백 채의 한옥은 분명히 전통한옥이 아니라 그로부터 발전해온 근대 도시형한옥일 텐데, 전통 띠살창호 말고 본받을 만한 근대적이거나 진보적인 창호는 없는 것인가. 뭔가 보고 참고할 만한 자료가 없다는 것이 답답했다. 동네 주민이자 이웃 옥인동에서 게스트하우스 '스란'을 운영하는 피현진 선생은 언젠가 이런 이야기를 들려줬다.

— 20대 때부터 생활한복을 즐겨 입었어요. 첫 월급으로 한복을 샀을 정도였죠. 어느 행사에서 한복을 입고 에스컬레이터에 탔는데 뒤따라오던 할머니가 "한복에 구두를 신었네?" 그러시는 거예요. "그럼, 고무신을 신을까요?" 말하고 싶었죠.
한복을 입을 때 첫 번째 고민은 핸드백이나 가방이에요. 무엇을 어떻게 들어야 할지 아직도 잘 모르겠거든요. 그 다음이 양말인데, 약간 짧은

개량한복을 입을 때 발밑이 가장 어색한 거 아세요? 버선? 양말? 유명 생활한복 브랜드에서 만드는 안내 자료에도 신발 속은 안 보여줘요. 도대체 뭘 신어야 좋을지 모르겠어요. 대충 입었다간 아까 할머니처럼 쳐다보는 사람들로부터 눈총을 받겠죠.

겨울철 머리에 쓰는 남바위나 조바위도 그래요. 전통한복에는 예쁘고 잘 어울리겠지만, 개량된 생활한복을 입으면 아무리 추워도 머리에 쓸게 없어요. 생활한복이 나오기 시작한 지가 벌써 20여 년이 지났지만 아직도 보고 따라 할 만한 게 없어요. 한옥도 같은 운명 아니에요? 기와까지는 올렸는데, 문짝은 어떻게 하고, 현관은 어찌하고, 댓돌은 어찌할 거냐구요. 이런 디테일을 참고할 만한 게 없지 않아요?

이런 고민이 점점 깊어지고 있을 때 나와 비슷한 생각을 가진 건축주를 딱 만난 것이다.

창호에도 디자인을 들여오다 /

동네에서는 처음 생기는 한약국이 이웃 통인동의 길가 한옥에 문을 열면서 그곳 내부 디자인을 하는 김민주 씨가 어느 날 현장에 들렀다. 김민주 씨는 당시 '구가도시건축연구소'를 퇴직하고 프리랜서로 지내고 있었다. 워낙 이름난 곳에서 주로 현장 경험을 쌓았던 터라 나 역시 현장에서 막히는 부분이 있으면 찾아 조언을 구하곤 하는 사이다. 이런저런 이야기를 하다가 현장 일을 돕는 명래 씨와 멀지않은 카페 커피공방으로 차를 마신다며 사라지더니 한참을 지나서 다시 나타났다. 그리고는 잔뜩 뜸을 들이며 말을 꺼냈다.

"목수님, 저희가 드릴 말씀이 있는데요."

"응? 뭔데요?"

"창호 디자인 말인데요. 목수님 보시기에는 어때요?"

"그게, 깊이 생각해보지 않았는데요?"

아직 창호 디자인에 관해 본격적으로 생각해보기 전이었다.

"사실은 명래랑 제가 카페에 가서 이야기를 해봤는데 그게…… 좀 덜 예쁜 거 같아서요."

명래 씨는 스물일곱, 건축공학과 4학년이고, 휴학 중이던 2년 전부터 현장에서 집 짓는 일을 돕고 있다. 둘은 동갑이다.

"그래요? 그랬구나……."

"어른들이 결정한 걸 저희가 뭐라 비평해도 될지 죄송스러운데, 말씀드려보는 것도 괜찮을 것 같아서요."

밝고 적극적인 성격에서 나오는 평소 말 습관과 다르게 너무 조심스러워서 이야기를 자세히 들어보기로 하고, 아직 학교에 있는 건축주에게 전화를 했다. 그날 밤 늦은 시간까지 마주 앉아 토론을 했다. 이야기를 나눈 끝에 젊은 디자이너들의 의견을 받아들여 창호 디자인을 손보기로 했다. 당연히 설계를 맡은 건축사사무소의 확인을 받는 것이 순서다. 다음 날 전화를 했다. 디자인을 고치는 건 괜찮은데 지금 전 직원이 문화재 실측조사를 하기 위해 지방 향교에 가 있다는 것이다. 애초에 말을 꺼낸 김민주 씨에게 부탁을 했다. 내 부탁을 들은 김민주 씨는 어땠을까. 한마디 거들려고만 했을 뿐인데 디자인을 직접 해보라고 하니 당황하지 않았을까.

  의뢰를 받았을 때 많이 당황스러웠어요. 습관처럼 의견을 건넸는데 그
  럼 직접 해보라고 하셨으니까요. 기존의 디자인을 보고 어색함을 느낀
  건 사실이지만, 그건 순전히 개인적인, 편협한 경험에서 비롯한 것이어
  서 확신하기 힘들었어요. 건축주인 파우저 교수님이 오래된 서촌의 한
  옥에서 많이 볼 수 있는 아자살 창호를 선호한다는 이야기를 들었는데,
  도면에서 본 원래 디자인 안은 창호의 크기를 크게 고려하지 않은 느낌
  이 들어 어색해 보였거든요. 이왕 이렇게 된 것 잘해보자는 생각이 들
  었어요. 같은 아자살을 창호의 크기에 맞게 적절히 변형해주는 데 주
  안점을 두었죠. 마당이나 마루로의 출입 여부에 따라 문 아래쪽에 넣는
  나무판인 궁판의 유무를 결정했고, 궁판을 넣을 때는 창호 전체의 비례
  에서 너무 둔해 보이지 않게 높이를 조절했어요.
  궁판을 빼고 남은 면을 창살로 채워넣는 데 몇 가지 고민이 있었어요.
  첫째는 창살의 두께와 모서리를 각지게 깎아내는 모접이를 얼마나 할
  지 결정하는 것이고, 두 번째는 집의 전·후면에 모두 어울리는 비율을
  찾는 것이었죠. 먼저 마당 쪽 창호의 창살의 두께는 30밀리미터로 하
  고, 모는 9밀리미터 접는 것으로 했어요. 30밀리미터는 꽤 두꺼운 편이
  지만, 다른 쇠시리, 그러니까 모서리를 깎아 모양을 내는 일 없이 모던
  하게 하기로 했기에 과감하게 모를 접는 게 좋겠다 생각했거든요. 유리
  창에 에칭etching으로 그림을 새긴다는 이야기를 들었고, 이 창호는 액
  자와 같은 역할을 할 수 있어야 한다는 점에서도 그럴 필요가 있었어
  요. 집의 후면 즉, 골목 쪽 창호는 30밀리미터가 크기에 비해 둔중한 느
  낌을 주어서 크기를 줄였어요. 집의 전·후면 창의 비율을 맞추는 문제
  는『창호』˚를 기본적으로 참고해서 만들었습니다.

초기 창호 디자인

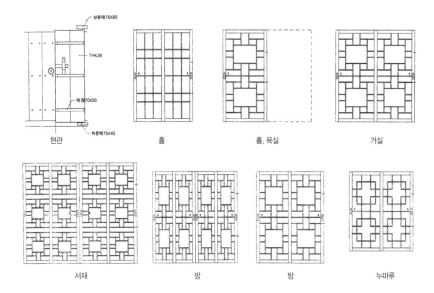

현관 홀 홀, 욕실 거실

서재 방 방 누마루

최종 확정된 창호 디자인

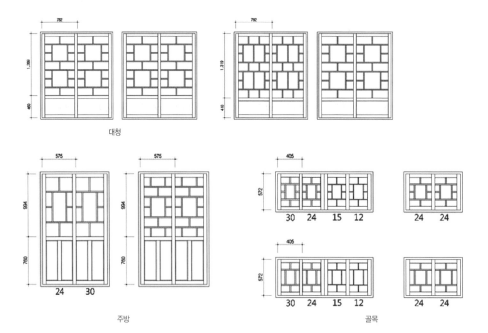

대청

주방 골목

그는 고민한 흔적이 고스란히 묻어나는 세 가지 창호 디자인 시안을 메일로 보내왔고 파우저 교수는 그 중에서 선택을 했다.

집을 짓기 전 건축주가 유리 미세기 창호를 제안하고 설계를 할 당시에는 설계자나 시공자 모두 그 방향에 공감하고 참여했다. 하지만 한 번도 시도해보지 않았던 걸 처음부터 완벽하게 할 수는 없다. 열정을 가진 사람들의 참여와 협력은 이럴 때 더 빛난다. 이 동네에 유리가 처음 들어왔을 때도 이랬을 것 같다. 중국·일본은 물론 다양한 서구 문물을 접한 학자와 정치가, 그리고 서민들의 주거환경을 개선하려 했던 많은 사람이 유리를 우리만의 주거공간에 접목시키는 것을 두고 고민을 많이 했을 것이다. 창호지보다 좋은 점이 많은 건 분명한데, 어떻게 기존의 창호에 적용을 시킬 수 있을 것인지에 대해 실험과 시도를 거듭했을 것이다. 그러면서 점점 창호 디자인의 패턴이 자리를 잡아갔을 것이다. 그렇기 때문에 근대 도시형한옥의 유리 미세기 창호는 '서양 것도 우리 것도 아닌 어정쩡한 창살'이 아닌, 그것들의 영향을 받았지만 우리만의 독특한 디자인 감각과 기술로 완성된 한옥의 진보적인 구성요소라 평가받아야 한다.

전문가는 어떻게 생각할까. 도시형한옥에서 크게 발달한 유리 창호의 디자인에 관해 박지민 소장의 이야기를 들어보자.

▬ 창호는 한옥의 눈, 코, 입과 같은 존재라고 생각합니다. 얼굴의 인상을 좌우하는 요소일 뿐만 아니라 집은 창호를 통해서 보고 숨 쉬고 말을 합니다. 소규모 도시형한옥에서 유리 창호가 필수적인 이유는 다시 말해 '소규모'이기 때문입니다. 집들이 앞뒤로 등과 배를 맞닿게 짜여 있는 도시 패브릭fabric 안에서 최소한의 규모로 짓는 한옥의 경우, 안마당과의 소통이 물리적 면적을 넘어서는 집의 심리적 규모를 결정하는 요인이 됩니다. 때문에 전통적 띠살창에 한지마감이 소규모 한옥에는

• 장기인 지음, 보성각, 1993.

적절하지 않은 것이죠. 도심의 한옥은 대지 20~30평 정도, 건축면적 12~15평 규모의 집들이 대부분이잖아요. 생활하기에 충분한 면적이지만 조금 작은 면이 없지 않아 있어요. 보통 최소 20평 정도의 집이 기본 생활에서 안락함과 편안함을 주는 크기라고들 하니까요. 그러니 이렇게 작은 한옥에서는 마당을 실내로 끌어들이는 계획이 더 중요하고, 이 점에서 유리 창호는 필수적인 요소가 되는 거죠. 시각적 확장과 빛을 받아들이는 통로로서 유리 창호는 시대적·환경적 요구이고, 작은 한옥을 넉넉하게 사용하는 큰 지혜라고 할 수 있어요. 여기에 마당의 자재를 내부 거실의 텍스처texture와 비슷하게 사용한다면 심리적으로 좀 더 개방된 느낌의 집을 지을 수 있지요.

요즘의 한옥이 건축가의 손에서 만들어진 설계도면을 갖추기는 하지만 막상 집을 지을 때는 이런 현대적 과정보다 아직 '도편수'로 상징되는 기존의 방식에 많이 의존하고 있는 것과 마찬가지로 창호 역시 세부디자인까지 완성한 상태였지만 이를 제대로 만들기 위해서는 소목장의 선택이 중요하다. 더욱이 일반화된 전통 띠살창호가 아닌, 최근에 제대로 제작된 적이 없을 게 분명한 유리 미세기 창호는 어지간한 도전정신이 없고서는 대부분의 소목 공방에서는 난감한 일이 아닐 수 없다. 미세기문 외에도 집 안의 불발기문과 여러 수납공간에 들어갈 상당량의 창호는 전통형식으로 제작해야 했기 때문에 도전정신에 실력까지 갖춘 소목을 만나야 했다. 여기에 대목인 나보다 디자인 안목이 뛰어나야 한다. 이런 사람을 한 분 알고 있다.

"음, 좋은데, 여기는 궁판이 너무 높구요, 여기는 궁판을 빼면 좋지 않을까요?"

디자인 시안을 보자마자 예리하게 짚어낸다. 그뿐 아니라 내부 미세기창, 불발기문, 덧창 등에 세부적인 코멘트를 달기 시작한다. '동부건구' 대표인 황영식 소목장이다. 이 분을 안 지는 5년 정도 되었는데 함께 일을 하는 건 처음이다. 문화재 소목 분야 최고의 기능장 중 한 분으로, 주로 인간문화재 최기영 대목장과 협업하고 있는 그는 40년을 웃도는 경력을 가지고 있다. 1960년대 말부터 일을 배우기 시작했는데 당시에는 오히려 완자유리 창호를 더 많이 제작해서 그 일을 먼저 배운 뒤 시간이 좀 지난 후에야 전통창호를 배웠다고 한다. 가끔 근대문화재 쪽 유리 창호를 제작하기도 하고, 마침 파주 임진강변에 있는 '반구정' 유리 창호의 제작과 설치가 거의 끝나갈 무렵이라 제작 기간과 비용 등을 잘 맞출 수 있었다. 이렇게 한쪽에서 창호에 관한 준비가 이루어지고 있는 동안 현장에서는 미장 공사가 시작되었다.

아름다운 우리 옛집,
최순우옛집

모두가 한옥을 외면할 때 한옥에서 새로운 삶을 가꾸고, 남들보다 일찍 그 가치를 발견하고 지킨 이들이 있었다. 도시형한옥 중에서 현재 가장 잘 유지되고 있는 곳은 성북동의 '최순우옛집'이다. 집을 관리하는 (재)내셔널트러스트 문화유산기금*의 최호진 사무국장은 이렇게 설명한다.

ㅡ 최순우 선생은 현재 서촌이라고 불리는 궁정동 한옥에서 사셨습니다. 이 집이 도시계획으로 인해 정비 대상에 포함되자, 이사할 집을 찾게 되었죠. 그러던 중, 건축가 김수근이 성북동에서 봤다는 한옥을 소개하자 보시지도 않고 한옥이라는 말에 사시겠다고 결정을 내렸다고 합니다. 한국의 미를 평생 탐구하던 최순우 선생은 자신의 집을 통해 한국적인 아름다움을 보여줄 수 있다는 자신감이 충분했을 테니까요.

지금 보더라도 대문으로 올라오는 계단** 안마당 우물과 옛돌로 쌓은 경계석과 의자들, 궁정동 시절부터 있었다는 동자석과 소 방울, 투박하게 쪽널을 이어 만든 툇마루 등 소박한 선비의 집을 그대로 보여주고자 한 의도를 느낄 수가 있습니다. 선생은 안채 사랑방 바깥에 두문즉시심산杜門卽是深山(문을 닫아걸면 이곳이 바로 깊은 산중이다) 글씨를 직접 새겨 걸어두고, 그 방에서 손님을 맞고 『무량수전 배흘림기둥에 기대서서』 등의 명저를 집필하셨습니다.

이 집은 2002년 무렵 주변의 다세대개발 붐으로 언제 훼손될지 모르는 상황에

---

* 보존가치가 있는 문화유산을 모금·기증을 통해 확보 후, 시민참여로 영구히 보전, 누구나 향유하게 하는 내셔널트러스트 운동을 펼치는 단체. 2004년 설립. www.nt-heritage.org

** 2004년 일반 개방 전에 이 계단은 골목 통행을 위한 주민들의 의견을 수렴하여 안쪽으로 들이게 되었다.

처해 있다가, 저희 단체가 시민들에게 8억 원 가까운 금액을 모금해, 최순우 선생의 후손을 통해 직접 매입하였고, 현판과 석물과 유품 등은 모두 기증을 받았습니다. 2000년대 초반만 해도 역사적 인물의 옛집 등이 문화재로 지정받지 못하고 헐려나가고 있던 상황이었죠. 그런 시점에 민간에서 모금을 통해 이 집을 매입한 일은 사회적으로 큰 반향을 불러일으켜 내셔널트러스트 문화유산보전 운동의 시금석이 되었습니다. 아직도 안마당과 뒷마당 곳곳에서, 최순우 선생이 직접 심으셨던 식물과 그가 놓았던 석물, 사랑방의 소박한 모습을 만날 수 있습니다. 보고 있자면 이 시대의 지식인이 어떻게 살아가야 할까에 대한 물음의 답을 주는 듯합니다.

여느 도시형한옥과 다른 이 집의 아름다움은 무엇보다 후원(뒤꼍)이다. 안채 뒷편 쪽마루에 앉아 후원을 가만히 바라보고 있노라면 거추장스런 세상사 잠시 잊고 자연 속에 푹 빠지는 짧은 경험을 할 수도 있다. 어릴 때 잠시라도 한옥 뒷마당에서 놀았던 기억이 있다면 더 그럴 것이다. 그 자리에서 집 안으로 눈길을 돌리면 유리창에 햇살 가득한 후원이 반사된다. 기술이 발달하기 전 생산되었을 얇은 유리들이 격자마다 말갛게 끼워진 모양을 하나하나 들여다보시라. 정면에서는 투명하다가 비스듬히 비껴 서서 보면 생길 듯 말 듯 굴곡진 질감이 풍성한 것이 매끈하기만 한 요즘 유리에 비할 바가 아니다. 그런데, 후면 창호의 전체 형태가 좀 독특하다. 당시 도시형한옥의 일반적인 유행, 즉 앞에 유리창호, 뒤에 창호지 창호와는 다르게 창호지를 바른 전통 띠살문이 앞에 있고 그뒤 미닫이 유리 창호가 있다. 선생께서는 집의 전면에서는 도시형한옥이지만, 후면에서는 전통한옥의 외형을 추구하면서도 실제 생활과 감상에 편리한 요소를 놓치고 싶지 않으셨던 걸까.

사진 제공: (재)내셔널트러스트 문화유산기금

시작 전 · 해체 및 철거 · 설비 공사 · 상량식 · 공간디자인 · 미장
마무리 · 도배 · 집 바깥 꾸미기 · 인테리어
완공, 그후

흙과 시멘트로 보여주는
예술 혹은 마술

"목수님, 일하시면서 혹시 동네 기술자분들하고 같이 하세요?"

"아직은 아닙니다. 그 분들의 실력에 대한 확신이 아직 안 들어서요. 안타깝긴 합니다."

"그래요. 하지만 일부분이라도 같이 하면 분명히 좋은 면도 있을 겁니다."

"아, 네. 저도 그리하도록 노력해봐야겠습니다."

언젠가 동네 모임에 나갔다 만난 구가도시건축연구소의 조정구 소장이 슬쩍 건넨 이야기다. 도시형한옥 건축의 선구자답게 마을 안에서 함께 살아가는 방법을 슬며시 귀띔해주는 그와의 짧은 대화는 쉽게 잊혀지지 않았다. 이 집에서, 앞에서 잠깐 등장했던 차양 오해근 사장이나 설비 이정호 사장 말고, 동네 장인(장이)들과 본격적으로 함께 일을 하게 되었다. 미장 기술자가 그들인데 처음부터 의도하지는 않았다. 미장을 맡겨야 하는데 마침 작년까지 같이 일했던 이기동 미장과 남봉현 미장이 강화도 전등사에서 문화재 보수공사를 하고 있던 터라 함께 할 수가 없었던 것이다. '미장'이란 흙(시멘트)에 관련된 모든 일을 말한다. 원래 미장 일을 하는 기술자는 미장공 또는 토수라고 하는데 요즘엔 그냥 '김 미장, 이 미장' 하고 부른다. 그런데 여기저기 알아봐도 믿을 만한 미장을 찾을 수가 없다. 설비 공사를 맡은 이정호 사장이 이런 나를 지켜보더니 한 사람을 추천한다. 오랫동안 동네에서 일을 해왔다는 이필식 미장이다.

"치받이는 없네요?"

이필식 미장이 현장을 보러 와서 이곳저곳 살피더니 첫마디로 묻는다. 새로 짓거나 대수선하는 주변의 한옥들이 아직은 치받이(앙토) 마감을 하고 있는 곳이 더 많은데 이 집은 없다. 치받이가 있어야 일이 많아서 벌이가 될 텐데 이 집은 이게 없으니 일을 해도 벌이가 시원치 않을 것이다.

"맞습니다. 치받이가 없어 일이 많지 않아 부탁 드리기가 죄송하네요."
"치받이를 하면 우리 일이 많기는 하지요. 그래도 일은 일이고, 곧 겨울이고 하니, 부지런히 해서 춥기 전에 마감을 해봐야죠."

한옥을 지을 때 미장을 목수나 와공에 비해 덜 중요한 역할로 여기는 이들이 많다. 그렇지만 그게 그렇지가 않다. 한 번 일을 시작하면 미장은 준공 직전까지 매일같이 현장을 드나든다. 목수나 와공은 명확하게 정해진 자신의 일만 끝내면 사라지지만 미장은 그렇지 않다. 집 안 곳곳에 흙과 시멘트가 들어가 있는 만큼 미장의 작업 범위는 일상적인 모든 생활과 맞닿아 있다. 그러니 이들이 꼼꼼하게 일을 마무리해주지 않으면 살면서 아주 난감한 일이 자주 일어날 것이다.

"살다보면 침실 천장 위로 떨어지는 흙소리, 바람이 세찬 겨울밤에 도배지와 벽 사이로 흘러내리는 작은 흙덩이 소리는 여간 신경 쓰이는 게 아니에요. 아마 과거에는 일상적인 풍경이었겠지만요."

고친 지 10년 넘은 계동의 한옥에서 살고 있는 건축주의 말이다. 미장과 관련한 예민한 일이다. 그러니 '살림집' 한옥의 완성도를 높여주는 가장 중요한 과정이 미장이다. 미장은 서까래 사이를 막는 일인 '당골막이'에서 시작해 벽을 바르고 방바닥을 만들며, 건물의 터보다 한층 높게 쌓은 기단基壇과 고막이°와 마당의 수도와 담장과 현관과 화방벽의 줄눈을 완성한다. 어지간한 벽돌쌓기도 직접 한다. 집을 깔끔하게 마무리하는 역할은 미장에게 맡겨진 셈이다.

인왕산 너머로 짙고 낮은 구름이 넘어오더니 이내 굵은 빗방울이 떨어지기 시작했다. 겨울의 초입에 시작한 미장일이라 마음은 다급했지만 워낙 좁은 공간이라 일꾼을 많이 부를 수도 없다. 당골막이는 먼저 황토에 짚이나 비드, 일명 스티로폼 알갱이 등을 넣어 섞은 다음 서까래 사이 구멍을 거칠게 막고, 흰색 회로 마감을 한다. 흰색마감 미장을 회미장이라 부른다. 원래 재료는 생석회나 소석회를 기본으로 해초 끓인 물, 모래, 수사 등을 섞어 만들지만 이 집에서는 '외장 줄눈용 시멘트'를 썼다. 자연 재료를 쓰지 않은 이유는, 친환경주택을 짓는 게 목적이 아니기 때문이다. 하지만, 그걸 바르는 사람은 반드시 한옥(문화재) 미장이어야 한다.

이필식 미장은 남산 아래 조선호텔 지을 때 처음 한옥 일을 배웠다 한다. 40년가량의 경력인 셈이다. 뒤를 따르는 김종복 미장은 경력은 40년이 넘

짚을 섞은 황토는 장화를 신고 밟아줘야 점성이 높아진다.

었으나 흙과 회를 사용하는 '문화재' 쪽 일은 시작한 지 몇 년밖에 안 되었다고 한다. 두 미장을 보조하는 분은 누상동에 사는 박성근 씨다. 박 사장으로 불렸다. 오랜만에 만난 걸로 보이는 이들은 현장에서 만나자마자 일단 동네 경조사부터 확인했다. 먼저 이야기를 풀어놓는 이는 부드러운 전라도말과 서울말을 섞어쓰는 박 사장. 전주 위 삼례가 고향이란다. 사직동 고개 너머 강북삼성병원에 동네 어른 한 분이 급하게 실려갔다는 이야기, 저번 주 결혼한 어느 선생네 큰따님 결혼식에 축의금을 얼마나 했는지 등이다. 박 사장의 말을 받아주는 이는 이필식 미장. 동네에서 살다가 일산으로 이사를 가서도 마치 이곳이 고향 같다는 그는 주위분들 이야기로는 미장에 관해서는 '도가 튼 양반'이다. 전북 정읍에서 어렸을 때 상경한 이후 미장일을 배우기 시작했는데 문화재 쪽 완성도 있는 일과 그보다는 다소 거친 동네 미장일을 둘 다 능숙하게 하는 듯 보였다.

드디어 작업이 시작되었다. 이필식 미장의 첫날 솜씨는 동네 미장일 수준이었다. 내가 기대한 것은 당연히 문화재 쪽 완성도였다. 충돌이 일어났다. 이럴 때 서로 얼굴을 붉히는 것은 수 낮은 해결책이다. 첫날은 종일 곁에 서서 집에 관해 이야기하고, 동네에 관해, 문화재 업계에 관해 시시콜콜 이야기했다. 그렇게 천천히 서로에 대해 알아간다. 나는 이필식 미장이 그저 그런 평범한 미장이 아니라는 걸 알았고, 그는 내가 문화재 쪽 경험이 많은 목수이며 동네에서 이미 여러 채의 한옥을 지었다는 사실을 알았다. 이틀째가 되니 첫날보다 좋다. 이 집이 어떤 집이어야 하는지를 마음으로 받아들인 그의 손놀림이 변하기 시작했다. 미장의 기초작업이 이루어진 이틀 동안 나와 일꾼과의 관계에서도 기초를 다진 셈이다. 상대를 존중하지 않는 소통은 몸으로만 표현하는 노동자들에게조차 통하지 않는다. 미장일 사흘째. 드디어 본격적인 당골막이 마감 미장을 시작한다. '황새다리'라 부르는 한옥 미장의 독특한 연장을 사용해 구석구석 꼼꼼히 바른다. 별 말 없

* 온돌구조에서, 토대나 하인방의 아래 또는 마루 밑의 터진 곳 등을 돌과 흙으로 쌓는 것.

175

이 그 모습을 쳐다보다 30여 분 만에 씩 웃으며 현장을 벗어났다. 건축주는 이 미장의 실력에 대해 만족하다 나중에 아예 팬이 되다시피 했다.

"와따, 황 사장. 무지허니 꼼꼼허드마이. 저래가꼬 돈은 좀 벌어쓰까?"

한 달쯤 후에 이필식 미장은 지나가듯 옆 사람에게 슬쩍 말을 건넨다. 멀찌감치 서 있던 내 귀에 다 들렸다.

미장 보조인 '박 사장'은 이 동네 어른들이 토박이의 기준으로 삼는 '67년 김신조 사건' 이전에 상경했다고 한다. 고향인 삼례보다 인근 봉동이 근래 더 커진 것이 아쉽다며 이야기를 시작하는 그는 아침 인사 후부터 오후 일 마칠 때까지 쉬지 않고 온갖 이야기를 꺼내놓는다. 그 중 동네 역사를 꺼내놓을 때는 내게 적당히 하대를 한다.

"이 동네에 내시도 살았지."
"저는 말로만 들었는데요?"
"그러니까, 그런데 다들 내시 할아버지라고 했응께. 그분이 지물포를 운영했는데. 안일 지물포라고 지금 자교교회 앞에 있었어요."
"자교교회 앞이면 자하문로 아닙니까?"

◀● 당골막이를 하는 이필식 미장과 김종복 미장. 이 작업 전에 깎기를 해야 했지만, 일정이 맞지 않아 공정이 바뀌었다.
▶ 당골막이 작업에는 정교한 흙칼이 많이 쓰인다.

"그러니까, 길이 넓어지기 전이지. 지금은 없어진 옥인아파트는 신성공업사라는 회사가 지었지요."

"그땐 뭐하셨어요?"

"그러니까, 난 현장으로 석유를 배달하러 다녔지. 아, 그때 신성공업사가 청운아파트를 짓고 나서 곧장 옥인아파트를 지었어요. 그때 지금은 없어진 엉컹크도 있었지."

"아, 벽수산장요?"

"아시누만요."

그는 미장공들이 일하는 작업 발판 위로 쉴새없이 흙과 시멘트 모르타르를 삽으로 퍼올리면서 기억까지 줄줄이 끌어올렸다. 매일 이런 식이다. 그의 기억 속 역사는 '동네 미시사'로 분류해야 할 것 같다.

당골막이 공사는 닷새가 걸렸다. 기계 연장으로 시끄러운 목공사와 사람들이 떠들썩했던 기와지붕 공사가 끝난 직후의 미장 당골막이는 현장이 멈춘 듯 적막했다. 너무 조용하니 골목의 어른들은 지나가다 말고 현장을 들여다보며 말을 붙이기도 하고, 가끔 누하동 청룡건재에서 모래와 시멘트 등을 싣고 배달 오는 세발 오토바이 소리는 유난히 골목에 울렸다.

내가 기억하는 이 집의 마지막 밤은 고요했다.

몇십 년 동안 생명의 명멸明滅과 그 사이의 모든 숨결을 말없이 지켜봐왔던

이 집은 새롭게 탄생한 뒤 지금도 말없이 제자리를 지키고 있다.

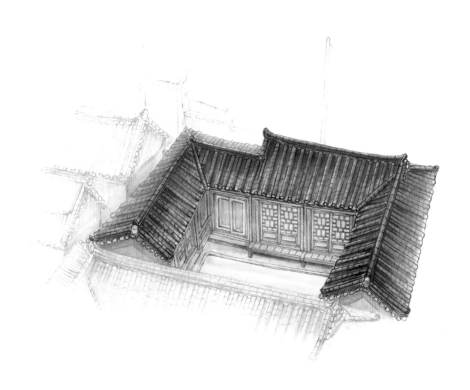

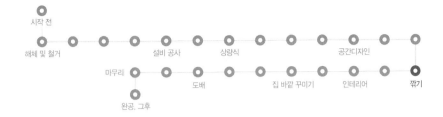

시작 전

해체 및 철거　　　　　　설비 공사　　　상량식　　　　　　공간디자인

마무리　　　　　　　　　도배　　　　　　집 바깥 꾸미기　　인테리어　　　　깎기

완공, 그후

서울 시내 도시형한옥에만 있는
낯선 풍경

깎기라는 과정은 좀 생소할 것이다. 목재의 표면을 연장을 사용해 얇게 긁어내는 일을 깎기라고 하는데 이런 게 언제부터, 왜 생겼는지는 정확하지 않다. 궁궐을 비롯한 문화재 건물에서는 하지 않는 것 같고, 주로 서울 시내에 남아 있는 도시형한옥에서만 명맥을 유지하고 있는 걸로 봐서 이 지방 한옥의 특징이라고 보면 될 것 같다.

　깎기는 목재의 표면을 긁어내는 일이라고 했지만, 더 구체적으로는 목재에 칠해진 도료를 긁어내고 다시 칠을 하는 과정이다. 짐작하기로는 이건 도시형한옥의 단점을 보완하기 위해서가 아니었을까 싶다. 넓은 대지 위에 여유롭게 지어진 한옥이 아니라, 다닥다닥 붙은 데다 처마가 짧아 눈비가 들이치기 쉬운 도시형한옥은 습기 등에 너무 취약해 무언가 조치를 취하지 않으면 안 되었을 것이다. 그래서 언젠가부터 기름성분을 가진 콩을 이용한 콩댐˙, 들기름, 동백기름 등으로 목재의 표면을 칠했을 것이다. 지방의 한옥에서는 목재에 칠을 한 집을 거의 볼 수 없는데 서울에서는 반대로

˙　불린 콩을 갈아서 들기름 등에
섞은 것.

칠을 안 한 집을 찾기 어렵다. 부유한 집들이야 이런 기름칠이 어렵지 않았 겠으나 일반 서민들은 이것이 여의치 않아 화학도료를 대신 칠했다. 그것 이 소위 바니시varnish, 즉 '니스'다. 반짝반짝 매끄럽고 투명한 바니시는 보 기도 좋고, 강력한 피막을 형성해서 습기를 잘 차단해줬다. 반면에 너무 강 해서 몇 년 못 가 목재에서 거칠거칠 떨어져 나오기 시작했다. 이걸 말끔히 벗겨내는 과정이 바로 깎기다. 아마 콩댐 등 천연원료를 전체적으로 사용 한 집은 드물었을 테고, 바니시를 칠한 목재의 깎기를 마치면 새로 지은 집 처럼 깔끔해졌기 때문에 이를 본 서울사람들이 점점 깎기를 애용했을 거라 는 추측도 가능하다. 이 집도 다른 도시형한옥과 마찬가지로 나무 위에 두 꺼운 칠이 되어 있었기 때문에 깎기를 해야 했다. 깎기는 목수와 지붕의 기 와 공사가 끝난 다음에는 언제라도 가능하지만, 되도록 미장일을 하기 전 에 하는 게 좋다. 이 집은 서까래 사이 즉 당골막이 미장을 하고 난 다음에 깎기를 했다.

▲ 깎기 기술자들의 연장은 간단하다. 사포를 부착한 그라인더와 '깎기칼'이라는 연장. 나무먼지가 달라붙은 마스크가 눈에 띈 다. ▼ 깎기를 하는 모습. 먼지가 워낙 많은 작업이다. 김경환 사장이 일하는 모습. 깎기 작업 중인 이승권 사장.

깎기 기술자인 김경환 사장과 만나 계약할 때 하루 만에 다 해달라고 했다. 날씨가 추워지니 마음이 급했다. 약속한 날 아침에 기술자들이 여럿 왔는데, 각자 서로를 '사장님'이라 불렀다. 하루 만에 일을 끝내달라고 해서 서울 시내 기술자를 다 불러모았다는 것이다. 그날 오신 사장님은 모두 다섯 분이었다. 사장님 중 한 분인 이승권 사장(목수라 부르기도 한다)은 경력이 45년쯤 되었다 한다. 충남 당진이 고향이며 김경환 사장과는 초등학교 동창이라고.

"지금은 한옥 깎기 기술자들이 많이 줄었죠?"
"서울 시내 활동하는 기술자들은 아마 서른 명도 안 될 거요. 과거에는 동네마다 여남은 명씩 패거리가 있었죠. 동대문패, 종로패, 이런 식으로요. 그때는 한옥뿐 아니라 양옥도 깎았어요. 그러다 (목재)필름이 나오고, 나이도 먹어가고 해서 서서히 줄어들었죠. 깎기가 없어지니 우리는 페인트칠도 같이 하면서 지금까지 살아남은 거고요."

작업 자체의 난이도는 높지 않지만, 칠이 섞인 나무먼지는 하루 종일 현장 가까이에 접근도 못할 만큼 자욱했다. 그들은 한옥 시공과 관련한 공정 중 가장 험한 일을 해내는 '상노동자'들이었다.
깎기를 하고 나니 오래된 나무와 새로 교체한 나무 등이 서로 적당히 색이 어우러져 그제야 제대로 된 목재의 가치가 드러나기 시작했다. 깎기와 칠은 함께 하는 경우가 많지만 이 집은 칠만 전문적으로 하는 기술자가 따로 작업을 하기로 되어 있었다.

깎은 직후의 모습. 이제야 신재와 고재 등
여러 목재의 색감이 일치되어가는 느낌이다.

시작 전

해체 및 철거　　　　　　　　　　　　　설비 공사　　　　상량식　　　　　　　　　　공간디자인

　마무리　　　　　　　　　　도배　　　　　　　　집 바깥 꾸미기　　　인테리어　　단열

완공. 그후

추위를 막기 위해서라면
수단과 방법을 가리지 않겠다

단열 문제를 해결하려 하지 않고 한옥 살림집을 짓는다는 건 그것이 신한옥, 생활한옥, 친환경한옥, 도시형한옥 등 무슨 이름으로 불린다 해도 눈 가리고 아웅 하는 격이며, 한옥에 관한 정보를 말하는 어떤 책도 단열에 관한 고민이 없다면 겉핥기에 불과하다.

　궁궐이나 사찰 등 문화재 한옥과 사람 사는 한옥이 가장 많이 다른 점은 아마도 단열이 고려되었느냐 아니냐일 것이다. 물론 가장 전통적인 한옥인 사찰 내 요사채에 기거하는 스님들 가운데 많은 분들이 건물을 수리하거나 새로 지어 올릴 때면 추위를 대비한 방법을 요구한다. 수십 년 동안 산 속에서 추위를 견디며 수행하는 스님들이 무슨 추위 걱정이냐고? 이건 산에서 사는 고라니나 멧돼지처럼 몸에 털은 나지 않느냐고 물어보는 것과 다를 바 없는 질문이다. 게다가 아마 산짐승도 잠을 잘 때는 포근한 굴이나 둥지를 찾을 것이다. 요사채는 수행 정진하는 스님들이 잠을 자고, 씻고 빨래하고, 책을 읽는 둥지와 다름없는 공간이다.

한옥의 겨울, 반드시 해결해야 하는 과제 중의 과제 /

흔히 한옥에 살고 싶은 분들을 위한 조언이랍시고 '한옥은 짐을 없애야 살 수 있다', '추위도 견디는 것이 한옥이다'라고 말하는 걸 본다. 듣는 이로 하여금 한옥에 살 각오를 다지게 하기는커녕 점점 한옥을 멀리하게 만든다. 그리고 한옥을 바라보기 좋은 박물관 속 유물처럼 만든다. 그렇게 몇십 년 동안 도시의 한옥은 실제로 서 있는 유물이 되어 있지 않았는가. 이 집을 지었던 가을부터 이듬해 봄까지 나는 동네의 옛 도시형한옥 문간방에서 살았고, 영하 16도를 오르내리는 한겨울의 추위는 본능을 제외한 모든 인간적(?) 활동을 정지시켰다.

내가 이 집을 지을 때 세운 단열에 관한 원칙은 한 가지였다. 수단과 방법을 가리지 않고 단열을 하는 것이다. 아무리 이렇게 발버둥을 쳐봐도 역시 아파트보다는 춥다. 그럼 이 집의 단열을 어떻게 했는지 살펴보자. 우선 사용한 단열재는 경량 폴리우레탄보드, ALC블록, 유리섬유Glass Wool, 기밀 테이프, 비드(스티로폼 알갱이) 등 주로 건식재료들이다. 전통적인 방법인 짚, 흙, 황토벽돌 등 습식 재료는 쓰지 않았다. 겨울 시공이라는 점과 시공 기간, 운송 문제 등의 이유에서다. 요즘 한옥 시공에서 유행하는 듯 보이는 열반사 단열재는 당연히 고려하지 않았다. 앞의 단열재가 모두 생소한 이름이기도 해서 차근차근 설명이 필요할 듯하다.

이웃 옥인동의 건축사사무소 '삼간일목'의 권현효 소장은 한국예술종합학교 대학원 건축학과를 나온 실력 있는 젊은 건축가이자 (사)한국패시브건축협회* 정회원이기도 하다. 이전부터 같이 작업하면서 한옥의 단열에 관해 적극적으로 의견을 나누어왔던 사이여서 이 집을 짓는 중에도 편하게 왕래를 하고 있었고, 결국 이 집의 단열 컨설팅에 관한 계약을 맺기도 했다. 우선 한옥과 단열에 관해 권 소장의 이야기를 들어보자.

* Passive House Institute Korea. 건축물에 고효율, 에너지절약설계기법을 도입한 패시브 건축물을 일반 대중에게 교육, 보급하기 위해 설립된 단체.

패시브 건축의 출발은 건강과, 에너지로부터의 자립입니다. 인간에게 쾌적하고 지구에도 좋은 것이죠. 그런 의미에서 한옥도 일종의 패시브 건축이라 봅니다. 특히 한옥은 아름답기도 하고 쾌적하기도 하지요. 그런데 봄부터 여름, 가을까지만 그래요. 겨울은 거주성이 너무 떨어져 그 부분을 보완하지 않으면 우리 한옥의 가치는 더 높아질 수가 없다고 봐요. 겨울에도 따뜻하고 쾌적한 환경으로 진화해야 합니다. 아파트는 아니더라도 일반 주택 수준까지는 가야죠. 물론 연료를 많이 사용하면 거주성은 높아지겠지만, 난방에너지를 줄여가는 시대 흐름과는 정반대 아닙니까?

그런데, 아시다시피 한옥은 단열이 참 어려워요. 일단 구조적으로 벽체 두께가 얇습니다. 한옥은 가구架構의 구조가 노출되는 유형에서 아름다움을 찾는데요, 이것을 지키면서 단열하기가 어려운 거죠. 현대 목조주택은 구조가 전혀 드러나지 않는 거라 차이가 많아요. 그리고, 한옥 벽체는 흙 등을 기본으로 하는 미장과 목재가 만나는 지점이 많아 기밀氣密이 어렵습니다.

단열 확보의 순서로 보자면, 이 같은 외벽의 단열과 기밀이 첫째고요, 그 다음이 바닥 단열입니다. 난방설비 아래쪽에 충분히 단열을 해야 해요. 열반사 단열재를 바닥에 까는 주택도 있던데, 반드시 피해야 합니다. 다음이 당골막이와 지붕이고요, 마지막이 창호라고 생각합니다.

창호는 최근에 한 업체가 개발한 한식 시스템창호가 좋은데요, 현재까지는 워낙 고가라 쉽게 사용할 수 없어 안타까워요. 개인적으로 서촌은 생활한옥이 많아 PVC새시sash를 쓰고는 있지만 훌륭한 해법은 아닌 것

권 소장이 그린 단열도면 초안.

같습니다. 그야말로 한옥의 아름다움을 보여주며 단열하기가 참 어렵죠. 아름다움이라는 가치를 편리함과 바꾸는 도중이라 가치혼란이라는 마찰이 일어나고 있지만, 저는 한옥의 아름다움이 과거의 것이어서 쉽게 교환할 수 있는 것이 아니라, 현재도 지속되는 가치라 생각합니다. 이 시대에도 충분히 가치 있는 아름다움이어서 도저히 포기할 수 없으니 고민 아닙니까. 그러나 당면한 문제인 '한옥의 겨울'은 반드시 해결되어야 합니다. 현대 건축과 패시브 건축, 한옥 건축의 연결점을 찾는 건축가로서의 고민이지만, 사실 이건 모든 건축가와 시공자의 몫이기도 합니다.

단열재로 무엇을 써야 하는가

권 건축사는 작년까지 내가 ALC블록과 압출법 보온판으로 단열 벽체를 구성했다는 걸 알고 있었다. 압출법 보온판은 일명 아이소핑크, 분홍색 스티로폼이다. 흰색 스티로폼에 비해 단열 효과가 좋다. 그런 나에게 이번엔 다른 방법을 써보는 게 어떠냐고 권했다. 그가 권한 건 신소재 단열패널이었다. 그는 자신의 설계도면대로 제작을 해줄 업체와 연결을 시켜줬고, 그렇게 만난 '한보 엔지니어링'의 최남훈 과장에게 궁금한 것을 물었다.

"이 단열패널의 특징은 무엇입니까?"
"목구조단열패널(SIP-f)이라는 제품으로 화재와 단열성능이 매우 우수한

샘플을 들고 불에 타지 않는 경질우레탄폼의 특징을 설명하는 최남훈 과장. 임정희 목수가 패널을 시공하고 있다.

경질폴리우레탄(P.I.R)폼 단열재를 중심코어(Core)로 하여 내측에는 O. S. B 합판이 붙어 있어 내부 인테리어 마감을 쉽게 합니다. 외측에는 두 가지 종류가 있는데, 하나는 섬유강화시멘트(C.R.C)보드가 붙어 있어 외부도장으로 마감을 할 수 있으며, 다른 하나는 양면섬유방수시트가 붙어 있어 방수가 되면서 회미장 마감을 쉽게 하도록 구성되어 있습니다.

가장 큰 특징은 현행 단열법규(열관류율 0.36W/㎡K)를 충족한다는 데 있습니다. 한옥을 보수하는 경우 기둥재의 두께가 한정되어 있어 법규를 충족하면서 얇은 단열재를 시공하기가 매우 힘들지만 이 단열패널은 패널두께 82밀리미터로 안성맞춤이지요. 또한 한옥의 취약한 차음에 효과가 있고 경량이므로 시공성과 내진성도 좋습니다. 이뿐만 아니라 기밀테이프 시공에서도 유리한 점이 있다고 봅니다."

"여러 장점이 있어 보이는데, 생산하게 된 계기가 있었을 것 같습니다."

"그렇죠. 저희는 20년간 다양한 종류의 단열패널을 생산하는 건설신기술인증업체이기도 합니다. 마침 한국건설기술연구원(K.I.C.T)과 '신한옥 개발' 연구를 하게 되면서 현대 한옥에 맞는 제품을 개발하게 되었습니다. 북미나 유럽의 목조주택에서 사용되고 있는 구조단열패널(S.I.P's, Structural Insulated Panels)을 국내에서 유일하게 생산·공급하고 있어 구조단열패널의 특성을 유지하면서 한옥 시공자가 쉽게 다룰 수 있고 전통한옥의 이미지를 해치지 않으며 경제적이면서도 기능이 향상된 현대 기술을 융합한 제품을 선보이게 된 것이죠."

"한옥을 위해 특별히 제작했다는 데 의의가 있네요. 실무진이자 건축 공학을 전공한 분으로서 개인적인 생각은 어떠세요?"

기밀테이프 시공법을 보여주는 권현효 소장.
한달쯤 지나 안정된 테이프의 접합성능은 놀라울 정도였다.

"한옥은 가구식架構式 구조이므로 벽체를 습식으로 시공하는 것보다 패널을 가구식으로 시공하는 것이 합리적이라 판단됩니다. 그만큼 시공 기간을 단축할 수 있으니 경제성에서도 유리하고, 외부를 회미장만으로 마감할 수 있으니 한옥의 이미지를 그대로 유지할 수 있다고 봅니다. 전통한옥이 지리적 여건에 맞는 건축 재료로 지어진 것처럼 현대 한옥은 건축술은 보전하되 지금 시대에 맞는 건축 재료를 수용하며 진보되어야 한다고 생각합니다."

내부 면적을 최대한 확보해야 하는 도시형한옥에서 얇은 단열재는 필수적이다. 작년까지 시공했던 단열 벽체의 두께가 약 22~23센티미터였던 데 반해 이 신공법 단열재는 마감까지가 10센티미터 정도이니 1~2센티미터 단위로 디자인해야 하는 실내 공간에서 이것은 비교할 수 없을 만큼 큰 차이라고 볼 수밖에 없다. 계획했던 비용을 초과했지만 주문을 했다.

두 번째로 권 소장이 추천한 단열 재료는 기밀테이프였다. 그건 이름부터 '무시무시한' 황소바람을 막기 위한 거다. 한옥은 시간이 갈수록 목재가 수축하거나 뒤틀리고 흙, 시멘트 등 물성이 다른 소재와 이격離隔될 수밖에 없다. 오래된 한옥치고 창문 틈새, 벽의 틈새로 겨울바람이 들어오지 않는 집이 없다.

"이게 말이죠, 독일서 직수입된 기밀테이프인데요. 방수 투습성이고, 내구연한이 30년, 그러니까 거의 반영구적이라고 봐야 하지 않겠습니까?"
"음, 좀 비싸겠는데요?"
"네, 그게……아마 이 집에 다 쓸려면 20만 원은 넘어갈 거예요."

그의 말이 맞았다. 24만 원어치 기밀테이프를 사서 겨울바람을 직접 맞는 골목 쪽 벽을 중심으로 목재와 목재, 목재와 창틀, 모든 벽체의 접합 부분을 막았다.

세 번째는 ALC블록이다. 이 소재는 차음遮音 벽체로 많이 알려져 있지만, 위에서 말했듯 한옥에서 단열을 겸한 기본 벽체로도 괜찮다고 여겨서 이전부터 사용해왔다. 한옥과 어울린다고 판단했던 이유는 중방中枋, 하방下枋 등 수장재 사이 외벽을 쌓을 때 흔히 사용하는 흙벽돌이나 시멘트 벽돌보다 훨씬 가벼우면서도 단열 성능은 더 우수하다는 점 때문이다. 또한 20여 평 크기의 한옥도 하루이틀 사이에 내·외부 벽체를 세울 만큼 시공이 빠르다는 점도 장점이다. 이 집에서는 골목 쪽 벽의 PVC새시 창호가 튀어나온 부분을 보완하고, 차음 효과를 위해 사용했다. 골목 쪽 벽은 20센티미터 정도로 다시 두꺼워졌다. ALC블록은 상당히 친환경적인 소재이기도 하다. 그러나 단점 또한 여지없다. 몇 채째 손발을 맞춰온 업체 '새벽ALC'의 조임현 사장은 이렇게 설명한다. 전남 함평 출신인 그는 우리나라에 ALC가 수입될 즈음인 1990년대 초부터 전문시공을 해온 관련 업계의 산 증인이다.

"이것이 다 좋은디, 습기에 좀 약허다고 볼 수 있겠지요."

"제가 인터넷으로 검색해보니까, 잘 사용되다가 중반에 좀 뜸해졌다고 그러던데요?"

"그렇게 말이요. 좋다고 하도 허니까 니도 나도 막 갖다가 시공을 해부

◀ 블록을 톱으로 자르는 모습. 가벼워 시공성이 좋은 것도 특징이다. ▶ 블록을 쌓아올리는 모습.

니까. 알고 써야 허는디. 나는 초창기에 일본에 건너가서 교육도 받고 그랬
당께라. 머싱고 허니 특히 화장실, 화장실에 시공헐 때는 방수를 진짜로 잘
해야 허는디 대충 그냥 해불고 허니까 얼마 지나도 않아 곰팡이 피고 막 난
리가 안 나부렀겄소."

"그래서?"

"그래가지고 중간에 좀 죽었다가 요새는 친환경이다 뭐다 해서 그럭저럭
일 해묵고 살고 있지라."

ALC블록을 한옥에 쓸 때 조심해야 할 몇 가지가 있다. 우선 반드시 시공
기술자가 전용 모르타르를 사용해 쌓아야 하며, 외벽으로 사용할 때 시공
후 방수 미장을 신경 써서 해야 한다는 것이다. 또한 화장실 등 물을 사용
하는 공간에는 가능하면 일반 시멘트 벽돌을 쌓는 게 더 낫다. 마지막으로
이 블록은 자체적으로 최소 30센티미터 두께가 되어야 현재 중부지방 단열
기준에 미달하지 않기 때문에 위에서 설명한 것처럼, 한옥 시공에서는 다
른 단열재와 병행하는 것이 유리할 것이다.

권 소장이 네 번째로 추천한 것은 유리섬유다. 목조 주택이나 경량스틸
건축에서 주요 단열재로 사용하며 통칭 인슐레이션insulation이라고 한다.
이 집에서는 보조 단열재로 반자*(천장) 위에 올려서 지붕으로 빠져나가는
열을 차단하는 데 주로 썼고, 불규칙하게 끊어진 내부 벽체 사이사이를 빈
틈없이 채우는 역할을 했다. 이건 작업자가 시공할 때 맨살에 닿으면 미세
한 가시가 있어 따끔거리는 정도는 있어도 흔히 사람들이 혼동하는 '석면'
과는 전혀 다른, 인체에 무해한 제품이다.

* 방이나 마루의 천장을 평평하게
만드는 시설.

추위를 막기 위한 고육지책, 새시 /

좋은 단열재로 완벽하게 시공을 했다 해도 벽에 국한된 것이고 창호는 다른 문제다. 앞에서 설명한 외부 미세기 창호는 단열에 관한 한 취약하기 그지없었기 때문에 반드시 단열 대책이 있어야 한다. 더군다나 대부분 도시형한옥의 마당 쪽 전면은 벽은 없고 기둥과 창호만으로 구성되어 있지 않은가. 건축주와 시공 전부터 방법을 고민해왔고, 창호지를 바른 한식 덧창을 이중으로 설치하는 방법과 PVC새시를 시공하는 방법 중에 건축주는 새시를 선택했다.

　그가 가장 많이 고민한 것 중의 하나가 새시 설치 문제였다. 전통적 삼중창을 하고 싶었지만, 비용도 올라갈 뿐더러 단열이 충분하지 않을 수도 있다. 계동 집은 홑창이었기 때문에 온도가 영하로 내려가면 집이 추웠다. 일본에서 살 때야 어차피 집이 중앙난방이 아니었기 때문에 추운 집을 당연히(?) 버텨야 했지만, 새시와 같은 합리적 대안이 눈앞에 있는데 '굳이 왜?'라고 건축주는 생각했다. 그러나 계속 내 마음에 걸렸던 것은 바로 미관이다. 어떻게 보든 간에 새시는 예쁘지 않다. 새시가 들어오는 순간에 내부가 '아파트화' 되는 건 당연지사. 새시의 미관 문제를 해결하기 위해 디자이너가 필요했다. 마침 우리 옆에는 박지민 소장이 있고 기능적 우수성, 그리고 저렴한 비용 때문에 어렵게, 매우 어렵게 새시를 하기로 결정했다.

　누하동의 삼겹살전문식당 '대하식당'에서 명래 씨와 오랜만에 마주 앉았다. 건축학 전공수업 때문에 며칠 만에 현장에 들렀던 그가 말을 꺼냈다.

◀ 천장에 단열재를 먼저 올린다.
▶ 거실 창호 위 단열이 취약한 곳을
빈틈없이 막는다.

"이제야 옛주인의 흔적이 사라지고 새주인의 마음이 깃들기 시작하는 것 같아요. 이런 과정을 보고 있으면 신축 한옥이 오히려 유치할 때가 있어요. 특별하지 않은 집이 어디 있겠습니까만. 목수님은 어찌 보세요?"

　"알잖니? 집이 되어갈수록 힘들고 진이 빠지고 있다는 거."

　"목수님의 운명이라면서요? 그럼 즐기셔야죠! 허허."

　"그래, 네 말이 맞다."

　"저는 이런 '재생'의 과정이 분명히 더 즐거워요. 아마 건축주나 동네분들도 그러실 거예요. 목수님 한 분만 빼고요. 부잣집이라고 해서, 좋은 재료만 쓴다고 해서 어떤 가치가 저절로 생기지는 않겠죠?"

　어느 일요일 오후, 옛주인인 홍기석 어른이 누상동에서 내려오셨다. 공사 초반에는 잘 안 오셨다. 수십 년 동안 집수리를 손수 해오셨던 터라 아마도 마음 아프셨으리라. 어른은 당신께서 아시는 이 집의 역사를 조용히 꺼내놓았다.

　"1982년, 그러니까 한 30여 년 전에 이 집으로 이사를 왔지. 그전 주인은 독일로 이사를 갔을 거야, 아마. 그때는 식모를 두고 살았는데 그 방이 지금 저쪽 안방 옆이야. 그때 평당 80만 원씩 주고 샀는데, 시간이 이렇게 빨리 흘러갔어. 30년 동안 골목길 눈은 내가 다 쓸었는데 말이야, 교수님은 그리 하실지……."

새시를 설치한 모습.
이것만으로도 생활이 불편하지는 않을 것이다.

마을사람들과
더불어 사는 풍경

어느 날 통인동의 커피공방 박철우 사장이 전화를 했다. 바쁘지 않으면 상의할 게 있다는 거였다. '바쁘지 않을 리가 있나' 하면서 골목길을 따라 올라갔더니 박 사장이 도면을 한 장 보여주며 설명을 했다. 그의 말 빠르기는 느린 랩 수준이다. 상의할 데가 나밖에 없다고 반협박, 반하소연으로 부탁을 했다.

> "해마다 하는 저희 카페의 무료 커피 행사를 시작하려고요. 올해는 카페 앞 주차장에 구조물을 세울 계획인데, 이런저런 고민 끝에 설계도면을 그렸어요. 그런데, 이걸 시공하려고 보니 보통 문제가 아니네요. 좋은 방법이 없을까요? 행사 날짜는 며칠 남지도 않았는데…… 사실 좀 심각해요."

그는 하루 만에 집을 세웠다가 이틀간 행사 후 하루 만에 집을 해체하는 구상을 하고 있었다. 거참, 가장 느린 건축인 한옥을 짓는 사람을 불러다 이런 어이없는(?) 부탁이라니. 즐거운 발상이기도 하고, 동네일이니 가능하면 같이 방법을 의논하기로 했다. 마침, 현장 점검차 와 있던 건축사, 우연히 들른 최진희 사장과 함께 하루 만에 세울 수 있는 건물에 대해 토론을 했다. 궁궐이라도 지을 기세로 격론을 벌인 끝에 다음 날 지은 건물을 건축학도 명래 씨는 '팔레트 파빌리온'이라 이름 붙였다.

동네 사람들은 어느 지역보다 한옥에 관심이 많다. 매일 골목길을 순찰하는 사직 파출소의 조상철 경위도 예외는 아니다. 그는 고향에 있는 한옥 수리를 걱정하면서 요즘 한옥 짓는 방식에 대해 지날 때마다 잠깐씩 묻곤 한다. 한창 단열 벽체를 세우고 있는 중에 그게 뭐냐고 궁금해 하더니, 설명을 듣고 한마디 보탠다.

"잘하는 거라고 봐요. 흙벽은 문제가 좀 있는 게 벽지 속에서 흙 떨어지는 소리 알죠? 그거 추억이긴 한데, 기분 좋은 소리는 아니거든요."
"저희 건축주도 같은 말씀을 하세요. 천장에서 흙 떨어지는 소리가 별로라고요."
"그렇다니까요. 그래도 그때를 떠올리면 한 장짜리 달력도 생각나고…… 수고하세요, 또 봅시다."

초겨울의 시간은 빨리 흘러가고 골목을 휘몰아오는 바람이 드센 어느 오후, 이번에는 '마을공동체 품애'의 배인용 이사에게서 전화가 온다. 마을공동체 품애는 마을 안에서 청소, 전시회, 봉사 등 다양한 활동을 통해 공동체적 가치를 실현하기 위해 설립된 단체다. 배인용 이사는 동네 토박이고 나랑은 동갑이다.

"황 목수님, 혹시 현장에 땔나무 좀 있나?"
"왜? 남은 목재가 있긴 있는데, 내가 지금 현장에 없거든요."
"그럼, 내가 가서 좀 가져갈게. 현장에 연락만 좀 해줘요. 우리 '품애'가 토요일에 잔치하잖아. 고구마 구우려고."
"필요한 만큼 가져가요. 고구마 굽는 드럼통은?"
"환경연합에 있는 거, 그거 빌려가려고요."

그러고보니 이웃 누하동에 있는 '환경운동연합' 염형철 사무총장에게서도 전화가 올 때가 됐다. 겨울철 행사 때 모닥불 땔감이 필요한 까닭이다. 폐기물로 버려질 낡은 목재는 이렇게 나누고, 더 작은 나무조각을 모아 골목에 놓으면 어둑해질 무렵 금천교시장 입구에서 고구마 굽는 어른이 조용히 가져간다. 마을 안에서 함께 살아가는 날들이 거의 이렇다. 이 집도 이 마을에서 이렇게 함께 살아갈 것이다.

이 집의 어느 것 하나 그냥 만들어진 공간은 없다.

보이지 않는 곳부터, 보이는 곳까지 숱한 손길들이 매만진 결과물이다.

거기에 집주인의 일상이 포개져 만들 때와는

또 다른 맛이 느껴진다.

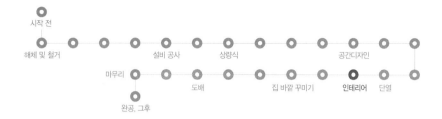
내부 디자인, 수납부터 동선까지
일상의 문제를 해결한 일등공신

이제는 내부공간을 만들어나갈 차례다. 내부 각 실의 배치와 수납공간은 이미 박지민 소장이 도면을 그려왔지만, 처음 시도라 어떻게 전개될지 확신할 수 없다. 박 소장의 말을 들어보는 게 좋을 것 같다.

— 제가 맡기로 한 부분은 이 집의 디자인 컨설팅 또는 코디네이션에 가까운 일이었지만 건축가의 천성상 공간을 만지고 싶은 마음을 참을 수가 없었어요. 게다가 집은 12평의 작은 공간이고 들어갈 짐은 많은데 그에 대한 별다른 배려는 없었잖아요. 건축주와의 첫 미팅 후 세웠던 이 집의 디자인과 관련한 몇 가지 원칙들은 다음과 같았어요.

1. 온전히 한 사람을 위한 집.
2. 한식과 양식, 입식과 좌식의 공존.
3. 짐과 삶이 공존할 수 있도록 보이지 않는 곳에, 그러나 필요한 순간

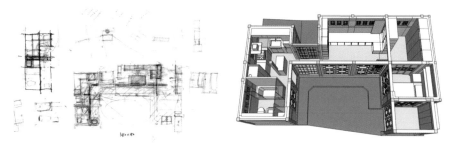

초기 스케치와 그것을 바탕으로 만든 모델링

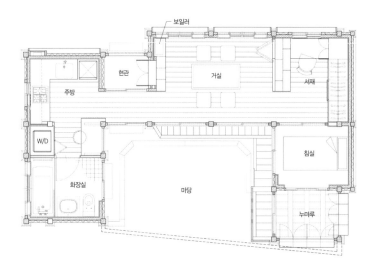

확정된 내부 평면도

확정된 내부평면도와 각 실 별로
따로 그린 상세도면을 놓고 건축주
와 확인해가고 있다.

에는 가까이에 있을 수 있는 방법 찾기.

4. 물리적 공간은 작으나 삶의 깊이는 깊게.

5. 외부와의 적극적 개입이 힘든 도시형한옥이라는 점을 감안, 실내에
   서 공간적 다양성 구현.

전통한옥의 공간은 분화되어 있으면서 동시에 변화무쌍한 특징을 갖고
있는데, 이 집은 너무 작았어요. 분할하고 변화를 줄 수 있는 공간 스케
일이 아니었죠. 그렇다면 차라리 화장실과 침실을 제외한 생활공간을
통합하고 그 안에 약간의 변화를 주는 방법이 맞다고 생각했어요. 서재
에서 거실, 현관, 주방을 잇는 긴 통로는 문과 같은 장애물 없이 수평적
으로 편리하게 이동할 수 있게 했지요. 그리고 이 통로는 폭이 짧고 지
붕이 낮은 이 집에 유일하게 '깊이'를 줄 수 있는 장치이기도 했어요.
한 가지 걱정은 대부분의 생활을 하게 되는 거실의 면적이 작다는 점인
데, 그 문제를 해결하기 위해 거실과 서재 사이의 책장을 앞뒤로 사용
이 가능하게 하고 거실 쪽에 문을 달아 평소에는 열어두고 서재까지 연
장된 느낌으로 거실을 활용하고 때때로 문을 닫아 분리해서 사용하게
했죠. 디자인 과정은 한옥이라서 다를 건 없었어요. 거주하는 사람의
라이프 스타일을 이해하고 그것을 잘 담을 수 있는 그릇을 만드는 과정
은 어느 집이나 비슷한 과정을 거치니까요. 단지 이 집은 작기 때문에
모든 공간이 좀 더 유기적으로 연결될 필요가 있으니 이 부분을 많이
생각했어요. 머무는 공간이면서 흘러야 하고 건축이면서 가구여야 하
고 앞면이면서 뒷면이기도 한, 다중의 공간들이 필요했죠.

보이는 곳부터 보이지 않는 곳까지 집 안의 곳곳을 디자인하다

디자인이 확정되고 도면이 나왔다고 해서 그대로 시공만 하면 되는 건 아니었다. 계속되는 아이디어와 현장 상황에 따른 변화를 유연하게 대처하지 않으면 일은 일대로 안 풀리고, 갈등은 또 증폭되는 악순환이 계속된다. 다시, 일을 누가 하는지가 중요해졌다.

최진희 사장의 소개로 내장 인테리어 목수 두 분과 일을 하기로 했다. 임정희, 김치열 목수는 둘 다 인사는 하면서 지냈던 사이이고, 함께 일을 하는 건 이번이 처음이다. 그들이 해야 할 일은 박 소장의 디자인대로 수납공간을 만드는 일과 내외부 단열 벽체를 세우는 일, 그리고 안방과 서재, 주방의 천장, 세탁실, 신발장, 보일러실을 만드는 일이다. 도면대로만 해서는 2퍼센트 부족한 게 한옥 인테리어 일이다. 한옥 목구조의 특징과 심지어 낯선 전통건축 전문용어에 밝아야 하는 것은 기본이다. 일을 맡은 두 사람 모두 전통목수학교 출신이다. 역시 기대를 벗어나지 않는다. 임정희 목수는 전남 화순 출신으로 3대째 목수다. 회사에 다니고 있던 어느 날 EBS에서 '한국전통직업학교'를 소개하더란다. 다음 날 사표를 쓰고 삼척으로 달려가 애원 끝에 입학을 했다 한다. 졸업하고 대목 일을 했는데 겨울엔 일이 없어 결국 그만두고 사계절 일이 있는 인테리어를 시작하게 되었다고

◀ 천장에 석고보드를 고정하는 임정희 목수. ● 비좁은 세탁실의 크기를 최종 확인하는 건축주와 임 목수. ▶ 목수의 일은 끝이 없다. 쉬지 않고 일을 하는 김치열 목수. 얼굴을 정면으로 보기 힘들다.

한다. 김치열 목수는 어렸을 때부터 집을 지어보고 싶었는데, 임 목수와 같은 학교 광고를 보고 지원해서 목수가 되었다고 했다. 사람 잘못 본 적 없는 최 사장이 예전에 김 목수에 관해 이야기하는 걸 들은 적이 있는데, 그는 김 목수를 '대단한 두뇌를 가진 친구'로 말했다. 옆에서 가만 지켜보니 '물건'(?)이다. 집을 지었더라면 이름난 대목장이 되었을 것 같다.

"김 목수님, 왜 대목 일은 그만뒀어요?"
"그게요, 목수 일이 즐겁긴 한대요……막 떠돌아다니는 게 회의가 들지 않겠어요? 그래서 정착해서 하는 일을 찾았드랬죠."

경북 봉화 출신인 그는 짤막하게 대답한 뒤 이내 고개를 숙이고 일에만 열중한다. 인생이란 게 먹칼로 금을 그어내리듯 단순한 게 아니겠지만, 실력은 없으면서 마냥 떠돌아다니는 데 익숙해진 이런저런 목수들을 떠올리니 그의 선택이 안타까운 건 어쩔 수 없다.

내부 수납장과 붙박이 가구를 만드는 일은 목재를 선택하는 일이 먼저다. 을지로 중부시장 옆 골목에 있는 목재상에서 집성판재를 골라 사왔다. 집성판재를 이용해 목수들이 치수에 맞춰 가구를 하나씩 만들어냈다.

12평 작은 한옥 공간에서 가장 특별한 곳은 누마루다. 보통 누마루는 어느 정도 규모가 있는 집에서나 시도할 만한 사치스런(?) 공간이지만, 건축주는 처음부터 이 공간을 만들자고 했다. 누마루를 만들고 싶은 생각은 성북동에 있는 이태준 가옥*을 보면서 들었다고 한다.

▬ 이태준 가옥을 처음 방문한 것은 1991년이었어요. 그때 한 가족이 살고 있었죠. 안에 들어가 인사를 하고 집을 구경했는데, 그 누마루의 아름다운 모습을 잊을 수 없었어요. 그래서 다른 도시형한옥에서는 보기 힘

---

* 현재 수연산방. 상허 이태준은 철원 태생으로 이상, 박태원 등과 함께 '구인회' 활동을 하며 서로 돈독한 사이였다고 한다. 그가 성북동에 땅을 사서 한옥을 짓고 살아가는 이야기는 그의 소설과 수필에 자주 등장한다.

들 공간이겠지만, 비교적 작은 이 집에 실현하고 싶었어요. 특히나 설계자인 건축사님이 전에 이태준 가옥을 실측 조사한 적이 있고, 전통한옥을 많이 알고 있어서 좋은 안을 제안해서 아주 만족했지요. 이 공간은 필요하면 창고로 쓸 수도 있고, 계절마다 용도를 달리하면 흥미 있는 공간이 될 거라고도 생각했습니다.

처음 설계대로 안방에서 약 40센티미터 정도 올려서 누마루 공간을 전통 우물마루 형식으로 대목인 전재옥 목수가 만들고 이어서 앞쪽 쪽마루와 평난간을 만들었다. 1평이 안 되는 좁은 누마루 공간이지만, 완성하고 나니 과연 특별한 느낌이었다. 무더운 여름에는 안방 쪽 문과 마당 쪽 문을 동시에 열어놓고 시원한 마룻바닥에 앉아 독서를 즐긴다 치면 이것이 바로 한옥 짓고 사는 멋 아니겠는가. 누마루의 뒤쪽과 옆면 벽에는 숨은 수납공간을 만들었다. 한쪽에는 창호지를 바른 수납장을, 다른 한쪽에는 유리문을 달아 어머니에게서 물려받은 그릇과 장신구를 놓는 자리로 꾸몄다.

안방은 가장 신경 써서 단열을 했다. 단열 시공은 마감을 하고 난 이후엔

▲ 좁은 현장은 목수 두 사람이 일하기에도 넉넉치 않다.　● 거실과 서재를 나누는 책장과 서재 쪽 옷장.
▼ 누마루를 처음 만들었을 때의 모습과 칠을 하고 안정된 후의 모습.

속이 어떤지 아무도 모른다. 김치열 목수가 도맡아 꼼꼼히 시공을 했지만, 이곳만큼은 붙어 서서 같이 의논을 하며 마무리를 해야 했다.

이번엔 서재다. 서재 안쪽에 가장 큰 수납장을 짜서 넣었다. 앞에서 설명했지만, 김 목수는 기발한 아이디어와 균형 감각의 소유자답게 한옥에 전혀 어색하지 않으면서도 보기 좋은 옷장과 책상, 책장을 만들어낸다. 디자인을 한 박 소장과 건축주는 처음 구상보다 결과가 더 좋게 나오기 시작하자 매일 싱글벙글이다. 대청 역할을 하는 거실의 현관 쪽 책장과 수납장은 임정희 목수 담당이었다. 그러니까, 집을 절반으로 나누어서 우측인 누마루·안방·서재·거실 반쪽은 김 목수가 만들고, 그 나머지 좌측은 임 목수가 진행한 게 된다. 임 목수는 현관 입구의 신발장을 만들고 양쪽 입구의 새시 문틀을 만들고 난 다음에 주방 쪽으로 가서 세탁실을 만들었다. 주방 싱크대 하부장에 세탁기를 넣는 게 보통이지만 파우저 교수는 '절대 안 됨' 이었다. 세탁실이 따로 있어야 한다는 것이다. 세탁실을 따로 만들어 드럼 세탁기를 놓고, 위에는 건조기(도시가스)를 놓았다. 건조기는 서양인들에게는 거의 필수품목이라는 게 그의 설명이다. 이사 올 때 계동집에서 떼어와서 다시 설치했다. 임 목수가 화장실과 주방을 나누는 미닫이 창호 벽체를 세운 것으로, 내장 목수의 일은 끝이 났다.

그동안 나는 보이지 않는 적, 시간과 싸우고 있었다. 예상에 비해 일정이 계속 지연되고 있었다. 당초 10여 일 걸릴 것으로 봤던 공사는 15일이 걸렸

이렇게 말끔하게 보이기까지 수많은 손길이 필요했다.

다. 예상 일수와 예상 비용은 꽤 초과했지만, 깐깐한 건축주가 대만족하고, 임정희 목수가 합판 한 장 제대로 남은 게 없을 만큼 꼼꼼하게 자재를 주문한 덕에 아낀 자재 비용이 위로가 되었다. 그들이 맡은 주요 일에 관해서만 설명했을 뿐이고, 그 외에 생활공간에서 필요한 자잘한 일도 인테리어 목수들의 몫이었다. 공사를 마치기 전에 많은 눈이 내렸고, 처마에는 고드름이 달렸다.

격론의 무대 화장실, 절정의 인기를 누리다

공사 후 이 집은 특이하게도 공개 기간을 가졌다. 이른바 오픈하우스다. 집을 보러 온 분들 중에 특히 여자분들이 가장 좋아했던 곳이 화장실이다. 이곳은 어떻게 이렇게 매력적인 공간이 되었을까. 건축주인 파우저 교수의 이야기를 먼저 들어보자.

ㅡ 화장실에 대한 생각 그리고 기대가 문화마다 달라서 너무 욕심을 내면 무리한 결과가 나올 수 있어서 좀 조심스럽게 접근했습니다. 미국은 변기·세면대·욕조는 다 같은 공간에 있고, 일본은 경우에 따라 다 따로 있고 한국은 욕조를 빼고 공간 구석에 샤워 스페이스가 있는 경우가 많지요. 그런데 오랫동안 일본에 살아서 그런지 저는 욕조가 있었으면 했어요. 그리고 조금 여유 있는 공간을 원했죠. 공사가 끝나고 기대보다 잘 나와서 기뻤어요. 한국사람들은 왜 내가 기쁜지 잘 모를 거라고 생각했는데, 오픈 기간에 찾아오는 거의 모든 여자분들이 화장실을 좋아하시는 걸 보고 내심 놀랐어요. 나이도, 사는 곳이 한옥인지 아파트인지도 상관없이 다 같은 반응이라는 것이 더 흥미로웠죠.

화장실을 만들며 하루에도 몇 번씩 떠올렸다.

지친 몸을 욕조에 담근 채 마당에 핀 꽃 한 송이를 보고,

처마를 따라 흘러내리는 빗소리를 들으며 깊은 생각에 잠길 집주인의 얼굴을.

왜 그런 걸까. 무엇보다 환하고 여유롭기 때문이 아닐까 싶다. 마당에서 들어오는 채광이 좋고, 건축주의 요구대로 상대적으로 공간이 넓었다. 생각해보면, 화장실은 집에서 정말 자주 쓰는 공간이다. 그러니 잘 사용하지도 않는 다른 공간을 위해 이곳을 희생(?)시킬 필요가 없다는 생각이 든다. 앞으로 한옥 설계하는 데 참고할 만하다. 그럼, 건축주의 생각을 바탕으로 디자인한 박 소장의 이야기도 들어보자.

― 화장실의 배치는 처음부터 고민하던 부분이었어요. 습관이 무섭더라구요. 어느 집이나 화장실은 가장 구석에, 빛도 들지 않고 환기도 가까스로 되는 그런 자리에 배치하잖아요. 도대체 왜 그런 걸까, 생각했죠. 조금 심각하게 말하자면 이건 삶에 대한 태도의 문제가 아닐까 싶었어요. 사용하는 시간이 길지 않으니 그만큼 비중을 낮춰서 디자인한다는 건 너무 기계적인 발상이 아닐까요. 화장실에서 우리는 많은 일들을 하잖아요. 가장 원초적인 모습으로 물과 만나고 심신을 다듬죠. 때로는 일과에 지친 몸을 누이며 마당에 핀 꽃 한송이를 보고, 처마를 따라 흘러내리는 빗소리를 들으며 깊은 생각에 잠길 수 있는 공간이면 좋겠다고 생각했어요. 운이 좋게도 어락당에서는 이런 장면들을 충분히 예상하며 디자인할 수 있었어요. 한옥이라는 좋은 조건, 건축주의 라이프스타일에도 맞는 방식이었죠. 전체적인 공간구성으로 보아도 서재-거실-현

관-주방을 잇는 큰 동선을 중간에 화장실로 막고 싶지 않았고, 통로 끝에 화장실을 배치하여 이 집을 순례하는 짧은 여정의 가장 마지막을 장식하는 공간으로 만들고자 했어요. 화장실 문은 은은하게 빛이 흘러나올 수 있는 종류의 것으로 하여 가장 깊은 곳에서부터 온기가 흘러나오는 느낌을 주려 했죠. 천장 역시 서까래가 보이는 연등천장橡燈天障으로 가야 이 분위기를 살릴 수 있겠다 싶었고 습기 문제는 큰 창으로 충분히 해결 가능하다는 결론을 내렸어요.

박 소장이 훌륭한 의견을 내놓았지만 마지막까지 논란이 된 부분은 천장, 일명 '덴조' 설치 여부였다. 화장실 천장은 지붕으로 습기가 올라가는 걸 막는 역할을 할 텐데 그게 없으면 서까래와 개판 등에 습기가 쉽게 닿아 장기적으로 썩게 만들 거라는 의견과, 가족이 많지 않고, 건식으로 관리를 하면 무리는 없을 거라는 의견이 오랫동안 맞섰다. 결국 연등천장으로 결정이 났다.

박지민 소장은 디자인 안을 건축주에게 메일로 보내고, 건축주는 검토한 다음에 박 소장과 나에게 답장과 그동안 검색한 디자인 샘플 사진을 보낸다. 나는 현장에서 적용 가능 여부를 확인하고 결과를 박 소장에게 전달하면 그는 다시 도면을 만져서 메일을 보낸다. 이 과정을 여러 번 반복하면서 위생도기와 욕조, 수도꼭지와 샤워기 등의 수전의 크기와 모양이 결정되고, 바닥과 벽체의 타일, 조명의 위치 등이 결정되었다. 여기에 파우저 교수는 오래 간직해온, 교토에서 살 때의 화장실 사진을 꺼내놓고 그걸 참고해서 현장에서 내 손으로 거울장을 제작했다. 화장실을 만들며 하루에도 몇 번씩 상상을 했다. 넉넉한 욕조에 몸을 담그고 햇빛이 내리쬐는 환한 마당을 내다보는.

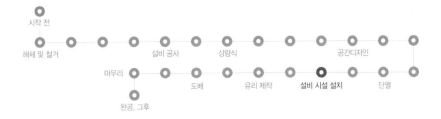

시작 전
해체 및 철거　설비 공사　상량식　공간디자인
마무리
완공. 그후　도배　유리 제작　설비 시설 설치　단열

가릴 곳은 가리고 보일 곳은 보일 것,
감춤과 노출의 적정선

집의 완성도를 좌우하는 건 뜻밖에도 사소한 데서 비롯된다. 북촌이나 서촌이나 할 것 없이 아무리 잘 지어놓은 집이라도 그 벽을 보면 아쉽기가 그지 없다. 바로 담이나 벽에 다닥다닥 붙은 다양한 설비 시설물 때문이다. 비싼 건축물에 걸맞게 목구조와 기와, 전통창호 등에 잔뜩 힘을 주고 신경 쓴 흔적이 역력한데 마무리 작업에 속하는 설비 시설물이 생각보다 허술한 것이 영 마뜩치가 않다.

　한옥이 다시 지어지기 시작한 10여 년 전이라면 이해할 수 있겠지만 왜 요즘 지어지는 집도 그런 실수를 반복하는 걸까. 물론 근본적인 원인은 한옥 그 자체에 있다. 한옥이 진화하지 않은 이유도 있겠지만 아무래도 전통 건축에 현대적인 생활을 접목하는 게 쉽지는 않다. 여기에 한옥을 대하는 적절한 수준을 아는 이가 별로 없으니 집을 신주단지 모시듯 받들기만 하거나, 오래 전승되어온 금기 같은 것들까지 무시하며 무리를 한다. 아울러 건축주의 골목 경관에 대한 무신경, 설계자의 섬세하지 못한 계획이 더해

211

져 지금의 눈살 찌푸려지는 결과를 초래한 것이다.

그러나 무엇보다 시공업자의 안일한 태도가 가장 큰 원인이다. 한옥 공사현장에서는 설계도면을 참고만 할 뿐 상세한 부분은 시공업자가 '하던대로' 하는 것이 일반화되다시피 했다. 지속적으로 이런 방식으로 일을 하다보니 시공업자는 불리할 때는 '설계에 나와 있지 않았다'거나, '설계가 엉망'이라는 등 핑계를 대며 설계도면 뒤로 숨고, 상세도면이 필요하다고 하면 추가비용을 요구하는 등 책임의식 없는 행태를 보인다. 이 같은 현실에서, 일관된 디자인조차 없는 주먹구구식 시공으로 집이 지어지고 있으니 이런 설비 시설물 설치의 무성의함이야 어찌 보면 당연한 귀결이다.

시공업자를 먼저 탓하긴 했으나 대도시 좁은 골목 안에서 한옥 짓기는 매우 힘든 일이니 이해하려 하면 이해 못할 일도 아니다. 구조물을 지어올리는 데 지나치게 힘을 쏟은 나머지 막바지 공정인 도시가스관, 전기계량기박스 등은 그것이 대문 밖에 위치하면서 집의 인상을 상당 부분 결정함에도 불구하고, 흐지부지 마감을 하고 마는 게 아닐까. 건축주도 이 부분에 대해서는 대부분 문제를 제기하지 않으니 먼저 나서서 피곤할 일을 만들지 않아도 되었을 것이다. 어락당의 건축주는 그러나 달랐다. 이와 관련해 파우저 교수와 약속한 건 한 문장이다.

― 전기, 도시가스, 통신 등 어떤 설비의 관로도 외부 골목에서 보이지 않게 한다.

좋은 디자인과 시공에는 일정하게 비용이 상승한다. 그러나 적은 비용으로 많은 효과를 보는 건 건축주에게 언제나 이득이다. 그렇다고 보기에 좋으라고 무조건 숨기는 건 안 된다. 생활과 밀접하게 결부된 설비 시설물을 오로지 감추는 데만 급급하면 반드시 한두 달 안에 상상 못할 불편함에 후회하게 될 것이다. 또한 눈에 보이지 않게 하겠다고 디자이너가 '사진 잘 나오는 모양'만 추구하면 이곳에 사는 건축주가 불편한 것은 말할 것도 없고, 전기·수도·도시가스 검침원들은 더 힘들어질 게 뻔하다.

설비 시설물로는 대표적으로 전기와 도시가스 관련 설비물을 꼽는다. 우선 전기를 어떻게 했는지를 들여다보자. 제일 먼저 고민한 것은 연등천장에 전선을 어떻게 지나가게 할 것이냐였다. 건축주는 대로변 카페 민석씨 1층 천장처럼 애자礙子를 써서 아예 노출시키는 게 어떠냐고 물었다. 나와 디자이너 박 소장은 반대했다.

"카페 등 공용 공간에는 괜찮을지 모르겠지만, 살림집에 그것은 마치 완성하지 못한 건축물을 보는 것 같습니다."

결국 전선이 종도리°의 한쪽을 타고 가게 해서 팬던트등을 설치하기로 했다. 그 외에는 박 소장이 그려온 전기 배선도대로 하기로 했다. 이렇게만 하면 크게 거슬릴 일은 없겠다 싶다. 배선도를 꼼꼼히 들여다보니 눈에 확 띄는 것이 있다.

• 용마루 바로 아래 서까래가 걸리게 되는 도리.

◀ 어디서나 흔히 볼 수 있는 설비 시설물. 집의 외관은 이런 작은 부분에서 그 완성도를 좌우한다. ● 노출되어 있는 카페 민석씨의 전기 배선 ▶ 애자와 스팟등

"이건 뭐라는 뜻이에요?"

"아, 그거요. 기둥마다 외부의 윗부분에 작은 조명등을 한 개씩 설치하면 따로 마당에 조명을 하지 않아도 될 듯해서요."

"그럼, 음……. 기둥에 구멍을 뚫어야겠네요?"

"그럼요."

"……."

그는 당연하다는 듯 대답한다. 기둥이나 보에 관통하는 구멍을 뚫는다는 건 전통건축 쪽에서는 받아들이기 어렵다. 타협할 수 없는 원칙 중 하나다. 결국 기둥 바깥쪽에는 따로 조명을 설치하지 않기로 했다.

전기 관련 시공은 박완수 팀장이 맡았다. 전기와 설비, 미장은 내·외부 마감 때까지 계속 현장에 드나들면서 연결되는 공정마다 적절한 조치를 해 줘야 일을 반복하지 않게 된다. 특히 전기 시공은 적절한 타이밍에 꼭꼭 맞춰야 하는데 그는 용모만큼이나 일처리가 시원시원하다.

이제 남은 건 도시가스 설비물이다. 미관상, 그리고 방범에 문제가 있지만 법적으로 도시가스는 관련 설비 시설이 외부로 노출되어 있어야 한다. 보기 좋으라고 법을 어길 수는 없으니 법적 하자 없이 이걸 숨길 수 있는 방법은 무엇일까. 한옥에서 도시가스 설비를 골목에서 보이지 않게 할 때 가장 쉬운 방법은 건물의 내부 즉, 대문 안쪽에 설치하는 것이다. 그런데 그렇게 하면 매월 검침할 때마다 번거로운 일이 많아진다. 그렇다면 담

◀ 전기 공사 중 가장 복잡한 분전반 기초작업을 하고 있다.
▶ 벽 안쪽으로 작은 수납장, 신발장, 분전반을 배치한 모습.

장 안쪽으로 가스관을 끌어올려 계량기를 설치하고, 담장 밖에서 작은 문을 달아 확인하게 하는 대안이 있을 수 있다. 그런데 이 집은 담장이 없다. 이런저런 방법을 고민하는 우리를 보면서도 건축주는 타협하지 않는다.

"억대의 비용으로 한옥을 지으면서 누가 집 밖에 주렁주렁 매달린 설비들을 보고 싶겠어요."

그가 타협하자고 해도 내가 고집을 부리고 싶은 일인데 건축주가 이렇게 나오니 나는 마음속으로 쾌재를 부른다. 방법을 어떻게든 찾아내야지, 다짐을 거듭했다. 우리가 찾아낸 방법은 기둥 안쪽으로 한 자가량 들어가 ALC블록으로 벽체를 세우고 그 안에 계량기를 설치하는 것이었다. 하방과 중방을 제거하지 않고 그 안쪽으로 땅을 파서 끌어올리는 방식이라 시공은 좀 더 힘들겠지만, 완공 후에는 크게 눈에 띄지 않을 거라 예상했다.

드디어 도시가스 설비 기술자들이 땅을 파기 시작했다. 단언컨대 이 분들보다 좁은 땅을 잘 파는 사람은 없을 것이다. 땅 잘 판다는 몇몇 동물들과 승부를 겨뤄보면 어떨까 싶은 생각이 들 정도다. 기계 장비는 워낙 자리가 좁기도 하고, 위험하기도 해서 아예 사용하지 않는 듯했다. 도시의 뒷골목을 다닐 때 가끔은 땅 속에 얼굴을 묻고 흙을 파내는 노동자를 유심히 볼 일이다. 그가 세상에서 그 일을 가장 잘하는 사람일 수도 있으니까.

골목 쪽에서 보면 가스 계량기가 숨어 있는 공간은 중방 아래 쪽에, 그리고 보일러는 중방 위 쪽 남는 공간에 설치했다. 워낙 좁은 공간이라 동네 린나이 보일러 시공사장은 두 번이나 와서 과연 1만 7,000킬로칼로리 크기의 보일러가 들어갈 수 있는지, 차후 수리할 공간을 확보할 수 있는지 확인을 해야 했다. 이렇게 하니 보일러실의 소음이 거실로 침투할 염려가 있었다. 차음 성능이 좋은 단열 벽체인 ALC블록에 흡음재를 덧붙여 소음을 줄

▲ 보일러(상)와 도시가스 계량기(하). 자석을 붙여 완전
   탈착이 가능하도록 했고, 도시가스 계량기는 밀폐된
   공간을 만들 수 없기 때문에 틈을 주었다. 검침을 위해
   틈 사이로 들여다 보는 것도 충분하다.

◀ 전기계량기를 벽 속에 넣었다. 그리고 작은 문을 만들
   어 작은 장식을 달았다.

였다. 겨울에 거실에 앉아보니 적당한 가동음이 듣기에 불편하지 않았다. 골목에서의 외관은 목재 칸막이에 도색을 해서 한옥의 회벽과 어울리게 했다. 도시가스 계량기가 있는 아래쪽은 공기가 통해야 한다는 시공업체 박홍수 소장의 말대로 제작했는데 검침원이 사이로 들여다보고 확인할 수도 있다.

　김치열 목수가 만든 문은 안쪽에 일명 '빠찌링'(자석)을 달아 찰싹 달라붙어 쉽게 안 열리지만, 보수할 때 완전히 떼어내서 오히려 편하다. 이렇게 해놓으니 법적으로도 문제없고, 보기에도 괜찮다. 만들어놓고 보니 수리할 때 집 밖에서 하니 편하고, 작은 집에 예상치 못한 공간이 숨어 있어 놀라는 재미까지 있어 더 만족스럽다.

집은 집으로만
이루어지지 않는다

예로부터 권세가, 중인, 궁인, 상인 등 여러 계층이 한 곳에 모여 살아왔고 지금도 현실권력, 문화예술, 주거, 시장, 전통 등 다양한 요소가 공존하는 곳이 서촌이다. 재개발로 사라질 뻔하다 가까스로 살아남은 동네의 이런 역사는 마을 안의 오래된 골목길에서도 쉽게 볼 수 있다. 여러 문양의 화방벽, 붉은 벽돌담, 일본식 벽, 타일 담장 등 시간을 따라 변화해온 과정들이 고스란히 풍경 속에 녹아 있다.

화방벽 쌓기는 궁궐 등에서는 길고 두꺼운 돌을 가공해 쌓았으나, 1920년대 이후 도시형한옥에서는 최대 10센티미터 정도의 얇은 사고석으로 벽체에 붙여 모양을 내는 방식을 썼다.

시간 위에 시간을 쌓으며 보이지 않는 속도로 변해오던 골목길의 풍경이 최근 서울시의 한옥 지원 정책으로 집을 수리하거나 새로 짓는 곳이 많아지면서 활발하게 변하고 있다. 동네의 역사가 송두리째 사라질 위기를 잘 막아낸 서울시는 그러나, 한옥 수리 비용을 지원하면서 지원 기준으로 내

천편일률적인 사괴석 쌓기로 만든 서촌의 담장 모습.
개인의 미감을 탓할 수는 없지만 획일화된 골목의 경관은 분명히 피해야 할 결과다.

부의 주거환경보다는 외부 경관에 좀더 치중하는 경향과, 북촌에서의 정책 집행 경험을 서촌에 그대로 적용하는 행정력의 한계를 보여주는 것 같다. 거기에 건축주나 디자이너, 시공업자의 여러 조건이 맞물려 소박하면서도 개성 넘치던 서촌의 벽과 담장은 재개발 지역의 아파트같이 개성 없는 풍경으로 변해가는 중이다.

담장 돌 찾기 숨바꼭질/

여러 소재와 형태가 어울려 편안하고 자연스러운 풍경을 만들어내고 있는 체부동 우리 골목으로 돌아와보자. 아직 서촌 골목 곳곳은 담장마다 여러 소재와 형태가 어울려 편안하고 자연스러운 풍경을 만들어내고 있다. 어락 당을 지으며 건축주를 포함한 건축 주체들은 이 골목의 한 중간에 차갑고 딱딱한 사괴석四塊石담장을 만들고 싶지는 않았다. 서울시가 기존 한옥에

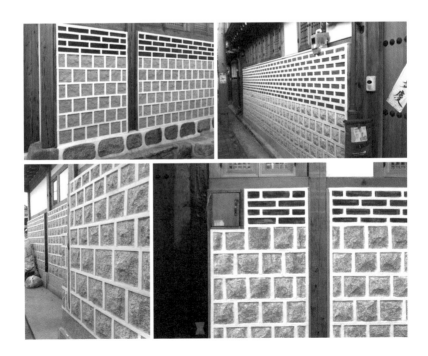

있던 것과 같은 붉은 벽돌담은 허용하지 않는다는 사실도 잘 알고 있었다. 그럼에도 골목의 현재 모습을 그대로 유지하기 위해서 붉은 벽돌담으로 하자고 강하게 주장해봤지만 받아들여지지 않았다. 적지 않은 지원금을 제대로 받으려면 그들이 제시한 가이드라인을 완전히 벗어날 수 없다. 결국 사괴석 담장으로 하겠다고 한 뒤 심의를 통과하자 건축주는 최소한 차갑고 딱딱한 사괴석의 색깔이라도 어떻게 바꿀 수 없느냐고 토로해왔다. 그의 간절한 마음을 모르는 바 아니지만 이건 참 해결이 안 되는 숙제다. 하물며 새로 지은 광화문이나 경복궁 안의 건물들도 같은 돌 색깔로 통일되어 있는 걸 내가 어떻게 할 수 있을지 답답하다.

현실은 신재를 사용하는 것 말고는 대안이 없다. 요즘 문화재나 한옥 건축에 쓰는 석재는 어떤 것들이 있을까. 문화재나 한옥 건축에 소용되는 거의 모든 국산 석재는 경기도 포천에서 나는 '포천석'과 익산 주변에서 나는 '황등석' 그리고 거창, 고흥 등 몇 지역에서 생산되는 것들이다. 내가 모르는 것이 있을 수도 있어 포천에 있는 '용암석재'의 장양수 사장과 이야기를 나눠보았다. 장양수 사장은 열여덟 살 때부터 석재 일을 시작해 45년 가까운 경력을 갖고 있다. 그에게 석재 생산의 역사에 관해 먼저 물었다.

"간단하게 말하면, 옛날에는 전북 익산의 황등석을 제일 알아줬습니다. 황등석이야 삼국 시대 때부터 유명한 돌 아닙니까. 서울에서도 상계동 돌, 미아리 돌 등 시내 근교에 석산이 많았죠. 그런데 서울에서는 채굴 허가가 안 나는 바람에 지방으로 내려갔고요. 그런 곳 중 하나가 포천입니다. 포천석은 워낙 매장량이 많아 한동안 중부 지방에서는 포천석을 거의 다 썼죠.

하지만, 포천석도 새로운 석산을 개발하지 않으면 앞으로 20여 년 남짓이면 고갈될 거라 예상하고 있습니다. 환경문제 때문에 허가 내기가 쉽지는 않을 거고요."

"그럼, 현재 전국 단위에서 생산되는 석재의 종류는 어떤 게 있습니까?"

"일단 황등석이 있어요. 황등석은 입자가 잘고, 어두운 빛이 납니다. 거창석은 좀 더 밝은 색상이지만 기본적으로 황등석의 질감에 더 가까워요. 문경석은 붉은색 계열인데 지금은 전혀 생산이 안 되고 있죠. 그 외에는 검은 질감의 고흥석, 마천석이 있지만 마천석은 거의 폐광 직전입니다. 마지막으로 가까운 가평석이 있어요. 가평석은 색감이 희고 강도가 아주 좋습니다. 그만큼 비싸기도 하지요. 이 모든 석재를 합쳐도 전체 수요량의 10퍼센트 정도만 충당하는 정도입니다."

"나머지 90퍼센트 정도는 중국산이라는 말씀이시네요. 중국산은 품질이 많이 떨어진다고 들었는데요."

"과거에는 그랬죠. 초창기에는 정말이지 싸구려 돌만 들어왔어요. 당시에 중국에서 풍화석(겉돌)이 많이 들어왔는데 이건 철분이 많이 함유돼 있고 무르죠. 강도 약하지, 색상 안 나오지, 그래서 나쁘다고 소문이 난 겁니다. 사실 우리나라도 겉돌은 똑같은데 말이죠. 지금은 중국산도 훌륭하다고 판단됩니다. 품질도 좋고, 가공 기술도 지금은 엄청나게 좋아졌어요. 대신 가격도 비싸져서 국산의 약 80퍼센트 수준에서 같이 움직이고 있습니다. 아마 국산 석재가 없어지면 가격이 더 뛰어오르겠죠."

"그럼, 중국산과 국산은 어떻게 구분을 하면 될까요?"

"보통 사람들은 구분 못합니다. 꼭 국내석, 포천석으로 해달라는 주문에 대해서만 원산지 증명을 하고 가공을 하고 있죠."

"포천석이야 아직 여유가 있어 다행이지만, 생산이 안 되는 다른 질감의 석재는 아예 구할 수 없는 겁니까?"

복원한 경복궁 경내의 건물 담장들.
◀ 옛 사괴석을 그대로 복원한 모습.　▶ 신재만을 사용해 복원한 건천궁 담장.

"문경석이나 고홍석에 대응하는 중국산 석재가 들어오고 있습니다. 질감이나 색상 등 품질은 별 차이 없다고 보시면 되고요."

장양수 사장이 말한 대로, 현실적으로 구할 수 있는 국산 석재는 한 가지 색깔밖에 없다. 차가운 돌 색깔을 어떻게 하면 피할 수 있을까. 이러지도 저러지도 못하고 시간만 흘러간다. 그러던 어느 날이다. 현관 바닥재로 사용할 고재를 찾으러 송추에 있는 목재상에 들렀다. 넓은 마당에서 목재를 뒤지며 살펴보다 한켠에 있는 컨테이너 사무실 문을 열고 들어가려는 순간 몇 발짝 앞에 잡초 무성한 조그마한 돌무더기가 눈에 확 띈다. 한 귀퉁이에 들풀과 뒤섞여 방치되다시피 쌓여 있는 옛날 사괴석 더미. 찾았다!

"가만, 저게 뭐에요?"
"이런 거, 저쪽에 많은디. 어디 쓸데 있능가?"
"어디요? 이런 돌이 많아요?"
"한 번 볼 텐가? 같이 가세."

옆 마당으로 건너가니 커다란 나무 박스에 차곡차곡 정리되어 쌓여 있는 옛날 사괴석이 예쁘기도, 귀엽기도, 사랑스럽기도 하다.

"이거면 충분한데요? 근데, 이 돌들은 어디서 난 거예요?"
"응, 이건 말이시, 몇 년 전에 오진암 헐릴 때 거기서 사온 거여. 그때 무슨 호텔 짓는다고 헐릴 때 구해 온 거여."

채석장에서 옮겨온 원석. 한 덩이가 약 10톤 정도의 무게라 한다. 중국산은 이런 원석은 들어오지 않는다고.

오진암이 어딜까. 사찰 이름이 아니다. 오진암은 삼청각, 대원각과 함께 서울 시내 3대 요정으로 불리며, 60~70년대 요정 문화를 대표했던 곳이지만, 굴곡진 현대 역사를 거치며 쇠락한 끝에 2010년 헐리고 말았다.

오진암은 지을 당시 일제가 경복궁에서 유출한 기단석 등을 사용했다고 알려져 있다. 버려지다시피 한 이 조그마한 것들이 이제 단순한 '따뜻한 빛깔의 사각형 돌덩이'가 아니라는 게 확실해졌다. 하긴 이 돌덩이들이 오진암에서 오지 않았다 해도 달라질 것은 없다. 건축폐기물 속에 섞여 버려질 운명에서 가까스로 살아남은 희귀한 '보석'이라는 사실은 변함 없다. 요즘 사괴석에 비해 가격은 약간 비싸서, 아니 보석치고는 많이 싸서 300개의 수량에 총 50여 만 원 더 들었다.

레전드급 석공이 쌓은 담 /

소나기와 햇살이 번갈아가며 소란을 피우던 늦가을 오후, 화방벽 시공 일정을 상의하기 위해 조충일 석공을 오시라 했다. 파주에서 일하고 있다가 마침 짬이 났다는 조 석공은 2년 만에 뵙는 거지만 여전히 건장한 모습이다.

"워낙 작은 현장이라 부탁 드리기가 좀, 거시기 합니다만……."

어려운 부탁을 해야 하는 죄송스러움을 적당히 눙치고, 현장에서 안내를 해나간다. 해체작업 때 폐기물로 반출되지 않은 돌들이 현장 구석에 무더기로 쌓여 있다.

"이 돌들은 어디서 났을까요?"

어리석은 질문일 수도 있다. 정교하게 다듬어진 돌도 아니고 먼지를 뒤집어쓴 채로 한쪽에 내버려둔 돌덩이인걸. 그런데 우연히 만난 사괴석이 오진암에서 왔다고 하니 그동안 눈길도 안 줬던 이 돌들이 어디서 왔는지 문득 알고 싶다. 그는 맨손으로 돌 무더기를 이리저리 헤집으며 1초의 망설임도 없이 툭툭 답을 던진다.

"이건 저어기 홍은동 석산에서, 이건 저어기 종암동 진석산에서……."

그는 마법사였다. 막힘이 없었다. '하찮은 돌들의 출생지'에 관한 흥분은 이틀도 넘게 계속되었다. 그뒤로 한 달 반 가까이 지난 뒤에야 화방벽 공사가 시작되었다. 어느 때보다 빨리 닥친 강추위에 두세 번씩 공사가 늦춰지고, 중요한 시기에 갑자기 조 석공의 전화가 꺼져 있기도 했다. 자꾸 늦어지자 일정에 관해 재촉하지 않던 건축주도 내심 긴장하는 눈치다. 추위에 대비해 골목 쪽 처마에 잇대어 두꺼운 비닐 칸막이를 달아 사괴석 담장을 쌓을 수 있도록 하고, 연탄 아궁이와 연탄 100여 장을 들여와 밤에는 얼지 않도록 준비를 끝냈다. 드디어 약속한 날이 되었다. 아직 컴컴한 일곱 시에 골목에 나타난 조 석공, 그뒤를 따라온 사내와 한두 마디 짧은 인사와 통성명을 한 후 통인시장 안에서 유일하게 일찍 문을 여는 삼화식당으로 아침을 먹으러 걸었다. 아무 말이 없다. 옆을 따르는 사내도 말이 없다. 식사를 마치고 현장에 돌아온 두 사람은 말없이 작업복을 갈아입고 곧장 골목에 남겨둔 돌들을 분류하기 시작한다.

벽 또는 담을 쌓을 때 하부의 기초가 되는 석재를 '장대석'長臺石이라 한다. 이 집에서는 장대석을 새 돌을 구해서 하지 않고 남겨둔 돌을 사용하기로 했다. 화방벽이란 게 워낙 장식적인 요소인 데다 새 돌을 쓰면 그 위에 쌓을 옛 사괴석과 조화가 안 되기 때문이다. 화방벽의 두께가 10센티미터

정도이니 구들 등 해체할 때 남긴 석재 중에 두껍고 넓은 것들을 골라 쓰면 될 거라 예상했다. 소위 '불을 많이 먹은' 구들은 당연히 제외될 것이다.

조 석공은 구들을 이리저리 쓱 만져보고는 한쪽으로 옮겨다놓곤 한다. 구들돌이 좁은 골목길에서 양쪽으로 나란히 열을 맞춰 분류되었다. 분위기가 워낙 무거워서 왜 그렇게 하는지 여전히 물어보지 못했다. 그렇게 한참을 분류하더니 이윽고 구들을 한 개씩 가져다놓고 망치로 툭툭 건드려보고, 쇠자로 금을 긋고, 다시 망치로 두들겨대기 시작한다. 금을 따라 일직선으로 돌이 나뉘어져 떨어진다. 다시 망치로 툭툭 건드려 모서리를 정리한 다음 제자리에 붙인다. 그는 딱딱하고 차가운 돌을 섬세하고 부드럽게 만진다. 오전 내내 그가 보조공인 김 석공과 나눈 이야기는 채 열 마디가 되지 않는다. 그동안 사람 대신 돌과 대화하고 있었던 게 분명하다. 그렇게 오전 시간이 끝나갈 무렵 자신이 한두 번 사용했던 절단 그라인더를 보조공인 김 석공에게 건넨다.

"자, 한번 짤라봐요."

점심 시간이 다 되어서야 아랫사람에게 연장을 쥐어주는 조 석공이다. 조 석공은 입이 없는 양반은 아니다. 오후가 되자 천천히 말문을 열기 시작한다. 그제야 나도 슬슬 말을 붙인다.

"그런데, 조 사장님. 거 있잖아요, 지난번에 서울에서 돌 나는 데 말씀하

◀ 돌을 다듬는 조 석공.
▶ 그라인더로 돌을 자르는 김 석공.

셨잖아요. 그거 어떻게 아세요?"

"아 그니까, 홍은동 돌이 좀 붉어. 그리고 진석산 것은 좀 옅은 색이죠."

"홍은동은 알겠는데, 진석산은 어디예요?"

"그니까, 종암동이지. 현재 종암경찰서 있는데. 그때가 1970년대일 거예요. 아마."

오랫동안 보고 만진 사람만이 알 수 있는 거라는 믿음이 들었다. 첫날 작업은 대성공이다. 마침 그날은 명래 씨의 생일. 저녁에 건축주와 셋이 필운동 '홍성한우갈비'에서 소고기가 아닌 돼지갈비를 먹었다. 그즈음 우리는 여유가 많지 않았다. 파우저 교수는 조 석공의 첫날 일을 보지 못했다.

"목수님 보기에 석공님은 어느 정도 수준인 것 같으세요?"

"요새 말로 레전드. 더 이상 설명할 단어를 못 찾겠는데요?"

"저번에도 말했지만, 일본에서는 상상이 안 되거든요. 와공, 석공, 소목 등 톱클래스 장인들이 작은 한옥을 짓는 게 특이해요."

"그분들을 모셔온 제가 특이한 거겠죠."

"하하하, 그건 알고요."

평소 현장에서는 건축주와 이런 농담을 거의 주고받지 않는다.

석공의 노동은 어떻게 변해왔나 /

첫날 그라인더 같은 기계 연장을 현장에서 몇 번 사용한 것은 돌의 성질과 노동의 질 등을 저울질해보기 위함이었던 것 같다. 둘째날부터 마지막날까지 기계 없이 정, 망치로만 작업한다. 300여 개의 사방 5치†짜리 사괴석은 두께와 크기가 약간씩 달라서 한 개씩 쌓을 때마다 일일이 손을 대줘야 한다. 지루한 반복작업일 것 같지만 지켜보면 시간 가는 줄 모르는 묘한 재미가 있다. 쉬는 시간이면 적당한 틈을 봐서 말을 건넨다. 조 석공에게 궁금한 것이 나는 아직도 많다. 현재 54세, 목포 출신. 초등학교를 졸업한 그에게 외삼촌이 서울 가자고 해서 따라 올라오니 망치를 한 개 쥐어주더란다. 그날부터 꼬박 3년 동안 제자 생활을 했고, 밥 먹고 잠 잔 것 외에 한 달 용돈 300원씩 받았다. 3년을 채우고 '하산'했는데, 손에 들린 건 삼촌이 쥐어준 연장 한 벌뿐. 그날부터 연장 한 벌로 혼자 세상과 맞섰고, 그렇게 그의 세상은 시작되었다. 조 석공과 함께 일한 닷새 동안 틈틈이 주고받은 대화를 요약해본다.

"석공의 일에 관해 설명해주세요."

"석공은 돌을 다루는 기술자를 말하지요. 석공이 다루는 돌은 가공석과 자연석 두 가지가 있습니다. 가공석은 궁궐이나 성곽에서 보듯이 다듬어서 쓰는 돌을 말하고, 자연석은 사찰 등에서 많이 쌓는 방식이죠."

"그럼 분야가 많이 다른가요?"

"원래는 그렇죠. 그런데 서로 장단점이 있어요. 성곽, 궁궐은 가공 석공이 해야 하고, 자연석 쌓는 건 기술적으로 단순해 망치질만 조금 배워서 하는 분들이 대부분이에요. 가공 석공들은 자연석을 못 쌓아요. 쌓는 방식 등 흐름을 못 타거든요."

"주로 문화재 일을 많이 해오셨죠?"

"그렇죠. 가공 일을 배웠으니까요. 가공 석공을 문화재에서는 '한식 석공'이라 불러요. 예전에는 현장에서 직접 가공을 해서 썼는데 요즘엔 공장에서 기계로 가공을 해와요. 그래서 지금은 가공 석공이 많이 필요가 없지요. 오래전 창덕궁이나 서울 성곽 같은 거 할 때는 옥개석屋蓋石*도 현장에서 가공했어요. 아마 1970년대일 거예요. 그 당시가 진짜 석공 시대였다고 봐요. 당시에 원석**을 두고 서로 싸우기도 했으니까요."

"그때까지는 모든 석재를 직접 망치로 두들겨서 쪼개고, 자르고, 정으로 모양을 내서 쌓았다는 거네요? 그럼 언제부터 기계 장비를 쓰기 시작한 겁니까?"

"아마 대규모 공사로는 여의도에 KBS 지을 때였다고 생각해요. 그때도 아마 1970년대 중후반쯤 될라나. 그때만 해도 톱은 없었고, 커다란 원석을 쪼개는 장비 정도였어요. 그 이후에 기계 장비가 급속히 보급되면서 돌쟁이들이 필요 없어진 거예요."

"조 사장님도 그때 힘드셨겠네요."

"많은 석공들이 일반 건축 현장으로 옮겨갔죠. 나도 몇 번이나 그만 두고 싶었지요."

"기계를 안 쓸 수도 없었겠죠?"

"그렇죠. 아마 1985년일 거예요. 창경궁 보수공사를 하는데, 문화재 현장이라 톱을 못 쓰게 하고 현장에서 가공을 하는데 일이 너무 늦는 거죠. 그래서 톱은 쓰긴 하되 감독관이 오면 톱을 숨기라고 어른들께서 말씀을 하셨는데, 그때 대한뉴스에서 촬영을 와서 자꾸 톱을 한번 써보라는 거예요. 친구들이 대한뉴스에서 톱 들고 일하는 걸 봤다고 연락이 오는데, 뉴스에 나오긴 했는데, 이건 자랑도 못하고."

"하여간, 예나 지금이나 그 사람들은. 그건 그렇고 워낙 일 잘하시고, 경력이 오래되셔서 큰일 맡아서 많이 하셨죠?"

"말을 잘해야지, 일만 잘하면 무슨 소용 있겠어요. 자기 목소리만 잘 내는 인사들이 한 자리씩 차지하고 큰 공사는 다 맡아가는 걸."

*　석탑이나 석등 위에 지붕　**　커다란 화강석 돌덩이.
모양으로 덮는 돌.

몇 년째 조 석공을 따라 일을 배운다는 56세 김철수 석공은 아마도 조 석공이 한식 석공, 그러니까 가공 석공으로는 마지막 세대일 거라고 덧붙였다.

"어려서 배운 사람과 나이 들어 배운 사람의 망치질은 완전히 달라요."

김 석공이 고백하자, 조 석공이 말을 이었다.

"보통 새벽 네 시에 일어나 여섯 시까지 연장을 벼려요. 만약 졸다가 정이 녹기라도 하면 그날은 초상날이 되었죠. 그 나이에 잠은 또 얼마나 많았겠어요. 당시에 현장으로 갈 때 연장통에 정을 한 70가락씩 넣고 지고 다녔으니까…… 그 이후에 중석, 그러니까 합금을 붙인 정이 나오고 좀 나아진 거예요."

마지막 날, 특별한 가공을 부탁할 일이 있었다. 해체할 때 나온 크고 작은 돌덩이 중에 좀 특이한 게 있었다. 조 석공에게 뭔지 물어본 다음에 손질을 부탁하려 아껴둔 것이다.

"이게 뭐야? 월대 장대석 일부 같은데? 약간 더 길었을 텐데 부러져서 아깝네요."
"이 집에서 나왔으니 여기에 그대로 남겨 놓으려고요. 부러진 부분만 부드럽게 다듬어주세요. 그런데 돌이 엄청 무거워요."
"홍은동이나 종암동 말고 국도 채석장이라고, 지금 길음 2동인가요? 옛날에 호랑이 살던 데라고 했죠. 허허. 거기서도 좋은 돌이 많이 났어요. 암튼 돌이 강해서 가공하느라 뭐 빠졌겠다."

조 석공은 좀 더 힘주어 망치질을 해댔다. 툭! 탁! 돌망치 소리가 차가운 골목을 따라 울려퍼졌다. 말보다 몸의 소리라서 더 깊고, 마지막 가공 석공이 지르는 외침 같아 더 컸다.

줄눈에도 스타일이 있다

사괴석을 다 쌓고 연탄불을 피워 며칠 동안 굳힌 후에 명래 씨는 오랜 시간 쌓인 먼지와, 시공하면서 묻은 시멘트 가루를 닦아냈다. 이제 사괴석 윗부분에 붉은 벽돌을 쌓을 차례. 고벽돌을 구해와서 살펴보니 벽돌의 색깔이 너무 환해서 어울리지 않는다. 고벽돌 자체에 집착하다보니 국내에서 수집해놓은 것은 구할 수 없고, 중국산을 가져온 게 탈이었다. 이런저런 보완책을 고민했으나 결국 20여 만 원어치 고벽돌을 전량 폐기하고, 요즘 생산되는 벽돌 중에서 골라보기로 했다. 건축주와 논현동에 있는 '한국벽돌' 전시장에 가서 직접 색깔과 품질을 보고 선택을 하니 꽤 괜찮은 결과가 나왔다. 300여 장 되는 많지 않은 양이지만, 이것 또한 오랫동안 골목의 모습을 지켜줄 주요한 요소이기 때문에 결코 가볍지 않은 부분이다. 건축주가 직접 고른 벽돌의 붉은색이 골목의 오랜 색감과 잘 어울렸다.

붉은 벽돌을 쌓고 줄눈을 바르는 일이 남았다. 줄눈의 모양은 어떻게 할 것인가. 이게 한 가지 방법만 있으면 생각할 일도 없을 텐데, 우리 선조들은 또 여기에다 수많은 변형을 가해서 다양한 모양으로 골목을 즐겁게 해놓으신 게 아닌가. 그 중에 한 가지를 고르기로 하고 건축주는 북촌의 골

◀ 공들여 다듬은 돌로 벽을 쌓는 조 석공.
▶ 사괴석을 쌓는 도중에도 계속 연탄불을 피워 말린다

▲ 완성된 직후의 화방벽

◀ 줄눈을 붙이는 미장들. ● 다 붙이면 가로줄을 정리한다. ▶ 세로줄을 정리하는 것이 더 까다롭다.

목을 오르내리며 좋은 모양을 찾았고, 나는 성북동에 있는 최재원 선생 집에 다니러 갔다가 옆 골목에서 괜찮은 화방벽을 발견했다. 사진을 찍어 건축주에게 보내니, 맘에 썩 들지는 않는다면서 당신이 북촌의 계동에서 찾은 줄눈 문양을 보여준다. 결국 계동의 화방벽 줄눈으로 하기로 했다. 북촌이든 성북동이든 다른 동네에서 모양을 따온다는 게 흐뭇한 일은 아니다. 서촌에는 화방벽 자체가 남아 있는 게 거의 없으니 그저 아쉽기만 했다. 마침 그 무렵, 우연히 배화여고 후문 근처 좁은 골목길 깊숙한 한옥의 화방벽에서 건축주가 권했던 계동의 문양과 거의 똑같은 화방벽을 발견했다. 몇 번 다니기는 했어도 무심코 지나쳤을 것이다. 그런데 줄눈을 머릿속에 담고 다니니 이제야 눈에 띈 것이다. 간소한 듯 품격을 갖춘 사괴석과 '내민 줄눈'. 볼록 메지라고 하기도 한다. 게다가 아래 쪽 사괴석의 줄눈보다 약간 가늘게 만든 붉은 벽돌 사이의 줄눈 모양은 계동의 그것보다 한 수 위였다. 서촌에 남은 원형 그대로의 화방벽을 만들 수 있다는 사실에 설레기까지 했다. 5단 붉은 벽돌쌓기와 줄눈 시공은 이필식 미장 몫이다.

"이 사장님, 이 그림대로 해주세요."
"아, 이거? 그대로 하면 되지 뭐."

찍어온 사진을 보여주며 설명하자 일도 아니라는 듯 쉽게 대답하고 벽돌을 쌓고 줄눈을 붙여간다. 다해놓고 보니 딱 한 가지 줄눈의 넓이가 맘에 안 든다. 아랫부분에 비해 윗부분 벽돌의 줄눈 넓이가 약간 차이가 나야 했지만, 똑같다. 아무래도 다시 해야 할 것 같다. 건축주는 당연히 동의하겠

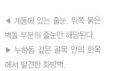

◀ 계동에 있는 줄눈. 위쪽 붉은 벽돌 부분의 줄눈만 해당된다.
▶ 누하동 깊은 골목 안의 한옥에서 발견한 화방벽.

지만 그래도 안 물어볼 수는 없다.

"교수님, 저는 이거 고쳐야겠는데요. 어떡할까요?"

거의 단정적으로 동의를 구했다. 건축주의 답이 뜻밖이다.

"저는 괜찮아 보입니다. 좀 굵어 보이긴 해도 그게 우리집 미장의 솜씨이
고, 방식이라면 저는 존중하고 싶어요. 가늘고 굵은 것, 모서리 디테일 뭐
이런 것보다 더 중요한 건 우리가 동네에서 발견한 그 모양을 존중하고 유
지하려고 노력하는 거 아닙니까?"

반박할 수 없었다. 물론 비용도 굳었다. 그는 목수와 미장 부분의 마무리
에 관해서는 유난히 관대했다. 나와는 정반대였다. 그 무렵 이 미장은 보통
때보다 일을 훨씬 많이 '죽여'(?) 나갔다.

"황 사장이 손해 보는 걸 보고만 있으면 안 되지."

덕분에 구석구석 골치 아픈 마감 미장은 그의 손에서 금세 깔끔해지곤
했다.

기단에는 재치가, 마당에는 세심함이 /

기단은 마당보다 한층 더 높은 단으로 쪽마루와 댓돌 등이 놓인 공간이며
지방에 따라 토방, 뜰방이라고 불리기도 한다. 도시형한옥에서 기단은 마

◀ 타일이 깔린 누하동 청전 이상범 가옥의 기단.
● 생일이벤트를 하고 있는 건축주, 59페이지에서 말했던 수수께끼를 기억하시는지?
그는 Robert J. Fouser 의 이니셜 RJF를 만들었다.
▶ 장면 가옥의 기단에 있는 표식.

당과 함께 외부를 구성하는 요소로 어떻게 만들 것인지 고민스러운 곳 중 하나다. 서울 시내의 근대 한옥은 장대석으로 마당과 구분이 되어 있으며 대개 타일을 깔아 보기에도 좋고, 청소하기에도 편하게 만들어져 있다.

아마 도시에서 '한옥 마당' 하면 같이 연상되는 공간이 바로 색색의 타일이 깔린 기단 아닐까. 그러나 서울시 한옥위원회가 지원금을 심의하는 기준에 의하면 기단에 타일을 깔 수 없다. 이유는 잘 모르겠지만, 이것 역시 전통한옥에서 벗어난 요소라고 판단하는 듯하다. 대신 문화재 건물에서 볼 수 있는 검은색 전벽돌이나 강회다짐 기단 등을 권장하는데, 이게 도시형 한옥의 경관이나 역사적 요소로 어울리는지는 각자 판단할 부분이다. 이 집에서는 타일 기단도 못 만들고 황토색 강회다짐은 더욱 어울리지 않는다고 판단한 건축주는 고민 끝에 혜화동의 장면 가옥에서 본 기단으로 하자고 제안한다. 본격적인 추위가 닥치기 직전, 이필식 미장이 작은 자갈을 한 개씩 콕콕 박아 기단을 장식하고, 명래 씨가 옆에서 같이 돕는다. 마침 그 날은 건축주의 생일. 박지민 소장이 장면 가옥에서 발견했던 '특별한 사인'을 흉내 내서 조촐한 이벤트를 했다.

마당도 고민하지 않을 수 없다. 도시형한옥에 어울리는 방법을 찾을 때까지 흙 마당으로 두기로 하고 물빠짐이 좋은 마사토를 채웠다. 좁은 화단과 작은 수도도 꾸몄다. 수도는 추위에 얼어 터지지 않도록 설비 이정호 사장이 특별히 스테인리스 수도관을 만들어와 시공하고 화장실로 가는 난방 호스를 마당 밑 수도관 옆으로 매설했다.

크리스마스 전날, 경복궁 영추문이 건너다 보이는 파스타집에서 마주 앉았다. 성탄절을 축하하는 의미로 오랜만에 비싼 식사를 하자고 한 건축주는 어려운 이야기도 함께 꺼낸다.

"목수님, 공사비 마련이 쉽지 않네요."
"제가 죄송하죠, 뭐. 좀 더 싸게 공사를 했어야 하는데……."

이런 자리에서 가능한 몇 가지 단어를 한 문장으로 나열하고 나니 더 이상 할 말이 없다.

"아슬아슬해요. 거의 벽에 부딪힌 거 같은데, 알고 계셔야 하니까요."

파우저 교수는 늘 그렇듯 솔직하게 자신의 상황을 설명하면서, 노트를 꺼내 앞으로 남은 잔금을 체크하고 일의 진행 과정과 맞추어나가기 시작했다. 남은 공정과 예상 비용을 나에게 물으며 다시 한 번 면밀히 살펴본 다음에 무거운 내용의 대화를 가볍게 마무리한다.

"공사에 지장 없도록 비용을 만들 테니까 목수님은 걱정하지 마십시오."
"알겠습니다."

집을 지으면서 그는 약속한 건 모두 지켰기 때문에 그냥 믿는 게 최선이다.

좁은 화단과 작은 수도로 꾸민 마당.

봄이면 이곳에는 **작고 어여쁜 꽃들**이 피어날 것이다.

이 집만의 특별한 유리,
곰보창과 스리창 찾아 삼만리

2년 전 일이다. 현장에서 잠깐 짬이 나면 근처 옥인동에 있는 '서울부동산'에 들러 이런저런 이야기를 나누곤 했다. 정정희 사장도 한옥에 사는 터라 귀담아 들을 이야기가 많았다.

"누구나 한옥을 좋아해도 한옥에서 잘 사는 분들은 따로 있는 것 같아요."

"주변에서 많이 보시지요?"

"저번에 길 건너 효자동에 한옥 한 채를 소개시킨 적이 있어요. 반년 정도 지났을까요? 들러봤더니 글쎄 눈 뜨고 못 볼 정도로 집을 엉망으로 만들어놨더라고요. 화도 나고, 안타깝기도 하고 그랬죠. 그런데 비슷한 현상을 북촌에서도 간혹 볼 수 있어요. 임대 게스트하우스가 그런 곳들이 있는데, 투자 대비 최대치를 뽑아내야 하니 진정한 관리가 안 됩니다. 그런 곳에서 숙박한 손님들이 한옥에 대한 이미지가 나빠질까봐 걱정이에요."

"한옥에서 사는 것이란 어떤 걸까요?"

"한옥은 비싼 만큼의 가치가 분명히 있다고 봅니다. 한옥의 모든 환경을 좋아하고 누리는 게 한옥에 사는 의미죠. 방만 있는 아파트와 다른 점이 그겁니다. 마당, 마루, 기와지붕, 목재 창호 등 그것들을 누리고 존중하며 지켜주는 게 한옥에 사는 거라고 해야 할까요? 한옥을 소개할 때 그런 점들을 알려주고 싶지만, 쉬운 일은 아니에요. 이제는 한옥을 사랑할 줄 아는 사람만 한옥에서 살았으면 좋겠습니다."

수긍이 가는 이야기였다. 참, 생각난 게 있었다.

"어떤 분이 규모 있는 한옥을 찾고 있는데, 동네에 그런 집이 있을까요?"
"마침 커다란 한옥이 한 채 매물로 나와 있는데 한번 가보실래요?"

당장 따라 나섰다. 길 건너 창성동에 있는 한옥이었다. 골목에 늘어선 빌라들 사이로 살짝 꺾여 들어간 커다란 대문채는 제대로 지은 집이라는 걸 직감하게 했다. 동네에서 이런저런 수많은 한옥을 구경했다고 자부했지만 대문과 중문을 열고 마당에 들어서며 바라본 집은 단연 최고 중 하나였다. 규모도 컸고, 보존 상태는 집이 지어진 그대로였으며, 마당으로 쏟아지는 조용한 오후 햇살은 목소리도 가만히 가라앉혀야 어울리는 분위기였다. "할머니."하고, 정 사장이 불렀다. 대청 미세기 문을 열고 얼굴을 내미는 어른은 여느 어머님처럼 고운 분이었다. 정 사장은 어른과 말씀을 나누고 있고, 나는 그저 감동하기 바빴다. 사진이라도 찍어두고 싶어 가장 조심스럽게 어른께 여쭈었다.

"아유, 사진은 안 찍었으면 좋겠네요."

마치 당신의 영혼을 지키고 싶으시다는 듯.

"그럼 저기 유리창 사진 한 장만 찍으면 안 될까요?"

　그렇게 초점 안 맞은 사진과 수평 안 맞은 사진 두 장이 남았다. 시간이
흘러 미세기 유리 창호를 시공할 날이 왔다. 김민주 씨가 디자인한 아자창
도면을 동부건구에 제작 의뢰하고 나서 건축주인 파우저 교수에게 내가 본
그 집처럼 유리를 끼우자고 세안을 했다. 어떻게 그날을 잊을 수 있을까.
이후로도 동네의 여러 한옥들에서 비슷한 유리 창호를 많이 봤지만, 마음
속 그림은 그 집뿐인 것을. 내가 무엇을 말하는 건지 건축주는 선뜻 이해를
못했다. 그 집을 보여드려야 했다. 서울부동산에 알아보니 그 집은 자제분
들이 다시 거둬들여서 이제 보여줄 수가 없다고 연락이 왔다. 사진과 설명
만으로는 건축주와 디자이너를 이해시키기에는 한참 부족했고, 이른바 '샘
플'을 찾아나섰다. 북촌 계동에 오래된 유리집이 있다고 해서 찾아갔다. 이
렇게 저렇게 한참을 설명했더니 겨우 알아듣는다.

"아하, 스리. 스리유리 찾으시는구나?"
"뭐라구요? 다시 한번 말씀을……."
"아, 그러니까 그게 스리, 스리유리라고 하는 건데요, 유리에 그림 그려
진 것 말하는 거예요."
"그럼, 그런 유리를 어디에서 구할 수 있는데요?"
"지금은 없을걸? 옛날엔 많이 있었는데, 지금은 멀리 변두리로 다 빠져

휴대전화기로 찍어뒀던 유리창
사진. 이 유리창을 만들어내는
것이 그토록 어려울 줄이야.

나갔을 거야."

그림이 그려진 유리를 '스리유리'라고 하는 걸 처음 알았다. 돌아와서 당장 검색을 해보니 스리유리는 '서리'의 일본어로 투명유리의 표면을 서리가 내린 것처럼 뿌옇게 만든 걸로 주로 고운 모래를 분사해서 표면을 긁어 효과를 낸다고 한다.

'옳거니! 찾았네, 찾았어. 이제 제작업체를 구해야겠지?'

혼자 만세를 부르고 다시 인터넷에서 '스리유리'로 검색한 뒤 몇 군데 업체에 차례대로 전화를 해 문의를 했다. 결론은 이런 거였다.

'투명유리에 스리 기법으로 사군자 등 그림을 그려넣는 걸 스리유리라고 한다. 그림을 그려오면 해줄 수는 있지만, 소량이라 쉽지는 않을 것이다.'

이 정도라도 알아낸 게 어디냐 싶다. 아직 한 가지가 더 남았다. 그림이 그려진 스리유리를 둘러싼 반짝이면서 살짝 울퉁불퉁하게 깎인 유리를 찾아야 한다. 그런데 이걸 아는 사람이 아무도 없다. 거울가게에 가서 물어도 그게 뭘 말하는 건지도 모르겠다고 한다.

정리하자면, 사진 속에는 그림이 그려진 유리와, 그 주위에 있는 반투명으로 반짝거리는 유리 두 종류가 있다. 애초에 창호 디자인을 할 때 이런 유리에 관한 건 전혀 예상하지 못했을 뿐더러 사진과 같은 방식으로 하자고 제안을 했을 때도 이렇게 어려운 일인 줄은 정말 몰랐다. 유리공예를 한다는 분한테 묻기도 하고, 혹시나 해서 한국유리니 하는 거대 유리 생산업체 홈페이지를 뒤지기도 했다. 건축주도 SNS에 사연을 올리기도 했지만,

말해 주는 이는 아무도 없었다. 마지막으로 많은 난제를 해결해주는 최진희 사장에게 전화를 했다. 최 사장은 고향 부산에 유리가게를 했던 친구를 알고 있으니 물어본다고 하더니 얼마 지나지 않아 연결이 됐다고 한다. 그리고 직접 그곳에까지 가서 확인을 하고는 '황 목수가 찾던 유리가 맞는 것 같다'고 했다. 역시 해결사였다. 업체와 통화를 해서 10분 넘게 설명을 하니 그것이 '에칭유리'라고 한다. 샘플을 빨리 좀 보내주십사 간청을 했더니 며칠 후에 종이 A4크기만 한 유리가 배달되어왔다. 떨렸다. 감동할 준비를 하고 허둥지둥 풀어보니 이건 아니다. 내 설명을 듣고 포를 뜨듯 유리 표면에 일일이 칼자국(?)을 내서 보낸 그분들 상상 속의 유리였다. 10분 넘게 설명한 이유가 있었다. 그런데 그게 에칭유리의 표준 기법이었다. 낙담한 파우저 교수는 포기하자고 했다. 이 분을 알고 난 이후 처음 듣는 단어였다.

"우선 포기합시다. 일본에는 전통주택이 아직 많이 지어지고 있으니 비슷한 유리가 있을 수도 있고요. 조만간 일본 다녀올 때 알아볼게요. 고생하셨어요."

정말 포기해야 하는 걸까. 심혈을 기울여 추진해온 구상이 수포가 되었을 때 무너지는 자존심 따위는 중요하지 않다. 울퉁불퉁한 이 유리를 찾아내지 못하면 그나마 찾아낸 스리유리 또한 의미가 없어질 것이기도 했지만, 잊을 수 없는 '그 반짝거리는 고급스러움'을 여기서 포기하면 다시는 시도하지 못할 것 같다. 건축주는 그렇게 말하지만 나는 포기가 영 안 되는 마음 어쩔 수 없었다. 얼마 후, 남양주 진접에 있는 창호공방에 들러서 소목장과 유리에 관해 이야기를 나눴다.

"사장님, 혹시 함께 작업하는 유리 시공업자 있으세요?"

동네에서 찾을 수 있는 스리와 곰보유리의 그림(문양)들.
◀ 화초와 글씨가 스리 기법으로 남아 있고 주위는 곰보유리다. ▶ 중앙의 투명 유리와 주위의 곰보유리, 그리고 가장 기본적인 아자 창살 문양이 단순하면서도 격을 갖춘 형태다. ▼ 스리 기법을 반대로 적용한 창문. 중간 창살이 없어진 걸 보면 다소 근래에 제작된 듯. 밤에 보는 스리 그림은 부드럽고 아련해서 그 아래를 지날 때면 마음이 포근해진다.

　　위낙 문화재 창호 작업만 하는 분이어서 크게 기대하지 않고 툭 던지듯 물었다.

"그럼요. 저 아래 진접에 쭉 같이 일해온 이 사장이라고 있죠."
"다행이네요. 저기 그이한테 스리유리하고, 또 다른 게 있는데……."

소목장에게 '이상한 유리'에 관해 중언부언 하소연을 섞어 털어놓았다.

"내가 한번 전화해서 알아보면 되겠네요."

서울로 내려온 지 몇 시간 만에 연락이 왔다.

"황 사장요, 내가 이 사장한테 물어보니까 그게 '곰보유리'라 한다고 하더만요. 구할 수는 있다고 하네요."
"네? 곰보유리요?"

아, 기뻐하지도 감격하지도 못했다. 허탈한 것도 아니고 그냥 좀 슬펐다. '원형 그대로의 복원'은 문화재 쪽에서 할 일이다. 물론 그분들은 훨씬 오래되고 가치 있는 전통에 전념하시겠지만. 이 집은 문화재도 아니고, 누가 해보라 권유하지도 않았지만 건축주를 포함한 각 주체들은 동네의 살아남아 있는 몇 안 되는 이런, 스리와 곰보유리를 되살리고 계승하고 싶었다.

많은 사람들이 근대문화 혹은 근대건축 등은 애써 외면하면서 대신 우리 삶에서 되도록 멀리 떨어져서 상상하기도, 꾸며내기도 편한 옛것들에 더 관심을 기울인다. 봉건적 왕조에서 근대 시민사회로 거칠게 변화해온 상처가 우리의 일상에 영향을 끼칠 만큼 우리는 여전히 허약한 것인가. 그 시기를 관통했던 식민 지배의 고통 때문에 그 시기의 것이라면 무조건 외면하고 보는 것이 올바른 태도일까. 일제강점기 시절 우리 일상에 들어온 모든 것들을 무조건 일제의 산물이라고 배척하는 것은 바른가.

스리유리 제작업체를 방문했을 때 보니 기계 이름이 'Auto Frosted Machine'이다. 스리유리가 일본 전통기법이 아니고 서양에서 유래한 것일 수도 있다.* 서양의 문물이라도 일본을 통해 들어온 거라면 무조건 배척하는 것이 맞는가. 또한 설사 일본에서 창조해낸 일본 고유의 기술이라 하더라도 당시 살았던 우리 어른들이 독특한 문양과 그림을 통해 우리만의 아름다움으로 승화시켰다면 그건 배척해야 하는 것인가, 품어야 하는 것인가.

근대 도시형한옥 정체성의 일부인 미세기 창호와 스리유리는 최근 10여

* 스리유리를 만드는 sand blast 공법은 서양의 오랜 전통이라고 하는 말이 있다.

년 이래 북촌에서 완전히 무시당하고 있으며, 문화재 쪽에서는 다른 근대 건축물과 똑같이 평가절하하고 있는 분위기다. 한옥 지원금을 주는 권한을 가진 서울시는 북촌이 전통한옥마을로 관광지화 되어가는 걸 권장하는 결과를 초래했다. 이 흐름은 인근 서촌뿐 아니라 전국 곳곳의 '전통'한옥마을 등장의 단초가 되었고, 삶과 떨어지려야 떨어질 수 없는 주거공간인 한옥은 여러 측면에서 최소 100년 이전 즉, 근대 이전의 시대로 돌아가고 있다. 이런 흐름에 휩쓸리지 않고 어락당 만큼은 일상의 주거공간이 갖는 일반적이고 편한 구성요소를 채택하고 시도해보기로 한 것이다. 무엇보다도 곰보와 스리유리는 무척 예쁘다.

방법을 찾았으니 이제 문양 디자인을 할 차례다. 스리유리의 그림은 보통 사군자나 화초도 등 고전적인 주제들이다. 스리유리의 기법을 살리자고 합의는 했는데, 그림까지 예전에 했던 걸 그대로 따라가야 할까? 건축주와 공간 디자이너인 박 소장은 그건 아니라고 입을 모았다.

— 스리유리 그림을 뭘로 할지 고민하게 되다니 즐겁습니다. 처음에는 사군자나 화초도를 떠올렸지만, 그렇게 하면 집이 지어진 1936년을 똑같이 복원하려는 행위가 된다는 생각이 들었습니다. 그렇게 되면 이 집의 기본미학 기준인 '1930년 도시형한옥풍'과 충돌이 될 거라고 생각합니다. 어락당은 1930년 도시형한옥의 미학을 복구하고 전통적 미학을 존중하면서도 생활을 편리하게 할 수 있는 '업데이트한 한옥'이기 때문에 무리하게 옛날 것을 복원하거나 재현하는 것은 무리가 있다고 판단하고 대신에 즐겁고 흥미 있는 그림을 선택하려고 합니다.

박 소장 역시 같은 생각이다.

유리에 그림을 그린다는 형식은 존중하되 그림 자체는 복고로 돌아가는 것보다 시대에 맞는 방식으로 접근하는 게 맞을 것 같습니다. 더욱이 한 사람의 삶을 담아내는 집인지라 그림을 넣어야 한다면 개인의 추억과 역사를 은유적으로 기록하는 게 의미 있는 작업이라 생각해요.

건물에 들어가는 그림이라는 건 건축가의 입장에선 상당히 조심스러운 면이 있긴 합니다. 어떤 구상적 형태를 띠는 그림은 무엇보다도 먼저 시선을 사로잡기 때문에 건물의 조형을 능가하는 의미를 지니게 되거든요. 그래서 전체적인 비례, 자재의 텍스처, 색상, 조명, 이 모든 것에 집중하며 하나의 우주(집)를 만들고 싶어하는 건축가에게 그림은 쉽지 않은 대상이에요. 무엇보다도 일단 그림이 집과 어울려야겠지요. 상징적 의미를 내포하고 주변과 어울리며 목구조인 한옥의 질서와 어긋나지 않는 그림이어야 합니다.

그런 그림을 누가 잘 그릴 수 있을까. 박 소장은 자하문 너머 부암동 사는 백지혜 작가를 추천했고, 건축주도 동의했다. 만난 자리에서 백 작가는 흔쾌히 승낙했다. 동네에서 가끔 인사하며 지내는 사이긴 했는데 자세히 보니 보통 상상하는 예술가의 모습에 가장 가까이 있는 양반이다. 섬세하고, 무심한 듯 호기심 가득 차 있고, 직관이 남달랐고, 날카롭고, 발랄하면서 신중했다. 그래서 더 조심스럽다. 디자인 비용은 이번에는 건축주가 부담했다. 남이 지불한 것은 매번 '많은 금액은 아니었다'.

가까스로 재현한 스리유리창. 유리창 안으로 주인
장이 쓰는 이불이 보이고 유리창의 그림을 카메라
에 담는 내 모습도 비친다.

거실 유리창에 스리기법으로 새긴 서촌의 옛 지도. 시간이 지난 후 건축주는
"햇살이 강한 날, 벽에서 춤추는 스리유리 그림의 그림자들을 보면 정말로 즐겁다"고 전했다.

초겨울부터 닥친 강추위에 현장은 더디게 진행되었고, 백 작가는 생각보다 빨리 디자인 작업을 마무리했다. 실제 크기로 출력을 해 확인을 해보았다. 그런데, 다른 그림은 다 좋은데 대청에 쓰일 지도 그림이 좀 낯설다. 파우저 교수는 대만족이다. 디자인에 관한 어설픈 참견은 뒤로 하고, 진행이나 잘하자고 마음 먹었다. 일단 도안을 제작업체에 보냈다. 백 작가의 원안을 유리 위에 얼마나 표현할 수 있는지가 가장 궁금했다. 선과 점이 많은 것이 유난히 신경 쓰인다.

"90퍼센트까지 맞출 수 있겠는데요?"

제작업체 쪽의 결론이다.

한없이 오묘한,
한없이 까다로운

뭐 하나 까다롭지 않은 것이 없는 건축주는 역시 칠에 대해서도 민감하다.
특히 이웃 누하동 '청전 이상범 가옥'이나 효자동 '해공 신익희 가옥'의 마
감칠에 관해서는 목재의 결도 보이지 않게 탁한 페인트처럼 칠했다며 신랄
하게 비판했다. 자주 동행해서 방문하는 동료들도 질색한다는 것이다. 그
는 큰길가에 있는 카페 민석씨의 기둥처럼 투명한 마감이 이상적이라고 추
천했다. 같이 일을 하기로 한 최연순 사장을 만나자마자 카페 민석씨로 모
시고 갔다. 그는 일을 하다 말고 와서 시간이 없다고 기둥만 들여다보고 되
돌아 나오면서 다시 한 번 확인한다.

"저대로 하면 되죠? 알겠습니다."

많은 말이 필요치 않다. 최 사장에게 제시한 조건은 세 가지다. 첫째, 고
재와 신재의 일치도를 최대한 높일 것. 둘째, 집의 품위와 격조를 위해 되

◀ 고재 색깔에 맞춰 창호를 칠하고 있다.
▶ 여러 가지 색을 섞고 있는 모습.

도록 어두운 색조를 유지할 것. 셋째, 신재의 색감이 탁하지 않을 것. 대신 그가 제시한 금액은 깎지 않고 그대로 합의했다.

겨울 해는 빠르고 일꾼들 몸놀림은 느리다. 강추위가 며칠 계속 되다가 다시 풀려 포근해진 날을 잡아 최 사장이 골목 쪽부터 칠을 하기 위해 현장에 왔다. 가장 먼저 색을 배합하는 일부터 시작한다. 최 사장은 서너 가지 색을 조금씩 섞은 다음 투명 오일스테인을 거기에 다시 섞는다. 마지막으로 시너를 부어가며 농도를 조절한다. 나는 과정을 다 알 필요는 없고, 최 사장이 육송 나무조각을 가져다놓고 거기에 붓으로 살싹 칠을 하면 고개만 끄덕이면 된다. 열 번도 넘게 고개를 가로저었다. 최 사장은 귀찮은 기색도 없이 계속해서 색을 조절해나갔고, 함께 온 이귀녀 여사가 골목 쪽 벽에 보호비닐을 다 붙일 즈음에야 드디어 맘에 드는 색이 나왔다.

"오케이, 이걸로 갑시다."

그냥 투명 오일스테인을 바르면 될 것을 왜 고생을 하느냐고? 고재, 육송 신재, 수입산 목재 등이 섞여 지어진 대수선 집이어서 적당한 색을 맞춰주지 않으면 10년 이상 알록달록한 집에서 살게 될 것이기 때문이다. 물론, 건축주의 요구가 있기도 했다. 그렇다면, 목재에 보통 바르는 밤색 오일스테인으로 통일하면 더 쉽지 않을까.

"유색 오일스테인은 탁해서 못 써요. 시공하기는 쉽죠. 하지만 미세한 나무의 결은 완전히 사라져버립니다."

최 사장은 잘라 말했다. 그렇다. 청전 이상범 가옥이나 해공 신익희 가옥의 목재 칠 마감이 왜 그리 되었는지 알 것 같다. 상황을 구성해보면, 이렇겠다. 고재와 신재를 섞어 보수(대수선)를 한 집이 있다고 하자. 공사를 다 끝내고 이제 칠을 해야겠는데 투명 오일스테인을 바르면 나무의 색을 그대로 보여주니 밝고 어둡고, 붉고 노랗고 서로 달라 좀 웃기는 모양이 될 것이다. 그럴 바에야 차라리 유색(밤색)으로 통일을 시키면 간단하게 마무리할 수 있다고 생각할 수 있겠다. 그렇게 칠해놓고 건축주에게 오일 스테인을 깔끔하게 칠한 거라고 하면 어지간한 건축주도 되었다고 하겠지. 그럼 피차 편하게 마무리되는 것이다. 이것이 관급 문화재 보수현장의 한 단면이라면? 생각하기도 싫다.*

본격적으로 칠을 하기 시작한다. 최 사장과 이 여사는 사다리를 옮겨다니며 부지런히 칠을 한다. 첫째날은 성공이다. 다음 날이 되었다. 아침에 만난 최 사장이 혼잣말로 여러 번 중얼거리는 게 들렸다. 가만히 들어보니 전날 아침에 건축주가 학교에 출근하기 전에 물은 것이 영 섭섭한 듯했다. '고재와 신재가 섞인 집을 해봤는지' 물었다는 것이다. 이럴 때 그냥 듣고만 있으면 안 된다. 심기를 편하게 해드려야 한다.

"정말 그랬어요? 아니, 내가 그냥 지켜보라고 몇 번을 말씀 드렸건만. 그 양반이 좀 그런 데가 있다니까……. 난 우리 사장님이 최고인 것 같아. 어제 색깔 넣은 게 정말 맘에 들어요."

이건 진심이다. 육송 고재에 투명 오일스테인을 칠하면 맑고 투명한 빛이 나는 건 당연하다. 그러나 육송 신재와 홍송 창호에 색을 입혀 고재와 색을 맞추는 건 아무나 할 수 있는 수준이 결코 아니다.

* 보통의 문화재 보수는 교체한 흔적을 남기기 위해 일부러 칠을 하지 않는다. 이 사례는 억지로 통일을 시키려다 보니 생긴 무리한 시공사례다.

"배합 비율을 좀 공개하시면 안 될까요?"

"비밀이고 뭐 그런 건 아니지만, 어제 같이 해보셨잖아요? 그때그때 달라서 공개하는 게 무의미해요. 그냥 밤색(오일스테인) 사다가 쓰시는 게 좋아요."

그때그때 다르다는 말도 맞다. 전날 골목 쪽에 칠했던 색이 하룻밤 지나니 약간 붉은 기운이 올라온다. 그걸 감안해서 마당 쪽 목재에는 붉은색을 줄이고, 검은색을 좀 더 첨가했다. 역시 쉽지 않다. 두 번째날부터는 한 분이 더 와서 기술자가 셋이 되었다. 최연순 사장은 다른 현장에 일이 많아 가끔 자리를 비우고, 신복순 여사와 이귀녀 여사가 내부 페인트칠 기초작업을 시작한다. 안방을 제외하고 내부는 페인트를 바르기로 추가 합의했다.

페인트칠 기초작업 과정은 어렵다. 먼저 '한랭사'寒冷紗라 부르는 천 소재의 얇은 띠를 석고보드 등이 이어진 접합선마다 바른다. 나중에 페인트가 틈을 따라 갈라지는 것을 방지하기 위함이다. 전라도 해남이 고향이라는 신 여사는 자신의 일에 자부심이 강하다.

"특히, 한랭사 붙이는 건 아무 데서나 하는 것은 아니여. 이것도 기술이 필요해요."

"오랫동안 이 일을 하셨겠네요?"

"낼 모레가 30년이여. 근디, 햇수가 중요한 것은 절대 아니여. 첨이 중요해. 첨에 어떻게 배웠느냐가 젤 중요해."

동네 입구에 있는 새로 고친 한옥 모습. 아랫부분 기둥과 수장재는 신재에 갈색 칠, 그 다음 어두운 빛의 보와 도리는 깎기 작업도 하지 않은 칠. 그 위 신재 연목(서까래)은 갈색 칠, 그 위 신재 지붕재는 투명 칠이다. 일부러 이렇게 시공했을까.

한랭사를 붙이면서 동시에 '원빠데'라 하는 과정을 진행한다. 보통 '빠데(퍼티)를 먹인다'라고 말한다. 외부용 핸디코트이고 이걸로 한랭사를 단단히 고정하고 깊게 파인 곳 등을 메운다. 다음이 '투빠데'. 주로 내부용 핸디코트 류이다. 내부용 퍼티putty이며 좀 더 부드러워 도료를 칠하기 전에 매끄럽게 사포질이 가능하다. 투빠데가 건조된 다음 사포질이 끝나면 그제야 롤러와 붓을 사용해 흰색 페인트를 바른다. 신 여사는 바쁜 손놀림 중에도 이 일에 관한 당신 생각을 주저 없이 말씀하신다.

"오래전에 배웠다는 분들도 '나만 잘한다'라는 생각을 버려야 해요. 신기술이 계속 나오니까요. 이 일을 오래 해왔지만 후회한 적은 없어요. 다만 요즘 들어 작업반장들이 젊은 일꾼들만 데려다 써요. 일이 서툴러도 아무래도 편하니까 그런 거겠죠. 그건 거 보면 안타까워요. 과정, 마감까지 알아야 일이 완벽하게 되는 건데. 젊은이들은 그런 사람이 거의 없으니까요."

"일이 대규모라서 한 과정만 알 수밖에 없는 것 같아요."

"그래요. 그래서 이런 소형주택이 많아져야 다양한 기술도 배우고 기술자들이 대우도 받겠지요."

심양이 고향인 이귀녀 여사도 오랫동안 같은 일을 해와서인지 막힘이 없다. 짧은 겨울 해가 뉘엿뉘엿 지며 빛이 색을 잃어가고, 사다리 위에서 욕실의 연등천장을 칠하며 두 분 기술자는 도란도란 이야기를 나눈다. 나는 작업용 간이의자에 쭈그리고 앉아 밀린 SNS를 즐기고 벽 너머 보일러는 크르릉크르릉 낮고 따뜻한 소리를 내며 돌아간다.

한옥의 칠은 힘보다는 섬세한 작업이 많아
주로 여사님들이 작업을 한다고 한다.

내부창호는 최연순 사장이 직접 칠했다. 그는 일을 추진하는 결단력도 있었지만 손이 아주 빠르다.

"사장님은 결혼하고 나서 일을 배우신 거예요?"

"그럼. 아가씨 때부터 이런 거 배운 사람이 어디 있어? 하하하. 아들이 다섯 살 되던 때부터 배우기 시작했지. 서울에서 살림을 시작했는데 중국집을 했어요. 그런데 너무 힘든 거야. 마침 옆집에 칠하는 세화*가 살았는데 따라다녔죠. 그때가 아마 1986년 정도?"

"당시 현장에 젊은 여자분들은 드물었을 텐데요?"

"말도 말아요. 점심 먹으러 '함바'**에 가면 부끄러워서 밥을 제대로 못 먹었다니까."

"한옥 일은 언제부터 인연을 맺으셨어요?"

"중간중간에 니스도 바르고 했어요. 오일스테인을 본격적으로 바르기 시작한 지는 아마 6~7년 정도 되었지요."

"한옥과 양옥 양쪽 모두 중요한 기술을 갖고 계신데, 제자도 키우셔야죠? 하하."

"그런데, 배우겠다는 사람이 와도 아직 조심스러워요."

"왜요?"

"가르치다보면 내가 일이 안 되니까요. 그런데 만약에 아들이 배우겠다고 따라나서면 가르쳐줄 거야. 하하하. 가끔은 부잣집 사모님들도 부러워할 때가 있지요. 칠하는 일이 오히려 남자보다 여자들한테 맞는 일인 것 같기도 하니까요. 예민하고 꼼꼼해야 하는 일이라서. 특히 한옥은 보통 섬세해가지고는 어림없어요."

최 사장의 말은 정확히 맞다. 그가 바르고 있는 오일스테인은 기름 성

---

* 팀의 2인자. 주로 팀의 살림을 맡은 참모 역할.　　** 현장에 있는 임시 식당.

분인 반면, 도배는 풀을 칠해 종이를 바르는 거다. 다시 말해 한식 창호에서 바깥쪽 창살이 있는 부분에는 기름칠을, 안쪽에는 풀칠을 한다는 뜻. 자칫 오일스테인이 창호 안쪽 부분으로 넘어가면 그 위에 붙은 창호지는 금방 떨어지고 말 것이다. 주의 깊게 보지 않거나, 일이 끝난 다음에는 그 꼼꼼함을 절대 가늠하지 못한다. 최 사장은 대화 중에도 쉴 새 없이 창살 틈새를 칠하고, 안쪽으로 넘어간 기름칠은 재빠르게 닦아내면서 수십 번, 아니 수백 번 붓질을 반복했다. 누군가 나에게 이 집의 색이 예쁘다고, 마감이 잘 되었다고 칭찬을 하면 나는 단박에 최 사장의 얼굴이 떠오를 것이다.

한 번 바르면 색을 뺄 수가 없다. 신중하게 칠을 하는 최연순 사장.

시작 전
해체 및 철거   설비 공사   상량식   공간디자인
마무리   도배   칠   집 바깥 꾸미기   인테리어
완공. 그후

세상에서 가장 좋은 것
하나쯤 갖고 싶다면

몇 년 전부터 솜씨 좋은 한옥 도배 기술자를 찾았지만 묘하게 인연이 닿지 않았다. 이 집처럼 작은 주택의 경우 대부분 도배공과 타일공은 을지로나 방산시장 등에서 재료를 구입하면, 시공 당일에 재료와 함께 시공자를 보내주는 게 보통이다. 시공자의 정체를 모르니 운에 따를 뿐이다. 얼마전에는 하자가 생겨 재시공을 해야 했다. 다시 하는 건 그럴 수 있는데 책임의 소재를 따지기가 매우 애매하다는 것이 문제다. 어락당의 도배를 그렇게 운에 맡길 수는 없다. 계속 걱정을 하고 있으니 파우저 교수가 나섰다. 돈암동의 한옥에 사는 피터 바톨로뮤Peter Bartholomew 씨에게 물어 전화번호 한 개를 가져온 것이다. 두 양반은 한옥에 대한 관점이 서로 조금 다르기는 해도 형, 동생처럼 친한 사이다. 냉큼 전화를 걸었고 바로 약속을 잡았다. 현장을 찾은 도배 기술자는 날렵한 몸매에 인상 좋은 초로의 아저씨다. 현장을 대충 둘러보고는 도배지를 직접 가지고 올 테니 미리 사놓거나 하지 말라고 한다.

"피터 아저씨가 소개시켜주신 집이니께 비용은 너무 염려 마시고, 잘해드릴게유."

　부드러운 전라도 말에 충청도가 약간 섞인 걸 보니 역시 전북분인 것이 확실하다. 약속한 날 아침에 도배지와 풀, 필요한 도구 등을 잔뜩 안고 보조공인 듯한 아주머니 한 분과 같이 나타난 분이 '내가 본 최고의 도배장인' 정기철 사장이다. 하지만 그때까지만 해도 그가 어떤 실력자인지 전혀 몰랐다.

　그들이 할 일은 한 평 반 넓이의 안방 도배와 장판, 그리고 내부 출입문과 붙박이장 창호를 합쳐 창호 열일곱 짝이다. 간단히 인사를 마친 후에 곧장 일을 시작한다. '집이 이러네 저러네, 이전 공정이 잘 됐네 잘못 됐네' 이런 말이 나오기 시작하면 그는 하수下手다. 앞선 공정이 수없이 쌓여 드디어 마지막 공정까지 왔기 때문에 마감을 맡은 사람은 앞부분에 관해 이런저런 지적질을 함으로써 자신의 책임을 미리 피해가려는 유혹에 빠지기 쉽다. 그 유혹에 빠지는 이는 하수, 유혹에 흔들리지 않는 이는 상수上手다. 물론 나의 기준으로 그렇다는 것이다.

　그가 먼저 한 일은 칠 공정의 기초작업과 같다. 벽과 천장에 퍼티를 발라 면을 고르게 하고 칠이 된 곳을 사포로 일일이 벗겨낸다. 방문 안쪽 문틀을 최연순 사장더러 칠하라고 했던 게 너무 후회가 될 만큼 보조공 아주머니가 한나절 동안이나 문지르고 또 문질렀다. 약간이라도 기름기가 묻어 있으면 벽지는 반드시 떨어진다는 것이다. 칠할 때 최 사장한테 들었던 이야기 그대로다.

"한지 도배 자체가 공이 많이 드는 일이에요."

함께 온 분은 정 사장의 부인인 임연식 사모님이다. 오후가 되자 정 사장이 일의 과정에 관해 조곤조곤 설명을 시작한다.

"첫 번째는 이렇게 기초작업을 하고요, 끝나면 한지 초배지初褙紙를 바르지요. 이 초배지도 좋은 걸 써야 하는데, 예전 모그룹 회장님의 부친 댁에 갔는데 첫날 가져간 초배지를 보고 나서 허락을 하더라고요."

"그러니까 종이가 다르다는 거네요?"

"그렇죠. 초배지부터 좋은 걸 써야 완성도가 높아지죠. 초배지를 바르고 나서 운용지雲龍紙를 바릅니다. 그리고 마지막으로 정식 도배한지를 바르죠. 이때 한지는 보통 이합지二合紙를 씁니다. 그런데 이렇게 3중으로 바르는 건 약식이에요."

이게 무슨 소리인가. 벽에 종이를 세 겹씩이나 발랐는데 약식이라니. 그럼 정식은 뭐냐고 솔직히 물어볼 엄두가 안 났다. 대신 질문을 돌린다.

"정식으로 하면 많이 비싸겠는데요?"

"좀 비싸죠. 전통한지로 제대로 했을 때는 비용이 세 배쯤 됩니다."

작은 안방에만 한지 도배를 하기로 한 게 얼마나 다행인가.

"보통은 다들 이 정도 약식으로 합니다. 이 정도도 좋은 게 이 도배지는 시간이 오래돼서 교체할 때 겉껍질만 벗기면 되거든요. 싸구려 한지는 떼어내기가 오히려 어려워서 결국엔 비용이 더 들어가고요."

말없이 한지 위에 풀칠만 하시던 임연식 사모님이 한말씀 거든다.

"꼼꼼한 피터 아저씨가 집 구경 오셔서 우리집하고 다르네, 하실까봐 그 집하고 똑같이 꼼꼼하게 하고 있어요."

"하하하. 피터 아저씨도 여기 집주인처럼 꼼꼼하신가봅니다?"

"그럼요. 일하러 가면 우리가 오히려 배워요. 한옥 두 채를 얼마나 열심히 관리하는지. 깎기도 직접 하세요."

"그 먼지가 진동하는 깎기를요?"

"문살도 사포질해서 칠 다 하고요. 우리들이 몇 번 버리고도 남을 해진 옷 입고 작업하는 것 보면 존경스러워요."

안방 천장을 가로질러 노출되어 있는 도리를 건축주는 싸 바르자고 했다.

"그것이 맞습니다. 원래는 초배용 순지(순한지)로만 하면 서너 겹 발라야 해요. 여긴 두 겹만 바르고 도배지로 마감할게요."

정기철 사장은 전통종이의 고장 전주가 고향이다. 스무 살 때 상경해서 공무원생활을 잠깐 하다 곧 그만두었다 한다. 당시 외가 쪽이 완주군 송광면에서 장판공장을 했는데, 그걸 받아서 납품하는 일을 하다보니 자연스럽게 현장을 관리하게 되었고 그렇게 기술을 습득하기 시작했다. 거기에다 안국동에서 표구 기술을 배워 고급 기술을 익혔다고 한다. 표구하는 일이야말로 종이를 붙이는 최고의 기술이라는 최진희 사장의 말이 떠오른다.

"1977년인가 1978년도에 반포 주공아파트 지을 때 본격적으로 도배를 했어요. 당시에는 초배만 해주고 입주자들이 도배지는 알아서 했지요. 그 뒤로 석계역 동신아파트 짓고, 홍제동 돌산 위에 거 뭐냐 아파트 지을 때도 했지요."

"당시에는 주로 아파트를 많이 하셨네요?"

"좀 하다가 이제 좋은 집들을 하게 됐어요. 기억나는 일이 있는데, 5공 시절 일이에요. 당시 문광부 장관인가 하는 집에 도배하러 갔다가 고가 다 이아반지 분실사고가 있었어요."

"그래서요?"

"날마다 불려다니면서 조사받느라 곤욕을 치렀죠. 일하는 사람들이 다섯 명이었는데 서로 의심도 하고 그랬죠. 허허. 결국 그 집 고모가 범인이었더 라고요."

정 사장은 '도배는 집주인과 신뢰관계가 기본'이라고 한다.

"일꾼 없다고 아무나 데려다 쓰면 안 됩니다."

도배는 시공 이후에도 계속 손을 봐줘야 하는 일. 그래서 시공 당시 관계 자뿐 아니라 집주인과도 끈끈한 관계를 유지해야 한다. 사흘째 되는 날, 드 디어 도배지를 바르기 시작했다. 문틀은 모서리 약 한 푼分을 남기고 감싸 바르고, 사방 두 자尺 정도 되는 한지는 서로 오 푼分가량 겹쳐서 발랐다. 사모님이 풀을 발라 건네주면 정 사장은 그 종이를 양 손에 받쳐들고 춤을 추듯 몸을 비틀며 한 장 한 장 붙여나갔다. 작은 방 하나를 바르는 데 하루 종일 걸렸다. 아니 사흘 걸린 셈이다. 이런 비현실적인 일이 또 있을까. 그 들의 작업을 본 후 나는 새로운 세상을 접했다. 색 중에는 '고귀한 흰색'이 존재한다는 것을 알았고, 지금까지 본 도배는 한지도배가 아니라는 것을 깨달았다.•

안방 도배를 마치고 다음 날은 창호지를 바른다. 이른 아침에 일을 시작 했는데 30분째 말이 없다. 현장에는 정적이 흘렀다. 나는 전날 카페 민석씨

• 『아름지기의 한옥 짓는 이야 기』에서 지은이는 이를 '젖빛'이라 표현했다.

1. 초배용 한지를 바른 후 운용지를 재단하고 있는 모습.   2. 풀칠을 전담하는 임연식 사모. 칼질을 할 때는 옆에서 잡아주기도 한다.   3. 도리에 순지를 바르는 모습.   4·5·6. 창호지를 바르는 모습. 창호지를 바를 때도 세 번 겹쳐 바르는 순서는 똑같다. 7·8. 정기철 사장이 장판지 기초작업을 하고 있다. 장판지를 바르는 일보다 이 일이 더 시간이 많이 걸리고 중요해 보인다.

에서 공짜로 얻어온 빵이 생각났지만 차마 부스럭거리며 꺼내지를 못했다. 이윽고 임 여사님이 말문을 열었다.

"이 문짝 안팎으로 다 발라요?"

"네."

또 다시 정적. 움직이는 발소리와 종이 위에 풀을 바르는 빗질, 칼질, 헤라(퍼티 나이프) 긋는 소리뿐. 침묵을 견디지 못하고 내가 입을 연다.

"두 분은 언제부터 서로 존대를 하게 됐어요?"

"처음부터 그랬죠."

임 여사가 먼저 답을 하니 정 사장님이 이어 설명한다.

"내가 이 사람에게 '칠해'라고 명령조로 말하면 다른 사람들이 어떻게 생각하겠어요?"

기술의 완성은 인격 아닐까. 인격까지 성숙한 장인만이 진짜 존경받을 수 있다. 돌아가신 스승인 최철호 어른의 제자로서, 한지도배의 맥을 잇는 몇 안 남은 장인으로서 그는 자격이 충분해 보였다.

"그런데 창호지가 엄청 크네요?"

내부 출입문은 좌우 폭이 넓은 편이어서 보통 창호지로는 한 장으로 붙이지 못한다.

"아, 이건 전주에서만 나는 건데, 폭이 다섯 자에 길이가 일곱 자짜리예요. 보통 궁궐에서나 쓰이는 거죠."

이틀 동안 창호지를 다 발랐다. 도배와 창호지 시공이 끝났을 때 현장에 온 박지민 소장은 흥분해서 목소리가 저절로 높아진다.

"너무 완벽해서 다른 요소들을 일순간에 수준 이하로 전락시켰어요. 이 부조화를 어떻게 하죠?"

마지막 공정인 장판지 바르기가 아직 남아 있다. 장인의 솜씨를 더 볼 호사가 아직 남아 있다.

"장판지 바르기가 제일 힘들어요. 항상 서서 일하다가 쭈그리고 앉아서 일하기도 그렇고. 남자라 앉아서 일하기도 익숙치 않죠."

이렇게 말하면서도 정 사장은 방바닥 실금이 간 곳을 한지 띠로 여러 번 겹쳐 바르고 난 후에 순(한)지로 초벌 바르기를 시작하더니 그 위에 운용지를 바르고, 또 한 번 더 운용지를 바른다.

"제대로 하려면 이렇게 다섯 번을 발라야 해요."
"순서대로 다시 한 번 말씀해주세요."
"처음에는 막초배지를 바르고요. 다음엔 한지 봉투바름. 봉투바름이란 사방 끝단에만 풀을 칠해 바르는 걸 말해요. 마치 봉투처럼. 그 다음엔 부직포 봉투바름. 이건 장판지가 터지는 걸 방지하기 위한 거구요. 다음에 운용지를 두 번 바르고 마지막으로 장판지를 바르죠. 벽지 바르는 거와 거의 똑같죠?"

정 사장은 상세하게 설명을 하면서, 방바닥 황토마감이 깔끔하고 하자 없이 좋다고 칭찬을 했다. 방바닥 전용 황토 모르타르를 썼다고 하자 황토 바닥은 자칫 장판지의 접착력을 이기지 못하고 들고 일어나서 장판지가 이리저리 굴러다니는 일도 생긴다고 한다.

마지막날 아침. 정기철 사장이 장판지를 가져와서 보여준다. 기름에 절어 누렇게 변한 종이 장판지다. 아주 비싼 건 아니지만 오랫동안 묵혀서 제대로 기름을 먹은 거라고. 방바닥 면적이 크지 않아 가져올 수 있었다고 한다.

"아마 아마유와 들기름을 섞어 썼을 거예요. 요새 콩댐은 너무 비싸서 엄두를 못 낼 거고요. 이나마 생산하는 업체도 아마 전국에 두세 곳 정도?"

정 사장은 기름먹은 장판지에 한 장 한 장 정성스럽게 물을 발라 한 나절 이상 그대로 두어 누글누글해지게 만들었다. 미리 발라놓은 기초가 마르고 마지막으로 장판지를 사방 한 치† 정도 겹치게 바른다. 그러고 다시 장판지가 바짝 마르기까지 며칠 동안 방을 데워놓은 다음 반질거리는 칠을 한다.

"장판지에 칠하는 일은 칠쟁이보다도 도배쟁이가 하는 게 나아."

정 사장이 주장하니, 최연순 사장이 반박한다. 알고 보니 오래전부터 서로 왕래하는 사이다.

"보통은 도배쟁이가 바르는데, 그래도 칠은 칠쟁이가 해야지."

이번엔 최 사장이 칠을 하기로 한다. 그는 장판지 위에 사포질을 한 다음 먼지를 완전히 제거하고 바니시를 바른다. 누렇고 미끌거리는 이 종이 장판지는 사실, 건축주보다는 집을 방문하는 이들에게 추억인지 애틋함인지 이 둘을 합친 건지 가슴 속에 따뜻한 아랫목으로 다가오는 것 같다.

세상에서 가장 좋은 것 하나쯤 갖고 싶은 욕심이 누구에게나 있을 것이다. 누군가에게는 축구공이, 휴대전화기가, 노트가, 의자가, 옷이, 또는 자동차가 되겠지. 만일 가장 좋은 걸 갖고 싶은 게 작은 집이라면 전통한지로 그가 만들어내는 방을 욕심 내시라. 비용은 방 도배와 장판, 창호지 재료와 시공 인건비, 경비를 모두 합쳐 300여 만 원이었다. 피터 바톨로뮤 아저씨의 소개여서 좀 저렴하지 않았을까 하는 심증은 있다.

고궁한지,
전통과 현실에 발을 딛고 종이를 만들다

정기철 사장이 가르쳐준 창호지 제작업체 '고궁한지'를 찾은 건 집을 다 짓고 나서도 계절이 두어 번 바뀌고 난 가을이다. 공장의 위치를 가르쳐주는 전화 목소리는 그리 호의적이지 않다. 자부심이 아주 높거나 아니면 그냥 촌스러운 대면법이다. 어쨌거나 긴장했다. 전주천을 끼고 가다 한옥마을이 마주 보이는 야트막하고 한적한 마을로 접어들어 모퉁이에 자리 잡은 공장은 상상보다 깔끔하다. 널찍한 사무실에는 수십 종류의 한지가 진열되어 있다. 60은 넘었을 거라는 예상은 빗나갔다. 젊어 보였다. 자신을 서정철이라 소개하고 마주 앉았다.

"저는 연세가 아주 많으실 거라 생각했습니다."
"목수님도 생각보다 젊으시네요. 많은 분들이 나이 많고 오래 해야 이런 일을 잘할 거라고 생각하시죠. 시골에서 만들어야 전통이라는 생각이 그렇듯이 말이죠."

짜릿한 첫 문답이다.

"유난히 커다란 창호지는 여기서만 생산한다고 해서 궁금했습니다."
"그건 창호지가 아닙니다. 그림을 그리는 종이입니다."
"저는 커다란 문에 맞추기 위해 특수하게 제작된 창호지인 줄 알았거든요."

"채색화를 그리는 전문 분야의 종이입니다. 한국화를 그리는 학생들의 실기 시험이 100호 크기죠. 그래서 종이 제작은 120호로 했다가 다시 130호 크기(약 150×215cm)가 된 겁니다. 한지 제조가 살아남은 건 각 전문 분야의 수요가 조금씩 있었기 때문이에요. 서예용 화선지도 해서, 행서, 초서 쓰는 종이가 나뉘어져 제조되니까요. 지금은 미술 시장이 줄어들었는데, 갑자기 궁궐에서 창호지로 이걸 쓰기 시작해서 지금은 유일하게 경복궁 쪽과 직거래를 하고 있습니다. 몇 년 전에는 중국에서 수입산이 들어온 걸 보고 우리는 원료 품질과 기술을 한 단계 올려서 가격을 인하하기보다는 오히려 인상하고 아예 품질표시를 압인壓印으로 찍어서 국내산과 중국산을 구분했습니다."

"그럼 원래 창호지라는 건 어떤 종이였습니까?"

"원래 창호지는 한지 중에 가장 질이 떨어져도 되는 종이였습니다. 반면에 출판, 그림, 글씨 등의 원료는 고와야지요. 창호지는 거칠면서 질겨야 합니다. 다른 종이가 고우면서 밝은 것과는 반대죠. 그리고 창호지는 집이 양옥으로 바뀌면서 1980년대 후반 들어 전멸했습니다. 그 이전 1970~80년대가 종이의 전성기였다고 할 수 있습니다. 그때 일본에서 우리나라 종이를 가장 많이 수입했죠. 사실 우리 종이에 관한 자료는 일본이 더 많이 가지고 있습니다. 물론 당시 생활 수준이 높아지면서 그림과 글씨를 위한 종이만으로 시장이 재편되기도 했고요. 일본은 서예용 화선지 시장이 워낙 크지 않습니까? 그들이 쓰는 건 화선지인데 닥(한지의 원료)이 15~20퍼센트, 펄프가 80퍼센트 정도예요. 그 기술을 우리에게 가르쳐주고 제조하게 해서 다시 수입을 하는 구조였어요. 지금 우리와 중국과의 관계가 그렇죠."

"그럼 당시에는 전주에 제지공장들이 많았겠네요?"

"이 동네 전체가 한지공장이었어요. 지금은 궤멸되었습니다. 아까 들어오시면서 보셨는지 모르겠는데, 동네 입구 삼거리에서 자판기 커피 드시고 있는 노인네들이 계셨을 거예요. 그분들이 당시 소문난 장이들이었어요. 이곳에서는 창호지 따위는 만들지 않았습니다. 전주 종이는 굉장히 수준 높은 것이었어요. 소지燒紙* 하나만으로도 전국 최고 장인이 있었거든요. 순창 장날 거상들이 모여

---

* 제사나 고사 때 쓰는 종이.

들면 대단했습니다. 그런 전주의 전통과 기술력이 지금의 저를 만든 거라 생각해요. 이 공장 자리도 3대째 제지공장이었는데, 당시 여기서 일을 하지는 않았지만 어른과도 친분이 두터웠어요. 그런 역사성을 살리고 싶어 인수를 했죠."

1980년대 초반부터, '넘의집살이'*로 배우기 시작해 10여 년 후에 사업을 시작했다고 한다. 종이의 전성기와 몰락기를 짧은 시기에 겪었음이 틀림없다.

"어려운 시기에 어떻게 성공적으로 사업을 이끌어오시게 된 겁니까?"
"중국과 태국을 수없이 다녔습니다. 경쟁력 없는 것은 과감히 철폐하고, 경쟁력 있는 분야를 개발했죠. 그리고 공장을 16년 전쯤에 중국으로 이전했고요. 지금은 거의 중국에서 만듭니다. 아마 현재 유통되는 종이 중 80퍼센트 정도는 중국 생산일 겁니다. 그런데 진짜 중요한 건 원산지가 어디인가보다, 어떤 원칙을 지키느냐 하는 것이라 생각해요. 간단합니다. 한지에 관해 전통이라고 생각하기 이전에 제조에 관한 근본적 마인드로 봐야 하는 겁니다. 현실적인 기능에 맞추지 못한 종이 생산은 도태될 수밖에요. 요즘 종이 만드는 분들은 스스로를 예술가라고 생각하는 것 같습니다만, 저는 그냥 종이를 만드는 사람입니다."

비단 종이뿐이랴.

"한지에도 워낙 많은 종류가 있던데 어떤 걸 선택해야 하는지 도통 모르겠습니다."
"가장 먼저 구분해야 할 것은 손으로 만들었는지, 기계로 만들었는지가 될 테죠. 사면이 깨끗하게 재단되어 있거나 롤지(둥글게 말아진 종이)는 저의 기준으로는 한지가 아니라 봅니다. 두 번째로는 닥 100퍼센트 여부입니다. 손으로 만든 것 중에 닥이 100퍼센트인지가 중요합니다. 그 다음이 국산이냐, 수입산이냐 하는 것입니다. 창호지, 도배지 등 건축용 자재는 특히 수입닥이든 국산닥이든 닥의 함량이 100퍼센트인지 여부를 확인해야 합니다. 저는 태국산닥도 좋다고 봅니다."

"좀 더 쉽게 설명을 해주신다면?"

"인사동이나 종이가게에 가서서 '좋은 거 없어요?'라고 물으면 실패할 가능성이 많겠죠. 대신 중국산이든 국산이든 딱 100퍼센트짜리를 달라고 하면 창호지나 도배지로는 괜찮을 겁니다. 앞에서도 말했지만, 중국산이 대부분이라는 걸 이제 인정해야 합니다."

완고한 현실주의자로 판단되는 그가 현재 그 자리의 공장을 유지하는 이유는 동네의 역사 말고도 한 가지가 더 있다.

"중국에 공장을 세웠다는 건 기술이 그쪽으로 넘어갔다는 말과 같습니다. 저에게 중국에 알려주면 안 되는 종이, 우리가 이어가야 할 종이가 있어요. 적자여도 이 자리에 공장이 있는 이유죠. 물론 중국 공장에서 이익을 내니까 직원들 월급은 밀리지 않고 있습니다. 하하. 중국 종이는 볏짚이나 갈대, 대나무를 주원료로 사용하기 때문에 섬유 하나하나가 아주 작아서 질기지는 않지만 흡수력이 좋고 번짐이 좋아서 서예용 화선지에 적합합니다. 그런데 100년도 채 못 가요. 고려지, 즉 한지는 500년도 갑니다. 거칠어도 보존성, 통풍성 같은 것이 비교 불가니까요. 일본도 인정하고, 중국도 인정하는 그 종이 기술을 규명하고 과학적으로 복원하기 위해 전주 시청에서 시험성적 평가를 했는데, 첫 번째 평가에서 저희가 우수한 성적을 거뒀지요."

쓴소리도 마다하지 않는다.

"어떤 분들은 가끔 찾아와서 연구한다며 기술을 배워갑니다. 그리고 몇 년 후에 보면 공장을 차려놓고 제조하다가 망해요. 그런 분들은 그냥 연구만 하면 될 것 같아요. 아까 전화 왔을 때 불친절했던 것이 그런 분들이 아닐까 해서였습니다. 하하."

이것이 쉰셋, 비교적 젊은 나이임에도 전통과 현실에 양쪽 발을 굳게 딛고 종이를 만드는 사람, 서정철 사장이 강조한 제조업자의 마인드였다. 끝으로 물었다.

"여기서 만드는 한지를 구하려면 전화를 하면 됩니까?"
"저희는 소매는 안 하고요, 인사동에서 사시면 됩니다."

"차양을 안 하면 말이야,
모자 안 쓴 신사 같은 것이야"

차양은 서울에서 오래 산 몇몇 분에게는 익숙하겠지만, 대부분은 용어조차 낯설 것이다. 차양은 한옥의 지붕 끝에 가벼운 금속인 함석이나 동판을 매달아 처마를 길게 내밀고, 빗물을 받는 역할을 한다. 물받이라고 부르기도 한다. 운현궁 등의 한옥에는 목재로 만든 차양이 있다. 그런데 한옥에 차양이 어울리는 건가. 집을 한창 짓고 있던 초겨울 오후, 누상동으로 이사 가신 이전 집주인 홍기석 어른이 구경하러 오셨다가 마침 골목 막다른 파란 대문 한옥에서 나오시는 어른과 만나셨다. 두 분은 오랜 이웃이셨으니 반갑게 인사를 나누신다. 그러고는 곧장 나에게 고개를 돌리신다.

"차양은 언제 할 건가? 차양은 꼭 해야지. 차양을 안 하면 말이야, 모자 안 쓴 신사 같은 것이야."

아마 이 동네 한옥에서 오랫동안 살아오신 분들은 다들 비슷한 생각일

275

것이다. 한옥과 차양이 서로 조화되지 않는 요소인 건 분명하지만, 이 어른들이 살아온 개량한옥, 근대 도시형한옥이라면 이야기는 좀 달라진다. 앞에서도 인용한『한국의 주택, 그 유형과 변천사』에 나온 글을 인용한다.

— 도시형한옥은 개량한옥이라고 불렸다. 여기서 개량이란 이전 시대에 사용된 재료와 비교해서 새로운 재료가 사용된 것을 의미한다. 이때 새롭게 사용된 재료란 벽돌과 유리 그리고 함석이었다. 김홍식은 새로운 재료를 사용해 새로운 도시형한옥을 건축할 수 있었다고 말한다.

> 새로운 재료로서 함석이 저렴하게 공급되자 낙수받이 처마홈통을 달게 되고, 30년대부터는 처마 내밀기를 짧게 하여 지붕의 하중을 줄이는 반면 함석 차양으로 처마 내밀기를 대신하였다. 함석의 장점은 물매를 최대한 낮게 할 수 있고 물매의 방향이 자유로웠으므로 추녀 끝을 하늘로 더욱 치켜들 수 있었다. (중략). 싼 유리의 대량공급으로 대청이나 툇마루에는 미세기 유리문을 설치하여 여름철에만 이용하던 마루의 이용 기간을 확대시켰다. 또한 다량의 우수한 벽돌 공급은 마루 밑 고막이 등 쥐를 막는 데 이용되었을 뿐 아니라 굴뚝은 물론 자연석 혹은 사괴석, 화장담 상부에 장식으로까지 광범위하게 사용되었다. – 김홍식,『민족건축론』, 한길사, 1976, p283.

위와 같이, 적극적으로 변화하고 진화한 일상의 주거공간이었던 도시형한옥과 한 배에 올라탄 소재들 중 유리·벽돌 등은 이후 현대 건축 쪽으로도 급속하게 발전해갔지만, 함석으로 만든 차양만큼은 그렇지 못했다. 1960~70년대 이후 한옥의 몰락과 함께 차양도, 차양 기술자도 점차 사라지게 되었던 것이다. 차양의 원천인 함석 기술도 얼마 못 가서 사출 플라스

• 『한국의 주택, 그 유형과 변천사』, 128~132쪽.

틱의 등장으로 몰락했다.

　오늘날의 한옥을 다시 돌아보자. 얼마전 통인동의 한옥 대수선 현장에 온 문화재 전문가 한 분은 이렇게까지 말한다.

　"한옥 처마가 너무 짧으니 기둥을 안쪽으로 물려서 처마를 길게 확보하면 좋겠다."

　"아자창호는 일본에서 유입된 것이니, 전통한옥에 어울리지 않아."

　조선 후기의 실학 사상으로부터 출발한 주거의식의 변화는 개화기를 거치며 제도 정비, 위생 환경, 채광과 환기 등으로 구체화 되었다. 도시형한옥은 개항과 함께 외래문화와의 교류, 서양인들이 개조한 한옥의 영향으로 전통한옥이 진화한* 근대적 주거공간이다. 그러나 오늘날은 그 가치뿐 아니라 외형적 구조에서도 앞의 문화재 전문가의 인식처럼 철저히 외면당하고 있다. 그렇다보니 근대 한옥을 삶의 근거로 삼아온 노동자, 기술자 들의 흔적 역시 소리 없이 사라져 가고 있는 것이다.

　한옥은 다시 환영받으며 지어지고 있으나 시대의 가치도, 사람도 존중받지 못하고 있는 지금, 차양 역시 도시형한옥에서도 낯선 단어가 되어버렸다. 어락당에는 차양을 달았다. 동네 어르신의 말씀이 아니더라도 차양을 달 생각이었다.

　겨울 공사는 속도가 안 난다. 예정보다 몇 주가 훌쩍 지나서야 차양 시공

옥인동의 잘 고쳐진 한옥인 '북성재'의 차양 모습.
가장 잘 만든 차양으로 보인다.

을 할 수 있었다. 두 사람이 작업을 하는데 그 중 한 분인 오해근 사장은 일 요일이라 교회에 가고 함께 일하는 안홍식 씨(67세)가 사다리 위에 올라가 일을 시작한다. 동판으로 만든 차양은 가게에서 제작을 하고, 현장에서 설 치를 한다.

"몇 년 정도 일을 하신 거예요?"
"한 50년 되었지, 아마. 고만할 때가 되었어. 다리도 아프고."

오 사장은 차양뿐 아니라 덕트duct, 동판 일 등도 배워 함께 하는데, 당신 은 한옥에 차양을 달아매는 것만 안다고 덧붙였다.

"50년이면 음, 서울 토박이신가요?"
"그럼요. 지금은 통인시장 옆에 사는데, 예전에는 사직동에서 살았지. 풍 림아파트 짓는 바람에 나는 이쪽으로 이사 와서 계속 일을 할 수 있었고, 그때 같이 했던 이들은 모두 뿔뿔이 흩어졌어."

그는 잠깐씩 회한에 잠긴 표정을 비칠 뿐, 사다리를 쉴 새 없이 오르락내 리락 하면서 차양을 붙여나갔다.

"지금은 동판으로 하는 일이 많아. 그러니까 함석 기술자들은 다 사라졌지."
"지금은 어르신 말고는 한 분도 없으세요?"

다양한 현대식 차양의 한 종류. 일본식으로 보이기는 하지만, 일 본 주택은 이보다 더 단순한 형 태가 많다. 오른쪽은 서양식 건 물에 어울리는 각진 물받이다.

사실, 어르신은 아니다. 사다리를 오르내리며 왕성하게 현역에서 활동하는 분에게 어울리지 않는 표현이다.

"한 사람 있는데, 박현우 씨라고. 성북동에서 많이 한다고 하더라고요."

그렇다면 이 분이 동네에서 거의 유일한 차양 역사의 증인이라는 말 아닌가. 일요일에 문을 여는 식당이 많지 않다. 가까운 중국집 청우로 모시고 갔다. 그는 간짜장을, 나는 오랜만에 잡채밥을 주문했다.

"어렸을 때부터 일을 배우셨겠어요?"
"그렇죠. 아버지한테 배웠으니까. 아버지는 근동에서 워낙 유명한 분이셨어요."
"가업이었네요."
"난 아버지 기술 따라가려면 아직 멀었어요. 기술이라는 건 한도 끝도 없어. 그래도 어떡해. 조금만 더 하다가 그만 둬야지."

그는 곧 그만두겠다는 말을 여러 번 거듭했으나, 간짜장 한그릇을 바닥까지 싹싹 다 비우시는 걸 보니 아직 한창 때(?)인 것 같다. 그 말을 입밖으로 꺼내지는 못했다. 대신 깊은 데서 뭔가 치밀어 올라왔다. 오후에 홈통을 만드는 일을 교회 갔다 온 오 사장이 도왔다.

"옛날 분들은 둥근 홈통만 하셨던 거예요. 순전히 경험으로 이어 붙였던

작은 수평계로 물받이의 물매를 확인하는 안홍식 어른.

거죠. 그래서 간단한 공식만 외워서 하면 되는 사각 홈통을 꺼려 하시죠. 반면에 요즘 기술자들은 사각만 할 줄 알아요. 둥근 홈통은 아주 어려워해."

그러고보니, 안홍식 어른은 둥글게 말아진 통을 이리저리 맞춰가며 요령 있게 잘라 이어 붙인다. 그건 눈으로 익힌 기술이다. 마당에 내려온 짧은 홈통이 네 번이나 꺾였는데 그게 계산으로는 안 되는 거다. 맞다. 목수가 나무를 결구(연결)시킬 때도 둥근 목재가 훨씬 어렵다. 대문 입구에 만든 홈통은 위는 둥글게, 아랫쪽은 사각으로 만들었다. 오 사장이 설명을 보탠다.

"같은 넓이라면 사각이 더 얇아져서 아래쪽은 납작하게 만들었어요. 약간이라도 더 벽에 붙어줘야 하니까."

한옥과 얽힌 이 분들의 삶과 기술이 인간문화재의 그것과 얼마나 다르며 '전통'이라는 것과 얼마나 거리가 있는 걸까. 한옥을 바라볼 때 지붕 끝에 달린 차양의 섬세한 모양과 이음에까지 시선이 닿는다면, 그리고 그것에 담긴 도시형한옥과 노동자들의 숨소리를 같이 느낄 수 있다면, '진열된 한옥'이 아닌 '삶 속에 살아 있는 한옥'을 마음속으로 받아들인 것으로 볼 수도 있겠다.

마을토박이 차양 노동자와의
한낮 인터뷰

어느 일요일 오전, 작업이 없는 거실은 겨울 햇살이 깊숙이 들어와 제법 포근하다. 현장 문을 열고 갑자기 오해근 사장이 고개를 들이민다. 그 시간이면 교회에 있어야 하는 양반이? 교회 갈 준비하다 부인과 한바탕 말싸움 중에 옷을 말쑥하게 차려입은 채로 현장으로 도피했다고 한다. 예전부터 마음먹고 있었지만, 아직 듣지 못한 그의 이야기를 끄집어낼 절호의 시간이 왔다.

"일단, 내가 제일 궁금한 것이, 함석이 뭡니까?"
"그거요? 철판 두께가 1.2밀리미터 이하로 아연 도금한 게 함석이고, 1.6밀리미터 이상은 보통 철판이라고 하죠. 그리고 함석은 납땜, 철판은 용접으로 하는 거구요. 한옥 물받이, 식당 후드, 빌딩이나 공장의 공조 덕트 등이 함석으로 만드는 것들입니다."
"언제부터 이 기술을 배우셨어요?"
"파주가 고향인데, 초등학교 졸업하고 이 동네에 와서 배우기 시작했어요. 스승님한테서 5년을 배우고 딴 길로 갔죠."
"딴 길이라뇨?"
"함석 차양 기술은 당시 사양 산업이었죠. 대신 덕트 같은 일들이 각광받았고요. 그런데, 방망이질, 가위질은 알겠는데 (함석) 재단하는 건 전혀 달라서 바닥에서부터 다시 배웠어요. 그러면서 전국을 돌아다녔지요."

"그런데 왜 돌아오셨어요?"

"결혼을 하고 정착을 해야 했어요. 돌아오니 스승님이 병환으로 일손을 놓게 되었고, 그래서 물려받았죠. 벌써 16~7년 되었네요'."

"그동안 한옥이 많이 없어졌을 텐데요?"

"한옥만 없어진 게 아니죠. 함석집도 절반이 사라졌더라고요. 일 배울 때는 동네에 여남은 곳이나 있었는데. 또 하나는 연탄을 땔 때는 함석이 연탄가스에 금방 삭아서 빠르면 3~4년마다 교체를 해야 했는데, 연탄을 안 때니 당연히 함석 차양을 교체해줄 필요가 없었던 거지요. 나는 지금까지 동판 기술이나, 덕트 등 신기술('?)을 배운 덕택에 근근이 가게를 유지했고요."

"그런데 요새 만드는 차양은 옛날 차양처럼 예쁘지가 않아요."

"그럴 수밖에요. 한옥 지붕선은 일자가 아니잖아요? 이게 현대적인 개념으로 보면 당연히 일자라고 봐야 하는데, 밖으로도, 위로도 곡선이 진행돼요. 그래서 한옥은 늘 눈으로 관찰하고, 두 번 세 번 확인해서 제작하고 설치해야 하죠. 그런데 이걸 요즘 기술자들이 공식대로만 만들어서 붙이니 이쁘지가 않죠."

한옥의 안허리 곡선과 앙곡을 정확히 이해하고 적용시키는 기술자였다.

서촌에서 쉽게 볼 수 있는 차양들. 한옥의 특성을 전혀 살리지 않을 뿐더러 자체 완성도도 많이 떨어진다.

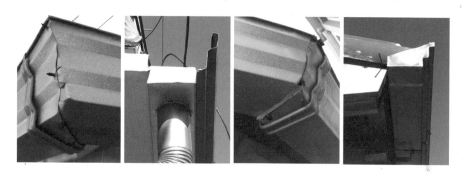

"공식이 없다는 거죠?"

"공식대로 하면 차양이 꺾어진다니까. 물론 공식이 기본이긴 해도 그걸로 안 되는 게 있어요. 납땜 기술, 방망이 기술, 망치 기술, 가위 기술 등 각종 테크닉에 기술자의 노하우, 경험 등이 어울려야 한옥 지붕의 차양이 부드럽게 휘어지는 거예요."

"지금도 옛날 기술 그대로 합니까?"

"기계의 도움을 받기는 하지만, 전적으로 의존하지는 않아요. 예를 들면, 일반적인 차양의 모양과 내가 만드는 차양은 약간 다른데 그게 전통적인 수작업으로만 하는 거예요."

"뭐가 다릅니까?"

"자세히 보면 알아요. 우선 동판을 꺾어 올리는 게 직각이 아니라 60도예요. 그리고 맨 끝 모서리가 밖으로 동글게 말아져 있죠? 그걸 '미미'라고 하는데 그게 또 기술이거든요."

완벽하게 옛방식을 재현하는 것까지는 아니어도 그는 분명히 차양 기술을 온전히 전수받은 데다 신기술까지 익힌 흔치 않은 젊은(?) 기술자였다.

과거 차양은 지붕선을 따라 부드러운 곡선을 유지하고 있다. 잘 보면 제작 품질도 요즘 것들과 비교할 수 없을 만큼 훌륭하다.

"머리가 좋아서 금방 배우고 졸업해 기술을 익히는 것도 좋아요. 하지만, 옛 기술을 이어받는 것은 어렵지요. 옛 형식과 내용은 오랫동안 보고 배운 사람만이 알 수 있어요. 또 그런 사람은 남을 우습게 알지 않아요. 나는 잡부한테서도 배워요. 아, 예전에 배웠던 거였는데 기억이 안 나 고생하다가 그들이 상기시켜주거든요."

이런 철학을 가진 이와 함께 집을 짓다니 참 다행이다. 그는 교회에서 가족들이 돌아올 때가 되었다고 일어났다.

"사모님한테 잘해주세요."
"난 잘해야지. 그 사람이 건강이 안 좋아서 걱정이에요. 집안일도 같이 하긴 하는데. 차양 제작하는 걸 남한테 맡기고 싶어도 예민한 기술이라 못 맡겨. 지금도 없어져버린 기술이 얼마나 많은데."

그날 교회에 가지 않았지만 마음은 평안했고 일주일이 흐뭇할 것 같았다.

차양(물받이)의 단면 중에서 중간 부분은 부드러운 곡선 대신 60도로 꺾어 접는다. 그러나 끝부분은 옛 기술 그대로 동글게 말아 전통을 계승하고 있다.

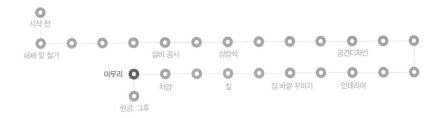
방도 만들고 유리도 끼우고,
조명도 달고 주방가구도 들이고

방을 만들 때 가장 중요하게 생각한 건 바닥 단열이다. 맨 아래 깨끗한 마사토를 채워 높이를 맞춘 후 시멘트 모르타르로 버림 타설, 그 위에 두꺼운 비닐을 깔고 50밀리미터 단열재, 그리고 기포 콘크리트 시공을 했다. 누군가는 순서가 다르다고 할지도 모르겠다. 그 위에 난방 장치를 하고 황토 미장으로 방바닥을 만들었다.

　보일러를 가동시켜 방바닥을 완전히 말린 후에 안방은 앞에서 설명한 대로 한지 장판을, 거실과 주방 등은 강화마루를 시공했고, 대문 앞과 우측 바닥은 벽돌을 세로로 나란히 놓아 튼튼하면서 자연스러운 느낌을 주도록 했다.

　화장실과 세탁실의 바닥과 벽면 타일은 박 소장이 지인에게서 샘플을 골라왔는데, 너무 비싼 이태리산이었다. 을지로에 가서 가장 비슷한 색깔의 중국산으로 죄다 바꿨다. 시공은 미장 이필식 사장의 소개로 온 허주연 사장이 맡았다.

왼쪽부터 단열재와 기포 콘크리트 시공 모습.

왼쪽부터 난방 파이프와 황토 미장을 하는 모습.

거실 강화마루 시공. 대문 앞 벽돌 시공을 하는 이 미장. 시간이 지나자 대문 앞 벽돌 틈새로 이끼가 올라와 더 자연스러워졌다.

집을 완성해가는 동안 많은 일꾼들이 힘을 보탰다. 창호를 설치했던 동부건구의 박성희 부장은 완도 보길도 태생으로 초등학교를 졸업하고 상경한 이후 30여 년을 황영식 사장과 함께 해왔다고 한다. 놀라운 경력이다. 그의 손길이 닿지 않은 궁궐은 없을 거라고 한다. 누마루와 쪽마루, 대문은 전재옥 목수가 아들과 함께 지방 현장에서 올라와 설치를 했다.

외부 미세기 창호에 유리를 끼우기 전날은 잠이 오질 않았다. 창호공방과 제작공장에서 샘플만 보았을 뿐, 스리유리도 곰보유리도 직접 설치를 해보지 않았으니 말이다. 과연 상상했던 대로 결과물이 나와줄까? 공사가 거의 끝나가는 어느 맑은 겨울 아침, 수십 장의 작은 조각 유리를 잔뜩 싣고 '제일유리'의 이광복 사장이 드디어 골목에 도착했다. 이 분은 원래 냉동기사 출신인데 IMF 이후 매형을 도우면서 이 일을 시작했다고 한다. 보통 유리하는 분들에 비해서는 경력이 짧은 편이라고. 작년에 옥인동의 박노수 가옥 보수 때도 유리 일을 했고, 경교장·인천 제물포구락부 등 주로 근대 문화재급 건물들이 그의 손을 거쳤다. 그가 곰보유리 한 장, 스리유리 한 장 순서대로 창틀에 끼워넣기 시작했다. 여느 기술자들과 똑같이 말은 없고 손놀림은 자연스러웠다. 손바닥만 한 크기의 곰보유리를 붙잡고 고정하다 아차! 바늘처럼 가느다란 실타카 핀이 검지손가락을 찔렀다. 피가 묻어나기 시작했다. 호들갑 떨지 말자. 그도 나도 이 정도는 익숙한 현장 풍경이니까. 곧이어 골목 쪽 첫 번째 유리창이 자리를 잡았다. 이번엔 천천히 호주머니에서 휴대전화 카메라를 꺼내들었다. 그날의 날씨만큼, 처음 곰보유리를 보았던 순간처럼 투명하고 반짝였다.

조명이 한옥의 아름다움을 더 밝혀준다는 건 강조하지 않아도 될 것이다. 지금까지는 그저 '가격과 모양이 적당한' 등기구를 사서 달아놓는 것에서 벗어나지 못했다. 게다가 그 '적당한 등기구'조차 한옥에 어울리는 상품은 찾아보기 힘들었다. 정갈해야 할 방의 분위기를 한지로 만든 조명등, 전

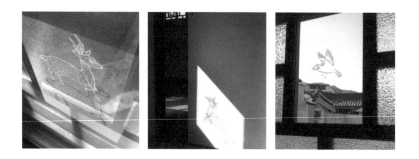

통 문양을 흉내낸 목재 조명등 같은 게 오히려 망치는 것도 많이 봐왔다. 한옥의 내부를 원목으로 감싸 과하게 치장하는 것이나, 대목이 짠 어설픈 목가구, 이미테이션 전통가구 등을 즐비하게 늘어놓는 것과도 일맥상통한다.

그러나 그런 문제의식을 느끼는 정도까지가 내 한계다. 그걸 해결하는 건 다른 이의 몫. 일을 맡은 박 소장은 전기 배선도와 조명의 종류, 불빛의 색 등 대부분을 해결했다. 가장 까다로운 건 실내 공간의 중심인 거실의 조명을 어떻게 할 거냐였다. 박 소장은 처음엔 벽면 간접 조명을 빼고, 중앙에 팬던트등으로 하자고 했다가, 배선이 다 끝난 막판에 가서야 양쪽 벽에 스팟등을 다는 게 좋겠다고 했다. 한옥 연등천장의 조명 디자인은 결코 쉽지 않다. 3년 전 누하동 집을 고칠 때 그 집의 건축주가 이용했던 을지로의 조명 전시장을 다시 찾았다. 전부터 각 공간에 어울리는 조명기구를 오랫동안 찾아온 박 소장은 카탈로그에서 최소형 등기구만을 찾기 시작했다. 건축주, 명래 씨도 머리를 맞대고 하나하나 결정을 해나갔다.

"등이 아파트 방 기준이라 작은 게 없어서 고르기가 아주 어렵네요."
"서재는 하얀 빛으로, 식탁은 노란 빛으로 하기로 했죠? 누마루에는 가장 작은 한지등을 달기로 하죠."

등기구를 다는 건 전기 박 팀장의 일이다. 콘센트와 스위치를 다 달고 욕실, 주방부터 순서대로 등을 달아나오다 드디어 논란이 많았던 거실 등을 달기 시작했다. 스팟등을 거실 벽에 두 개째 달고 나니 크기와 마감 형태가 예상했던 것과는 너무 달랐다. 건축주도, 박 소장도 없어서 일단 중단을 시켰다. 마침 옥인동에 사는 박민영 씨가 건축가 김원 선생을 모시고 집 구경을 왔다. 마감 공사로 어수선한 내부를 꼼꼼하게 들여다보시며 좋은 말씀을 해주시다 설치하다 만 스팟등을 발견하고는 물으신다.

"저거 계속 설치할 건가?"

"아, 아닙니다. 그러니까 그게, 저도 고민이 되어서요."

선생은 더 이상 말씀이 없으셨지만, 항상 미소 짓는 특유의 표정이 살짝 굳어신 것만으로도 저건 아니었다. 실내 디자인 전문가이기도 한 박민영 씨가 마치 자기 일인 양 의견을 제시했다.

"저기에 T-5를 달면 참 예쁘겠다."

"그렇죠? 아무래도 T-5가 더 어울리겠죠?"

서둘러 맞장구를 친다. 건축주도 존경하는 동네 어른이 다녀가신 걸 좋아하고, 박 소장도 기꺼이 동의했다.

이제 주방이다. 작은 한옥에 어울리는 실용적이면서도 조화로운 주방을 어떻게 만들어낼지 건축주와 디자이너인 박 소장은 오래전부터 서로 의견을 교환하고 공부를 해왔다. 박 소장이 기성 제품들의 획일적인 패턴을 싫어하는 데다가 건축주도 거기에 가세하는 바람에 주방가구를 제작하는 일은 시간을 끌면서 한 달 이상을 지체했다. 건축주는 보통 인조대리석 싱크대 상판 대신 원목 상판으로 하고 싶다고 욕심을 냈다. 어지간히 값비싼 주방가구도 마감 격인 상판에서 격을 떨어뜨리기 때문이라고. 누하동 골목의 작고 예쁜 펍 바르셀로나 주인인 황 사장에게 원목과 주방에 관해 물었다. 그이만큼 꼭 맞는 조언자를 어디서 찾을 수 있을까. 그는 얼마전 가게를 열 때 작은 주방을 만들었을 뿐더러 오랫동안 원목 가구 제작자였다.

주방 디자인 안을 놓고 꼼꼼히 확인하는 자리. 주방가구는 모든 내부 시설 중에 시간이 가장 오래 걸렸다.

"원목 상판은 기본적으로 찬성하지 않아요. 하지만 꼭 하고 싶고, 물을 많이 쓰지 않는다면 시도해보세요. 대신 도장을 아주 잘해야 해요."

"그럼, 어디 가서 사야……?"

"음, 유림목재도 괜찮고, 또……."

나는 가구에 쓰이는 목재에 대해서는 문외한이다. 그는 전문가답게 정확하고 필요한 조언만 했다.

"그리고 여쭤볼 게 또 하나 있는데, 주방 제작업체는 맘에 드셨어요?"

"네, 소개해드려요?"

그렇게 '아트 주방가구'의 이진성 사장을 만났다. 이 사장은 이후 건축주의 까다로운 요구사항에 곤욕을 치르기도 했지만, 마무리까지 훌륭하게 해내서 젊은 주방업자의 책임 있는 실력을 보여주었다. 알고 보니 17년 경력의 베테랑 기술자였다. 주방 싱크대 앞에 걸린 검은색 철망은 건축주, 명래 씨와 셋이 을지로를 헤매고 다니다 발견, 1만 원에 사서 걸었다.

주방이 워낙 작아 식탁 놓을 공간이 없다. 박 소장은 세탁실 맞은 편 창가에 1인용 테이블을 놓자고 했다. 그런데 기성 제품은 크기도 맞지 않고 질감에서 만족감을 주기 어렵다는 판단이 들었다. 주방 상판을 하드우드 Hardwood 원목으로 제작했는데, 식탁은 합판 재질로 하고 싶지도 않았다. 유림목재에서 주방 상판을 고를 때 건축주가 탐을 냈지만 비싸서 포기한 '아프젤리아'와 색감이 가장 비슷해 보이는 참죽나무를 사용해 직접 식탁

철망으로 조리기구들을 정리했다

용 테이블을 제작하기로 작정했다. 참죽나무 역시 귀한 목재여서 구하기가 쉽지 않다. 마침 남원에 내려가 있는 최진희 사장이 근처를 수소문 해서 구해온 10년 묵었다는 참죽나무 판자를 박 소장이 대패질과 집성*을 하고 내가 현장에서 위치에 맞게 잘라 설치를 했다. 말하자면 이 테이블은 이 집에서의 마지막 일이자 건축주에게 우리가 건네는 선물이었다.

◀ 최 사장이 구해 온 참죽나무 원목.　▶ 설치된 주방 가구

* 나무판자를 나란히 붙이는 일.

해체 및 철거 · 설비 공사 · 상량식 · 공간디자인

마무리 · 차양 · 칠 · 집 바깥 꾸미기 · 인테리어

완공, 그후

어락당,
새 주인을 맞이하다

집 앞 골목의 단골식당 '칼국수와 빈대떡'에서 가까운 분들과 모여 작은 행사를 했다. 박수와 환호 속에서 건축주에게 새로 맞춘 대문 열쇠를 건네주고, 악수와 포옹을 했다.

어락당 완공 후 지난 열흘 남짓 마을분들과 상량식 때 오셨던 손님들, 그동안 관심을 갖고 지켜봐오신 분들께 집을 개방했다. 그동안 파우저 교수는 혼자 광장시장에 가서 이불을 새로 해왔다. 28만 원 정도 들었다고 하니, 골목 어른들은 비싸게 한 것 같다고 참견을 하기도 했다.

집주인은 마당 앞의 회벽 담장을 어떻게 꾸밀까 오래 고민하다가 한글 타이포그래픽 디자인의 개척자 안상수 선생이 디자인해주신 일명 '하하나무'를 설치했다. 이 과정에는 '안그라픽스'의 선임연구원인 노은유 박사의 수고가 있었다. 집이 조금 알려져 『한옥문화』*를 비롯해 몇몇 월간지에도 소개되고 여러 분들께서 집을 찾기도 했다.

완공된 후 파우저 교수가 집에서 열리는 관련 모임에 오라며 몇 번 청했지만 응한 적은 없다. 집에 대해 할 이야기가 남아 있지 않기 때문이었다. 대신 그와는 동네에서 가끔 만나 철 지난 농담이나 주고받으며 시간을 보낸다. 아, 가끔보다 '자주'가 더 맞는 것 같다.

10년 전, 그러니까 2003년 이맘때쯤 경상북도 안동에서 곡수제曲樹濟라 부르기도 하는 한성기 목수를 만났다. 그는 나이 차이 많지 않은 같은 세대 목수였지만, 비교하자면 석기 시대의 돌도끼나 다름없는 손도끼, 대자귀, 자귀 등을 자유자재로 휘둘러도 기계 연장을 쓰는 나보다 일이 더 빠르고 깔끔했는데, 밤에는 중국고전을 읽고 한자 쓰는 일도 게을리 하지 않았다. 그는 당시 '나는 법은 배웠어도 어디로 날아야 할지 몰라' 고민하는 후배 목수에게 딱히 뭔가를 가르쳐주지는 않았다. 그저 한마디를 던졌을 뿐이다.

양금택목良禽擇木

좋은 새는 나무를 가려서 깃들인다는 뜻이다. 이 말의 뜻을 10년이 흐르고 나서야 깨달았으니 초보 시절 어른들 말씀처럼 배움이 많이 느린 편은 맞는 것 같다. 늦은 만큼 더 얻은 게 있다면 새·나무·갑·을, 그게 무엇이든 열쇠를 건넨 다음 날부터 건축주와 업자와 노동자들 모두 원수 아닌 친구가 되었다는 사실이다.

어락당에서 보낸 첫밤

• 로버트 파우저 Robert J. Fouser

이삿짐이 다 들어왔다. 사람들이 모두 돌아가고 홀로 방에 앉았다. 집 정리는 끝이 없다. 피곤해서 잠깐 쉰다. 거실에 앉아 천천히 집을 둘러본다. 간접조명으로 밝아진 서까래를 바라보고 있으니 어락당에 산다는 느낌이 처음으로 든다. 완공하고 나서 이사 오기 전까지 약 열흘 동안 집을 공개하면서 많이 머물렀지만 그때는 어쩐지 이곳이 모델하우스 같은 느낌이었다. 그런데 이제야말로 이곳이 앞으로 내가 살 집이라는 생각이 든다. 가만히 앉아 있자니 조금 허탈하기도 하다. 마치 박사 논문을 제출하고 난 뒤의 기분이랄까.

기쁜 마음은 뭐라 말할 수 없다. 2011년 1월, 위치가 마음에 들어 이 집을 처음 산 뒤 구체적으로 어떻게 해야 할까 오랫동안 고민을 했다. 그랬는데 공사가 잘 끝나 집이 새롭게 태어나서 무척 기쁘다. 더 기쁜 것은 집을 짓는 과정이다. 집을 짓기 위해 수많은 사람과 소통을 해야 했다. 모두 즐거웠다. 공사가 끝난 뒤 누구에게도 섭섭한 마음이나 아쉬움이 없고 오히려 집 짓기 이전보다 서로 더 친해졌다는 느낌이 든다. 집을 통해서 사람을 얻었다는 만족감이 크다. 동네 주민으로부터 멀리 사는 건축과 학생까지 어락당 덕분에 새로운 사람을 만났고, 오래전부터 알던 사람을 다시 만나게 되었다. 집은 사람이 사는 곳이다. 그렇기 때문에 집을 통해 많은 사람

들과 즐겁게 소통을 하면 이 집도 즐거워진다. 그런 기쁨과 만족감으로 마음이 따뜻해진다.

공사하는 동안 사고가 없었다는 것도 정말 다행스럽다. 집 짓는 일은 몸으로 하는 일이라 사람이 다칠 위험이 항상 있다. 아무도 다치지 않고 마무리가 되어 다행이다. 그리고 자금이나 다른 문제 때문에 계획에 차질이 생겨 곤란한 일도 없었다. 지난 12월 초 갑작스런 한파로 예정보다 조금 늦어지긴 했지만 그것 말고는 크게 어긋난 것이 없다. 생각할수록 기쁜 일이다.

집 구석구석을 보고 있으니 집 짓는 과정 그 자체가 큰 공부였다는 사실을 깨닫는다. 책이 아닌 현장에서 직접 보고 들은, 집중적인 체험학습을 한 셈이다. 한옥에 대해 공부도 많이 했고, 그 공부를 통해 새로운 세상을 알게 되었다. 거실 천장 한가운데 자리 잡은 보를 바라보는 마음도 각별하다. 다른 한옥에 비해 조금 작다고 황 목수가 바꾸는 것이 어떠냐고 제안을 했는데, 내가 그냥 그대로 쓰고 싶다고 해서 지금 저 자리에 그대로 있게 되었다. 다른 집들을 가볼 때 보를 유심히 살펴봤는데 그때마다 역시 내 결정이 좋았다는 생각이 들었다. 갈수록 화려해지는 한옥의 유행에 반하는 것이긴 하지만 이 집이 태어난 1936년부터 이 집 천장에서 집을 지켜온 보를 크기가 조금 작다고 해서 바꾸고 싶지는 않았다. 오래된 나무가 주는 운치도 마음에 들었다.

쉬다가 짐 정리를 하다가 다시 쉬기를 몇 차례. 짐이 들어오면 집이 달라 보일 거라는 말은 맞는 이야기다. 짐이 차곡차곡 쌓이자 그동안 보아온 어락당과는 조금 다른 느낌이다.

밤이 깊었다. 잠자리에 들어야 할 시간이다. 광장시장에서 사온 이부자리를 폈다. 온돌에서 잠을 자는 건 몇 년 만이다. 방바닥이 아주 따뜻하다. 1980년대 처음 한국에 왔을 무렵, 추운 겨울날 온돌방에서 귤을 먹던 어느 날 밤이 떠오른다. 시간이 벌써 이렇게 흘렀나, 싶다. 어락당의 상량식날도 떠오른다. 돌이켜보아도 즐겁고 신나고 좋았던 시간이다. 이 집에는 늘 사람으로 가득했는데 홀로 잠이 들자니 낯설기도 하다. 그동안 집을 짓느라 몸과 마음이 모두 가득 찬 느낌이었는데 일이 다 끝났으니 내일부터는 무척 심심하겠다는 생각도 들고, 어락당을 짓는 그 과정도 이제 흘러가는 시간 속으로 들어간다고 생각하니 왠지 고독하다. 언제인지 모르게 깊고 따뜻한 잠 속으로 빠져든다.

"한옥의 기본은 조화와 균형이죠. 이걸 제대로 알아야 좋은 집을 지을 수 있어요."

• 집주인 로버트 파우저 교수와 도편수 황인범 목수 대담

책 편집이 한창 막바지에 이르고 있을 무렵, 집주인인 로버트 파우저 교수와 저자이자 어락당의 도편수인 황인범 목수가 만나 집에 관한 이야기를 유쾌하게 나누었다. 어락당을 지을 때의 이야기를 나눠보자고 마련한 자리였는데 이야기는 어느새 한옥 그 자체에 관한 두 사람의 생각, 한옥을 좋아하는 이들과 나누고 싶은 이야기로 빈져나갔다. 같은 동네에 머물면서 어제도, 그제도 만나 수다삼매경에 빠지는 것이 일상인 이들에게 새삼 어떤 주제를 가지고 이야기를 나누자고 했던 것이 애초에 무리한 일이었다는 생각이 들었다. _ 편집자 주

황인범(이하 황 목수)　　　어락당에 사신 지가 벌써 1년이 넘었습니다. 한옥에 사시는 게 처음은 아니시지만 그래도 직접 지은 집에서 사시는 건 좀 다를 것도 같은데 어떠셨어요.

로버트 파우저(이하 파 교수)　　　무엇보다 역시 좋은 점은 계절의 변화가 그대로 느껴진다는 점이에요. 이건 꼭 어락당에 살아서만은 아니지만 겨울에 문을 닫고 있어도 공기가 쾌적하고, 여름에는 문을 활짝 열고 있으면 다른 집보다 훨씬 시원해요. 집을 지을 때 수납공간에 대한 고민을 많이 해서 집이 작다는 느낌이 덜 든다는 건 확실히 어락당의 큰 장점이죠. 후회스러운 점을 굳이 꼽으라면 누마루가 좀 애매해요. 집을 지을 때는 누마루에서 많은 것을 할 줄 알았는데 생각보다 활용도가 좀 떨어져요.

황 목수　　　누마루는 아마도 한국사람들에게 남아 있는 좌식문화의 가장 대표적인 형식이 아닐까요. 교수님은 아무리 일본과 한국에서 오래 생활했어도 완벽한 좌식문화에는 익숙해지지 못하셔서 그런 게 아닐까 싶어요. 태생적

으로. 하하. 저는 이 집 지으면서 누마루 공간에 대한 기대가 있었어요. 건축사님이 누마루를 설계했을 때도 일은 좀 많겠지만, 속으로는 굉장히 기뻤어요. 제가 사는 집에 누마루가 있었다면 여름철에는 거의 거기서 살았을 겁니다. 시원하고 바람도 잘 통하고 살에 닿는 나무의 느낌들도 좋으니까요. 그런데 교수님께서는 그렇게까지는 못하시는 것 같더라고요.

파 교수 누마루, 무척 좋죠. 발바닥에 닿는 느낌을 저도 좋아해요. 교토에서 살던 집에도 다다미방이 있었죠. 그런데 발바닥에 전해지는 바닥의 느낌이나, 누마루의 개념 등을 지금 거실 있는 데로 했으면 어땠을까 가끔 생각해요. 제가 생각하기에 누마루 활용도가 떨어지는 건 접근성의 문제가 아닐까 싶어요. 생활공간과 떨어져 있으니까 아무래도 가기가 번거롭죠.

황 목수 교수님 말씀은 상당히 큰 시사점을 주시는데, 저는 접근성 부분에서는 생각이 좀 다릅니다. 원래 누마루는 생활공간이 아닙니다. 아시다시피, 남자들만의 접대공간이나 남자들이 거기서 따로 노는 공간이었죠. 지금의 거실은 가족이 같이 사용하는 공동공간인데, 누마루는 그야말로 남자들만의 공간이었단 말이죠. 다시 말해 집안일은 저쪽에서 다 하고 남자는 제한된 공간에서 나 혼자 놀겠다, 그런 의미로 만들어진 곳이라는 거죠. 지금 어락당의 누마루 위치는 그런 의미에서 거기에 지어진 겁니다. 애초에 집 중심부에서 가장 멀리 떨어져서 나 혼자 독립적으로 있기 위해 만든 공간이라는 거죠. 그런데 누마루가 생활공간으로 들어와야 한다는 교수님 말씀을 듣고 보니 그럴 법도 하다는 생각이 드네요. 제가 뭐 건축 역사를 공부한 건 아닙니다만, 예전의 전통한옥에서는 사랑채하고 안채가 구분이 되어 있었죠. 누마루 형식은 사랑채와 같이 있었고요. 시간이 흐르면서 사랑채가 안채와 합쳐졌지요. 그러다보니 요즘 짓는 한옥들은 누마루가 집 한쪽 끝에 딸려 있는 구조가 된 겁니다. 교수님 말씀은 이게 더 생활공간 안으로 들어와야 한다고 하시는 건데 개인적으로 생각해볼 만한 지점인 것 같습니다.

파 교수   처음부터 이런 점이 논의가 되었다면 집 구조가 바뀌었을 수도 있을까요?

황 목수   아니, 그렇지는 않습니다. 설계자의 의도와 같이 제 생각에도 어락당에는 지금의 그 자리가 맞는 거 같습니다.

파 교수   나는 고민이 좀 되었을 거 같아요. 처음 집을 지을 때만 해도 여러 가지로 자신이 없었어요. 거실을 마루로 할까, 생각했다가 그러면 난방은 어떻게 하나, 하는 생각에 마음을 바꿨거든요. 그런데 지금은 자신감이 좀 생겨서 어떤 문제든 기술로 극복을 할 수 있었을 텐데, 라는 생각이 들어요. 안 해본 일이라 그때는 정말 여러 가지로 자신이 없었어요.

황 목수   한옥 내부에서 공간의 변화는 실험적으로 시도해볼 만합니다. 교

수님께서 이런 말씀을 안 해주셨더라면 제가 설계자는 아닙니다만, 다음 집에서 또 누마루를 한쪽 끝단에 만들자고 하겠지요. 하지만 이 공간은 생활공간이 아니지 않습니까? 이 공간을 어떻게 사용하겠다는 목적에 맞게 위치를 고민하겠지요. 따로 노는 공간으로 쓰겠다, 하면 지금처럼 두면 되겠지만 생활공간으로 쓰고 싶다면 교수님 말씀처럼 해야 하는 겁니다. 집 안으로 들어와야지요.

생각해보면 전국적으로 수없이 많은 한옥들이 지어지고 있는데요. 그 한옥들의 가장 기본적인 형태가 꺾은 기역자 집이고, 그 꺾인 부분에 누마루를 만드는 방식이에요. 그런데 그 누마루를 제대로 쓰는 집을 거의 본 적이 없어요. 그건 우리 문화가 변했기 때문일 겁니다. 집 안에서 남자들만의 독립적인 공간이 이제는 거의 필요가 없잖아요. 거기에서 남자가 따로 손님을 접대하고 시간을 보내거나 하는 것에 익숙하지 않으니까요.

파 교수 결국 지금 집에서도 누마루는 장식적인 요소가 큰 게 아닌가 싶어요. 굳이 장식이라면 필요없는 것이죠. 그 개념을 자연스럽게 생활공간 안에 놓는 게 좋을 거 같아요. 그래서 만약에 집을 다시 짓는다면 지금 거실은 마루로 하고, 다른 공간도 조금씩 다르게 했을 것 같아요.

황 목수 누마루 말고 또 불편한 점은 없으십니까.

파 교수 부엌이 좀 작아요. 이 부분은 몰랐던 건 아니니까 어쩔 수 없긴 하지만 익숙하지 않은 요리를 할 때 공간이 좁으니까 불편해요. 그런데 또 좋은 점도 있어요. 익숙한 요리를 할 때는 어느 정도 공간이 필요한지 아니까 오히려 좁은 것이 효율적으로 편리할 때도 있어요. 그리고 다락을 못 만든 것이 아쉬웠어요.

황 목수 워낙 바쁘셔서 요리를 잘 안 하시는 분이 그런 말씀을 하시니 굉장히 의외군요. 요리를 해서 드시기는 합니까.

파 교수 요리는 거의 안 하죠. 하하하. 그래도 부엌이 좀 더 컸으면 뭔가 다른 요리를 자꾸 하고 싶은 마음이 더 들었을 거예요.

황 목수　아까 다락 문제도 말씀하셨죠.

> "한옥이 좁아서 불편하다고 하는 분들이 많은데
> 과연 그렇게 큰 공간이 반드시 필요할까요?" 로버트 파우저

파 교수　이 집은 원래 낮은 집이니까 구조적으로 안 될 거라는 건 알고 있었어요. 그래도 살아보니까 역시 옛날식 한옥의 다락이라는 공간이 굉장히 좋았겠구나, 생각했어요. 계절 옷, 겨울이불 큰 거, 잘 안 쓰는 짐은 다 다락에 넣을 수 있었을 테니까요. 이 집처럼 낮은 집이 아니면 다락을 만들고 빌트인처럼 수납공간을 하지 않으면 비용은 오히려 줄어들 것도 같은데요?

황 목수　다락도 있고 수납공간도 있는 것이 실은 이상적이지 않겠습니까? 디자인적인 면에서도 그렇지요. 그런데 비용이 아무래도 많이 들어요. 하지만, 좀 더 생각했으면 좋았을 텐데 저 역시 아쉽습니다.

파 교수　다락을 잘 만드는 것이 좋습니다. 한옥을 지으려는 분들이라면 다락을 꼭 생각해보시라고 말씀 드리고 싶어요.

황 목수　한옥에 사시면서 생활습관을 바꾸신 것은 따로 없으세요? 하긴 일본에서도 오래 사셨고, 이전에도 한옥에서 사신 적이 있으니까 새삼스러울 게 없을지도 모르겠습니다.

파 교수　맞아요. 거의 없어요. 이미 좌식생활은 익숙해졌어요. 그리고 일본은 공간이 굉장히 작잖아요. 좁은 곳에서 사는 게 익숙해져서 큰 냉장고,

김치냉장고 이런 게 저는 필요가 없어요. TV도 없으니까 거실도 클 필요가 없죠. 그래서 특별히 습관을 바꿀 필요는 없었어요. 한옥이 좁아서 불편하지 않느냐고 물어오는 사람들이 많아요. 아주 넓은 아파트에 사는 한국인 친구가 있어요. 그 집에 가끔 놀러가면 거실에 아무것도 없어요. 소파 있고, TV 있고 가운데 테이블이 있죠. 그 집에서 친구하고 과일을 먹거나 술을 마실 때 보면 거실에서 작은 상 하나 놓고 둘러앉아 먹고 마셔요. 한옥에서처럼 생활하는 거죠. 서양처럼 소파에 남자 둘이 나란히 앉아 술 마시는 경우 별로 없잖아요. 한국사람들은 서양식 주거공간에 살고 있지만 아직까지도 한옥에 맞는 생활을 하고 있는 게 아닌가 생각이 들죠. 그 집에서 작은 상 하나 놓고 앉는 공간이나 저희 집에서 상 놓고 둘러앉는 공간이나 별 차이가 없어요. 그런데 남은 공간의 차이가 엄청난 거죠. 과연 그렇게 큰 공간이 꼭 필요한 걸까요?

황 목수　한국사람들이 거실을 크게 만들어놓는 이유는 거실을 일종의 마당의 개념으로 여기기 때문이라고 책에서 읽은 기억이 있습니다. 거실의 창을 크게 만들어 계절감을 느낄 수 있고, 가족 공동의 활동을 하는 곳으로 쓰이기도 하지요. 차이라면 한옥의 마당은 아파트의 거실보다는 춥다는 것인데 이거 말고는 그 역할이 비슷하다는 생각이 듭니다. 어쩌면 그래서 아파트에 살다가 한옥으로 이사를 와서 살면 생각보다 별로 불편하지도 않

고, 행동상의 제약도 크게 느껴지지 않는다는 분들이 가끔 계십니다. 이를테면 이미 거실 공간이 마당의 역할을 해주고 있고, 그래서 상대적으로 변화를 덜 느끼게 되지 않을까 생각을 해보긴 합니다. 한옥은 그런 마당이 있어서 건물 내부가 좁다는 느낌도 밖에서 볼 때보다는 좀 줄어들고요. 그런데 이 집 살면서 겨울을 나셨는데 춥지는 않으셨어요?

파 교수　이 집은 남향이고 수리를 잘해서 별로 춥지는 않았어요. 물론 아파트보다는 좀 추울 수 있어요. 그런데 그 대신 공기가 순환이 되는 셈이잖아요. 춥다는 건 바람이 들어온다는 말인데 그 덕분에 확실히 집 안 공기가 탁하지 않아요. 아파트에서는 아침에 일어나면 방에서 냄새도 좀 나고 답답하잖아요. 그래서 환기를 시키는 건데 이 집은 그런 게 없어요. 그러니까 얻는 것도 있고 잃는 것도 있는 셈이죠. 조금 더 춥지만 얻는 것도 있으니까 그것을 이해하고 알아야 한옥에서 편하게 살 수 있어요.

황 목수　집 지으시면서 맘에 안 들지만 넘어간 부분은 없으세요?

파 교수　큰 건 별로 없고 작은 건 좀 있어요. 이건 다양성의 문제이기도 해요. 대표적인 게 철물장식과 조명이었죠. 너무 다들 비슷비슷해서 고르느라 고생했어요. 한옥이 많이 지어진다는데도 철물 장식은 다 똑같아요. 이 집에 어울리는 디자인을 찾고 싶은데 고를 수가 없는 거죠. 종류가 아예 몇 개 없으니까. 그리고 한옥에 어울리는 등을 달고 싶었는데 마찬가지로 종

"한옥은 조화와 균형이 중요한 집입니다.
개성 있는 집을 지으려면 양옥을 짓는 게 맞아요.
한옥에서 짓는 사람의 개성을 드러내려다가는 반드시 공간 안에서
충돌이 일어나요." 황인범

류가 너무 없는 거예요. 요즘 창조경제라는 말이 많이 나오는데 다양성이
전제가 되어야 창조도 하는 거 아닌가요. 물질적 다양성 속에서 창의적인
사회가 되는 거예요. 제가 생각하는 모양이 이런 것이다, 그러면 다 수입품
이라고 하니까 한옥 지어놓고 수입품을 달아야 하나, 이런 게 답답했어요.
황 목수님은 이 집 짓고 아쉬운 점이 혹시 있으셨어요?

황 목수　　저는 별로 없습니다. 집을 다 짓고 나면 정말이지 마음이 완전히
떠납니다. 그래야 그 다음 집을 지을 수가 있거든요. 하하. 잘했구나 하는
점이 혹시 있다면, 모든 사람과, 심지어 이웃들과도 친구가 되었다는 겁니
다. 결국에 사람이 남은 건가요?

파 교수　　한옥을 지으면서 한옥이 꼭 지켜야 할 점이 있다면 뭐를 꼽으시겠
어요?

황 목수　　단순하게 대답할 문제는 아닌데요. 이 부분에 대해서는 수많은 사
람들의 수많은 생각들이 있습니다. 사실 온 국민이 한옥전문가 아닙니까?
하하하. 구체적인 것보다는 제가 오랫동안 생각해왔던 것을 말씀 드리자면
한옥을 폭넓게 해석해도 그 기본적인 요소는 조화와 균형이라고 봅니다.
조화는 주변의 자연, 주변의 건물, 주변의 역사와의 조화를 말하는 겁니다.
균형은 그 집 자체로서의 균형을 말하는 거고요. 파우저 교수님께서도 항
상 강조하는 부분이지만, 한옥은 최소한 개성을 자랑하는 공간은 아닌 것

같습니다. 한옥에서는 개성이 먼저가 아니고 개성을 드러내고 싶어도 균형 안에서 꾀해야 한다고 생각해요. 사실 이 두 가지 요소는 최근에 제가 보았 던 국가한옥센터의 리포트*에도 나왔던 이야기이기는 합니다. 이 두 가지 부분을 건축주·디자이너·시공자 모두 염두에 두어야만 아름답고 살기 편 하고 지속가능한 한옥, 만족할 수 있는 한옥이 될 것 같습니다.

파 교수　　한옥은 거칠게 말하자면, 'vernacular architecture', 즉 특정한 사람이나 계층을 위한 집이 아닌, 그 지역 사람들이 일반적으로 만들어 쓰 는 집이죠. 디자인이 따로 없고 건축가도 없는, 전통적으로 그 지역 사람들 이 만들어서 사는 집이잖아요. 한옥을 지어놓고 이 집은 나의 작품이라고 말할 수는 없어요. 뉴욕의 구겐하임 박물관이 1959년에 완공되었는데, 완 공 당시 사람들이 놀랐어요. 지금 봐도 아주 좋죠. 이건 그 건축가의 작품 이에요. 그런데 한옥은 누가 지어도 어떤 건축가의 작품은 아닌 거죠. 거꾸 로 말하면 한옥을 지을 때 내부든 외부든 짓는 사람의 개성을 드러내려고 하면 충돌이 일어나요. 한옥이 아닌 작품을 만들려다 이도저도 아닌 괴물 이 되는 거죠.

황 목수　　그건 건축주도 조심해야 합니다. 개성 있는 집을 짓고 싶으면 양 옥을 짓는 게 더 어울리겠죠. 신축 한옥 역시 그래서 조화와 균형 안에 있 어야 하는 겁니다. 안 그러면 아무리 한옥의 틀을 가지고 있다 해도 말씀대

로 괴물이 되기 쉽습니다. 요즘 한옥 열풍이 뜨거운데 어떻게 일상적인 공간으로 한옥을 바꿔나갈 것이냐로 고민들이 많습니다. 본문에도 나와 있습니다만 이 문제는 어느 한 사람의 탁월한 능력이나 한 주체의 절대적 영향력 아래서 만들어지는 것보다는 다 함께, 현대 건축을 전공한 디자이너들이나 설계자들·건축주·시공자들이 함께 만들어가야 합니다. 모두 힘을 모아야 한다고 말씀을 드리고 싶습니다. 한옥이 더 이상 일상생활을 외면하고 갈 수는 없지 않겠습니까.

파 교수　　그래서 우리도 이 부분에 대해 고민을 많이 했잖아요. 전통적인 공간인 한옥 안에서 현대를 살아가는 우리의 생활을 어떻게 담을 것인가 하는 문제 말이에요.

황 목수　　건축사님과 교수님, 그리고 디자이너께서 고생하셨지요. 예를 들면, 어락당은 물을 쓰는 공간을 집 안에 들였지만 한쪽으로 몰아놓으셨잖아요? 화장실은 서양식이고 부엌은 작지만 그래도 갖출 건 다 갖췄죠. 그리고 한쪽은 한옥 분위기가 나도록 공간을 배치했죠. 이 두 공간이 충돌이 되면 문제가 생길 거라고 봐요. 이게 왔다갔다 하면 여러 가지가 복잡해지죠. 어락당에서도 많은 분들이 고민을 했고, 구현이 되었지만 그래서 핵심은 결국 디자인입니다. 한옥에도 내·외부 공간디자인이 필요한 거죠. 서촌

•　한옥 미학의 특징 및 발전방안, 한옥정책
BRIEF No.14, 이강민 국가한옥센터 센터
장, 박민정 국가한옥센터 연구원.

311

에 한옥이 아주 많잖아요. 처음 한옥을 사고 지으실 때 어떤 집을 지어야겠다 생각하신 게 있으셨어요?

파 교수   우선 이 집을 산 건 위치 때문이었어요. 아시다시피 지금 집은 한옥지정구역이잖아요. 이게 굉장히 중요해요. 이 집 옆에는 빌라 같은 걸 지을 수 없어요. 한옥을 헐고 다른 형식의 건물을 짓는 것이 금지가 되어 있잖아요. 이 동네에서 집을 살 때 한옥지정구역이냐 아니냐가 제일 중요했어요. 만약에 지정구역이 아니라면 애써서 예쁜 집을 지었는데 옆집에 언제 뭐가 들어올지 모르니까 누가 이사만 한다고 해도 불안하겠죠. 그래서 위치를 중심으로 생각했어요. 남향인 것도 좋았고, 옆집도 그 옆집도 다 한옥이어서 분위기가 참 좋았죠. 한옥 사고 싶은 분들에게 제가 해본 사람으로서 해주고 싶은 말은 따로 정리해서 원고를 드릴게요. 그게 아마 도움이 되지 않을까 싶어요.

그런데 이 집이 워낙 오래 되어서 원형 상태가 많이 남아 있지 않았잖아요. 그래서 고민 끝에 대수선을 하기로 했는데 너무 예쁘기만 한 집을 짓고 싶지는 않았어요. 시골에 있는 옛날 한옥을 그대로 옮겨온 것 같은 것도 맘에 들지 않았죠. 그렇다고 너무 모던하게 하면 이게 카페인지 집인지 모르게 되잖아요. 그래서 개념을 잡았어요. 어떤 개념에서 출발을 했냐 하면, 이 집이 지어질 무렵인 1930년대풍 그러니까 도시형한옥을 기준으로 삼자고 생각하고 시작했지요. 이 집의 유리창도 그것 때문에 나온 거죠. 그런데 전반적인 인테리어는 조금 감각적으로, 원래 계획보다는 조금 모던하게 된 셈이에요. 제가 원래 계획했던 건 지금보다 훨씬 더 심플했어요. 아마 일본에서 오래 산 영향도 있을 거예요. 그 사람들은 장식을 싫어해요. 장식을 할 때는 자신 있을 때 하죠. '모르면 하지 마라.' 이게 그 사람들 문화입니다. 그래서 아마 혼자서 디자인을 했으면, 아주 심플한 집이 되었을 거예요. 그런데 집을 함께 만들면서 구석구석 디자인을 모던하게 잘 정리해주셨어요. 저 혼

자였다면 붙박이를 안 했을 거예요. 아마 옛날식 장을 만들어 넣었겠죠.

황 목수   제가 반대했을 겁니다. 수납, 수납, 수납이 문제니까요. 하하하. 제 입으로 묻기는 좀 쑥스럽지만 저한테 집을 지어달라고 하실 때는 무슨 생각으로 그러셨어요?

파 교수   간단요. 집을 짓는 데 가장 중요한 건 소통이에요. 황 목수님보다 더 큰 업체, 유명한 업체도 알고 있죠. 그런 곳들은 결과물이 정말 좋을 거라는 걸 알아요. 그런데 제가 집을 지으면서 소통하는 사람은 사장이 아니고 그 아래 직원일 거 아니에요. 아무래도 저보다 젊은 사람들이니까 나이 차이도 있고 경험 차이도 있겠죠. 그렇다고 담당자가 있는데 사장을 만나서 이야기하겠다는 건 실례가 되고 관례상 어려운 일이라는 건 알고 있죠. 그러면 제가 원하는 만큼 소통이 안 되겠지요. 그렇다고 비용만 따져서 너무 싼 곳과 일을 하면 결과물을 장담할 수가 없잖아요. 그 사람들은 이 일을 빨리 마무리하고 다른 일을 또 해야 하니까 이 집에 시간을 많이 쓸 수도 없겠죠. 제가 원하는 소통은 어려웠을 거예요. 그런데 황 목수님은 개인적으로 그 전에 이미 알고 있었고, 동네에서 같이 활동했으니까 소통에는 문제가 없었죠. 물론 미리 황 목수님께서 작업하신 다른 집도 다시 가봤어요. 집들이 모두 편안하게 느껴졌어요. 결과물을 보장할 수 있고, 소통이 되는 사람을 찾기가 쉽지 않잖아요. 퀄리티는 좋지만 소통이 안 되거나, 소통도 안 되고 퀄리티도 자신이 없는 경우가 보통이에요. 돈을 많이 쓰면 퀄리티는 나오겠지만, 소통이 안 되는 채로 집을 짓고 싶지는 않았어요. 그러니 황 목수님이 제일 좋았죠.

황 목수   아마도 가지고 계신 예산하고 제가 낸 견적하고 맞았던 이유도 있지 않았을까요. 하하.

파 교수   제가 그 비용을 만든 거지요. 목수님을 위해서. 하하하. 그런데 서촌에서 집을 여러 채 지으셨는데 어락당으로 책까지 내게 됐으니 저로서는

314

기분 좋은 일이에요.

황 목수　이 집이 유난히 특별해서 주제로 잡은 것은 아닙니다. 예전부터 집 짓는 현실을 보여주는 책을 쓰고 싶었어요. 그런데 교수님 댁을 지으면서 마음을 먹고 기록을 쭉 남기기 시작했어요. 이 집을 다 짓고 나서 결과가 좋으니 써볼까 하고 생각한 게 아닙니다. 이전의 집들은 시행착오도 겪었고, 마을이나 동네에 대해서도 잘 몰라서 쓸 엄두가 잘 안 났어요. 그런데 정말 다행스럽게도 집을 짓기 전, 그리고 책을 쓰겠다고 생각할 때 예상했던 것보다 결과가 정말 좋았어요. 제가 말하는 결과는 단순히 집을 잘 지었다는 것이 아닙니다. 집을 짓는 과정부터 모든 것이 정말 좋았습니다. 건축주 그리고 디자이너분들과의 소통은 말할 것도 없고, 함께 일하는 사람들과 주변까지 거의 완벽한 조화가 이루어졌어요. 시공적인 면에서 이전의 집들도 거의 완결성을 추구했다고 생각하기 때문에 이 집이 특별하다고 생각하지는 않아요. 그렇지만 이 집을 둘러싸고 일어난 모든 일들과 함께 일한 사람들과의 소통과 호흡은 그동안의 집들과 사뭇 다른 지점이 있는 건 사실입니다.

파 교수　한국에서 집에 관한 책의 저자는 건축주거나 또는 건축가인 경우가 대부분이잖아요. 그런데 직접 몸으로 지은 사람이 책을 쓰는 일은 드문 것 같아요.

황 목수　맞습니다. 그래서 시공자의 입장에서 책을 써보고 싶었어요. 건축 행위에서 주체는 건축주, 설계자, 시공자입니다. 그런데 그동안 시공자가 하나의 주체로서 독립적으로 발언한 경우는 거의 없었어요. 그 주체자로서 발언을 하고 싶었습니다. 얼마전 출간된 책 중에 숭례문 복구 과정을 담은 『숭례문 세우기』라는 책이 있습니다. 그 책에서 제가 좋았던 부분은 건축의 한 주체, 냉정하게는 그 건물에서 건축주는 공무원 아닙니까? 문화재의 특성상 공무원이 한 주체로 참여하게 되어 있는데 바로 그 공무원이 책의 저자라는 사실이었습니다. 그런 부분이 훌륭해 보였습니다. 그리고 그 책은 숭례문 복구의 과정을 아주 충실하게, 건축 주체로서의 입장에서 꼼꼼하게 잘 다뤘고 그 점이 아주 부러웠죠. 저 역시 제가 서 있는 입장에서 현재 한옥을 짓는 현장에 관해 충실하게 그리고 최대한 객관적으로 발언을 하고 싶었던 겁니다.

읽어보신 분은 알겠지만 이 책에는 함께 일한 노동자들에 관한 이야기가 꽤 많습니다. 제가 작년에 읽은 리차드 세넷이란 분이 쓰신 『장인』이란 책이 있어요. 그 책의 뒤표지에 보면 '월스트리트저널'의 서평이 소개되어 있는데, "일 자체를 위해 일을 훌륭히 해내려는 욕망"이 살아 숨 쉬는 숙련노동의 세계를 묘사하고 있다고 나와 있어요. 한옥에 가장 잘 어울리는 표현인 것 같아요. 다시 말하면, 한옥이야말로 자신이 하는 그 일이 요구하는 수준을 이루기 위해, 일 자체를 훌륭히 해내려고 하는 욕망을 가진 장인들이 모여서 만드는 집이거든요. 그런 장인 집단들이 가장 많이 일하는 현장이 우리나라에서 거의 유일하게 한옥을 짓는 곳이 아닐까 생각합니다. 그래서 한옥이 매력적인 것이기도 하지요. 일상생활에서 이미 사라져버린 것들이 아직도 살아남아 있는 세계니까요. 하지만 그들 역시 늙고 병들어가고 있습니다. 수십 년 동안 현장에서 정직하게 기술을 익혀온 그 몸과 손이 늙어가고 있는 것이죠. 저는 책에서 이런 그들의 모습을 있는 그대로 생생하게 전달하고 싶었습니다.

파 교수　　그렇게 일일이 손으로 만드는 집인데, 무조건 한옥 한 채 지으려면 얼마나 드냐고 묻는 사람 많죠?

황 목수　　얼마나 드냐고 묻는 사람보다 처음부터 너무 비싸다고 하는 사람들이 더 많습니다. 왜 한옥이 비쌀 수밖에 없는 건지 이 책을 읽으셨다면 아마 어느 정도 이해를 하지 않을까 싶습니다. 숙련 노동자들의 솜씨로 만들어내니까 이 집처럼 예쁘고 편한 한옥이 된 건데, 이것을 무작정 싸게 안 되냐고 하면 논리적으로도 전혀 맞지 않는 말이 되는 거죠.

파 교수 분명하게 해둘 것은 제가 부자라서 한옥을 지은 건 아닙니다. 하하하. 그래서 비용을 줄이고 싶은 건축주 마음은 이해가 갑니다.

황 목수 그런데 파 교수님은 한옥이 왜 그렇게 좋으신 겁니까.

"한옥에서 산다는 건 제게는 일종의 상징입니다.
획일적인 한국사회에서 내가 선택한 나만의 방식으로 생활하고 있다는
상징인 것이죠." 로버트 파우저

파 교수 크게 보면 두 가지 이유가 있어요. 하나는 개인적으로 한옥 그 자체가 좋아요. 마당이 좋죠. 채광이 좋고 통풍이 잘 되죠. 춥다고들 하는데 저는 사람에게 참 좋은 공간이라고 생각해요. 미학적으로도 나무로 만든 집이라는 것도 좋죠. 그리고 아무래도 서양에 없는 주택형식이기 때문에, 신비주의적인 어떤 면도 있어요. 제게는 이국적이죠. 이미 익숙해져서 새삼스러울 건 없지만 그래도 제가 태어나서 자란 곳의 집하고는 많이 다르죠. 또 한 가지 이유는 조금 진지한 이야기일 수 있는데, 제게 한옥은 일종의 상징이에요. 한국사회의 획일성에 대한 반기라고도 할 수 있어요. 한국은 일종의 주류문화 중심으로 획일적인 생활태도가 일반적이잖아요. 그런 사회에서 한옥을 지킨다는 것, 그리고 한옥에 산다는 것은 저에게 수많은 주류의 길과 다르게, 내가 선택한 나만의 방식으로 생활하고 있다는 일종의 상징인 거예요. 사실 한국은 어떻게 보면 재미가 없는데 왜 재미가 없냐면 다양하지 않기 때문이죠. 그래서 제가 한옥에 사는 건, 이렇게 다양하지

않은 사회에 대한 제 나름의 고발이에요. 그런데 '당신이 왜 그렇게 하느냐'라고 물으면 답은 없어요. 그냥 하고 싶어서 그렇게 하고 있는 거죠. 물론 한옥이 좋아서 살고는 있지만 그 이유 하나만은 아니라는 거죠.

황 목수 교수님만의 일종의 사회투쟁의 도구이자 수단이라는 말씀입니까, 한옥이?

파 교수 고백하자면 그런 면이 있어요.

황 목수 이 책 보시는 분들은 대부분 목수보다는 집주인이 되시려는 분들이 많을 텐데 선배 건축주로서 한 말씀 하신다면?

파 교수 일단 많은 집을 봐야 합니다. 좋아하는 것, 기준을 만들어야 하는 거죠. 남의 이야기 듣고 이렇게 하더라 하지 말고 내 기준은 이거다, 하고 말할 수 있어야 합니다. 많은 집을 보고 답사도 많이 하는 게 좋죠. 건축주가 기준이 있어야 시공사가 일을 할 수가 있습니다. 이건 문화 차이인데, 한국어 자체가 언어학적으로 보면 콘텍스트context가 풍부한rich 언어에요. 그래서 그냥 서로 알아서 아는 게 많아요. 그런데 서양 언어는 콘텍스트가 빈약한poor 언어에요. 콘텍스트가 빈약하다는 것은 말한 것에만 의미가 있는 거죠. 그러니까 콘텍스트가 없어요. 그래서 서양 사람은 아주 정확하게 원하는 걸 하나하나 말을 해요. 말하지 않은 건 말하지 않은 것과 같으니까요. 한국에 살면서 사람들한테 꼼꼼하다는 말을 많이 들어요. 스스로 전혀 꼼꼼하지 않다고 생각하는데. 깐깐하다고도 하고요. 콘텍스트가 빈약한 문화에서 왔기 때문에 표현을 해야 해요. 그런데 한국사람들은 말하지 않아도 안다고 해요. 그런데 집을 지으면서는 말하지 않으면 안 된다고 생각해요. 시공자가 건축주의 마음을 읽을 수는 있지만 건축주가 생각하는 그 기준을 하나하나 다 읽을 수는 없잖아요. 건축주는 자기가 어떻게 생각하는지, 자기가 원하는 집을 정확하게 전달해야 해요. 결국 자기가 원하는 게 어떤 것인지를 말하는 건 시공사나 건축가의 일이 아니고 건축주가 해야 해요. 그런데 한국사람은 그걸 무척 어려워하더라구요. 저처럼 하나하나 말하기 시작하면 깐깐하다고 하죠.

황 목수　중요한 것은 그렇게 한국식으로 했다가 나중에 다 후회를 한다는 거죠. 집을 다 짓고 난 다음에 아, 이렇게 했어야 했는데 하는 거죠. 알아서 해줄 줄 알았는데 그게 아니었다고. 한 채를 다 짓고 난 다음에 배우는 거죠. 그러면 안 되거든요. 그런 시행착오를 최대한 줄이려면 일단 많이 보고 그 다음에 자기 기준을 세우고, 그것을 정확하게 전달을 해야 합니다.

파 교수　말로 표현하기 어려우면 다른 수단으로라도 전달이 되어야 합니다. 안 그러면 시공사는 알아서 하게 되니까, 나중에 어, 이거 아닌데, 이렇게 되죠.

황 목수　원인에는 또 그런 게 있죠. 한옥이 그동안 지어지지 않았다는 것. 그러니까 자연스럽게 기준이 어떤 것인지를 서로 잘 모르는 거예요. 한옥 짓는 것은 생각보다 아주 간단한데, 사람들이 모르는 거죠. 본 적도 없고, 들은 적도 없고 가서 볼 데도 없고, 궁궐이나 볼까, 어디서 보겠어요. 그러다 보니 기준이 안 생기는 거예요. 집을 한 채 짓고 나면 그제야 쉽다고들 합니다. 한 채 지어본 건축주들이 다 그래요. 이 다음에는 더 잘 지을 수 있겠다. 짓고 나봐야 경험이 생긴다고 하는데, 그게 꼭 좋은 건 아니죠. 그 이전에 이미 기준이 만들어져 있었어야 하는 겁니다. 그래서 저희가 '한옥 3.0'이란 새로운 모임에 참여하기로 한 건 잘한 일 같아요. 그 모임에서 한옥에 살고 싶고 공부하고 싶은 분들과 정보를 공유하고 자유로운 모임을 지속해나가면 서로 도움이 좀 되겠지요. 그리고 북촌에 있는 한옥문화원을 비롯해서 건축주를 위한 강좌가 꽤 있습니다. 현실적으로 마음에 드는 강좌를 수강하고 공부도 좀 하시고 그렇게 하는 것이 좋지 않을까 합니다.

파 교수　시공자 입장에서 건축주가 지켜야 할 점은 뭐가 있을까요.

황 목수　저는 늘 시공자에게 문제가 많다고 생각하는 사람이라 건축주에게 바라는 게 딱히 없는데요. 하하하. 건축주는 기본적으로 집을 좋게 지으려는 사람이지 않습니까. 적지 않은 돈을 들여서 집을 짓고 있는데 그 결과물이 잘 나오기를 누구보다 바라는 사람이죠. 그렇기 때문에 먼저 건축주가 자기 스스로 택한 시공자를 잘못된 방향, 안 되는 방향으로 끌고 갈 수 있는 상황이란 이치적으로 안 맞는 거죠. 그런 마음을 시공자나 설계자가 잘 유도해서 좋은 결과로 만들어내야 하는 겁니다. 정리하자면, 좋은 건축주는 시공자나 설계자가 만들어간다고 생각합니다. 물론 이 책의 내용 중에는 건축주가 해줘야 하는 부분들이 자연스럽게 표현이 되어 있기는 합니다.

파 교수 거기에 하나 보태면 건축주는 목적의식을 가지고 있으면 좋은 집을 지을 수 있습니다. 그 부분이 메인이 되어야 하는 거예요. 집을 지을 때의 목적은 좋은 집을 짓는 거잖아요. 그러면 좋은 집을 짓는 것을 제일 큰 목표로 삼아야죠. 다른 사람의 평판, 일하는 사람들과의 관계에서 자기의 존재감을 드러내는 것 등은 다 주변적인 거죠. 그런데 한국에서는 주변적인 것 때문에 힘들어지는 경우가 많아요. 집을 짓는 현장에서 건축주가 갑이라는 게 무슨 의미가 있겠어요. 일하는 사람들과 좋은 집을 짓기 위해 소통하면 그걸로 되는 거죠. 이 집의 공사가 끝나면 그렇게 드러내려고 했던 갑이라는 입지는 없어지는 거잖아요. 집은 남지만. 그러니까 목표 중심으로 생각하고 함께 일하는 사람들을 절대적으로 존중해줘야 합니다. 현장에

서 일하시는 분들도 마찬가지죠. 존중해드려야 합니다. 갑 노릇이 무슨 소용이 있어요. 다 쓸 데 없는 거죠. 목표와 아무런 상관이 없는 거예요.

황 목수　이야기가 길어졌어요. 시간 가는 줄 모르고 떠들었네요.

파 교수　우리가 언제는 안 그랬나요. 하하하. 슬슬 마무리를 할까요.

황 목수　마지막으로 하고 싶은 말씀이 있다면 하시죠.

파 교수　많은 사람들이 한옥에 살고 싶다고 하면서도 막상 왜 살고 싶냐고 물으면 잘 대답을 못해요. 한옥을 좋아해서 사는 사람은 한옥에서 오래, 즐겁게 살 수 있어요. 한옥을 좀 알고 한옥의 구조나 형태를 좋아하는 사람은 오래 가죠. 제가 1988년, 1989년에 계동의 한옥에 살았기 때문에, 그리고 일본에서 단독주택 경험도 있고, 이런 생활을 하고 싶었기 때문에, 지금처럼 살 수 있다고 생각해요. 그런데 그냥 한옥에서 사는 행위가 남다르게 보이니까, 유행이니까 하는 마음으로 살려는 사람들은 즐겁게 살기가 어려워요. 한옥이라는 이미지에 집착해서 사는 사람들에게는 쉽지 않죠. 한옥에 산다는 이미지만 좋아하고 덜컥 들어와 살았는데, 12월에 첫 한파가 오면 당장 추워서 못 살겠다고 해요. 그러면 어쩌라고. 하하하. 황 목수님은 하고 싶은 말씀 없으세요.

황 목수　글쎄요. 이 집 지어지고 많은 언론과 잡지 등에 어락당이 소개가 되었지 않습니까. 그 가운데 한옥문화원에서 주최했던 오늘의 한옥 좌담회에서 서울시립대 송인호 교수님께서 하신 말씀이 기억에 남습니다. '이 집이 선한 영향력을 끼친 것 같다'라고 말씀하셨는데요. 어떤 기술적인 것을 잘 구현했다기보다 작고, 보잘것없는 집 한 채를 예쁘게 편하고 조화롭게 고쳐냈다는 것, 그리고 그 작업이 성공했다는 것 그 자체가 주변과 마을 그리고 한옥을 아끼시는 분들에게 좋은 영향력을 끼쳤다고 하셨지요. 저는 그분이 정확하게 보신 것 같습니다. 어락당이 지어진 뒤 실제로 주변에서 집을 짓고 싶다는 분들이 더 많이 늘어났습니다. 골목을 지키고 싶다, 이런

"어락당을 짓고 나서

이 집이 많은 사람들에게 선한 영향을 끼쳤다는 말을 들었어요.

그것이 이 집을 짓고 난 뒤 보람이라면 보람입니다." 황인범

분들이 많이 늘어났지요. 실제로 영향력을 끼쳤다고 봅니다. 그것이 보람
이라면 보람이라고 할 수 있겠습니다.

파 교수　　한옥을 짓고 사시고 싶은 분들께 한 말씀하신다면?

황 목수　　책을 꼼꼼하게 읽어보시라. 이상입니다.

한옥 구입부터 살기까지
어락당 주인 파 교수의 13문 13답

한옥에 관한 독자들의 관심은 이제 보는 데서 나아가 직접 집을 사거나 짓는 것으로 확장되고 있다. 어락당 집
주인 로버트 파우저 교수가 직접 해본 사람만이 알 수 있는 구체적이고 생생한 정보를 보내왔다. _ 편집자 주

Q.　　　**서울 도심 한옥에서 살고 싶다면 어디가 좋을까요?**

A.　　　한옥에서 살겠다고 마음먹으면 한옥이 많이 남는 동네를 알아
봐야 한다. 우리가 흔히 생각하는 한옥은 1930년대에 번창한 도시형한옥
이다. 현재 아파트 건설처럼 이러한 도시형한옥을 건설할 수 있는 요건은
빈 땅이었다. 사대문 안에 원래 큰 집이 있었던 필지를 작은 필지로 분할
해서 집을 지을 땅을 확보한 경우가 많았고 그 대표적 사례는 익선동, 가회
동, 그리고 삼청동이다. 사대문 밖에는 밭이 많아 넓은 빈터를 작은 필지로
나누었는데, 성북구 동소문동, 돈암동, 보문동 등이 대표적 사례다. 이외에
도 도시형한옥은 많이 건설이 되었지만, 계획된 단지보다는 작은 규모로
건설이 되었다. 체부동, 누하동, 통의동, 명륜동, 혜화동이 대표적 사례다.
그런데 1990년대 다세대주택 건설에 대한 규제가 완화되면서 한옥이 많이
사라졌고 2000년대 재개발 열풍으로 더 많이 사라졌다. 그래서 위에서 언
급한, 역사적으로 한옥이 많았던 동네가 지금도 한옥이 많은 것은 아니라
는 것을 감안해야 된다.

Q.   '한옥보존지구'란 무엇을 말하는 건가요?

A.   한옥의 '대멸실'을 막기 위해 서울시가 도입한 보존 정책이다. 그 시작은 1970년대 말로 거슬러 올라간다. 일명 '북촌'이라고 부르는 가회동, 삼청동, 계동 등의 한옥밀집지구를 보존해야 된다는 목소리가 높아지면서 1983년 이 일대를 '한옥보존지구'로 지정했다. 역사상 처음으로 도시에서 넓은 한옥밀집지역을 보존 대상으로 지정한 것이다.

당시 보존 정책은 '집수리 금지, 원형 그대로 유지'해야 된다는 방침이었다. 때문에 서울 다른 지역에 비해 이곳이 낙후되어간다고 여긴 주민들은 1990년대에 들어 규제 완화를 요구하기 시작했고, 이와 맞물려 다세대주택에 대한 규제가 완화하면서 한옥을 헐고 다세대주택을 짓는 속도가 빨라졌다. 이를 우려한 서울시는 2000년대 초부터 보존 정책 방침을 규제에서 인센티브로 바꿔 집수리 및 대수선을 위한 지원금을 마련했고 이 지원금을 활용한 북촌의 많은 한옥이 수리 및 대수선을 통해서 현재의 모습을 갖추게 되었다. 그래서 북촌은 한옥 밀집도가 가장 높은 곳이 되었고, '한옥'하면 많은 사람들이 북촌을 떠올리게 된 것이다. 이런 인센티브 제도는 2010년부터 역시 한옥이 많은 체부동, 누하동, 통인동, 효자동, 통의동 등에도 적용이 되었고, 이에 따라 이 지역에서도 한옥 수리 및 대수선이 활발해졌다. 이름하여 '서촌'이 사람들 입에 오르내리기 시작했다.

Q.   한옥을 매입할 때 위치와 관련해 알아둬야 할 점은 어떤 게 있을까요.

A.   한옥 수리, 대수선, 그리고 신축을 위한 서울시의 지원 제도를 활용하고 싶은 경우와 그렇지 않은 경우로 나누어 생각해야 한다.

서울시 지원 제도는 '지구단위계획'이 시행 되는 지역에 적용된다. '지구단위계획'이라는 것은 도시계획상으로 한 지역을 특별히 관리하는 지역이다. 그러나 모든 지구단위계획 안에 있는 한옥을 지원하는 것은 아니다. 현재로서는 북촌에 해당이 되는 '북촌지구단위계획' 및 서촌에 해당이 되는 '경복궁서측지구단위계획' 안에 있는 한옥에 대해 지원한다. 그래서 지원을 받으려면 반드시 그 집이 대상이 되는지 먼저 알아봐야 한다. 서울시 또는 구청에 확인해보면 된다.

한옥 공사를 위한 지원을 받을 생각이 없으면 북촌 및 서촌 이외 다른 지역에서 한옥을 찾을 수 있지만 해당 지역의 지구단위계획 내용 및 토지용도, 건축 규제에 대한 내용을 알아봐야 된다. 또한 2000년대 재개발 열풍으로 인하여 한옥이 많은 동네는 재개발을 추진했기 때문에 재개발 현황에 대해서도 신경을 써야 한다.

Q.   **지구단위계획 및 일반도시계획에 대해 좀 더 설명해주신다면.**

A.   지구단위계획 및 일반도시계획은 주로 토지의 사용 목적 및 그 토지에 건축할 수 있는 건축물을 규제하는 것이다. 한옥에 관해서 토지는 크게 주거 또는 상업으로 나뉘어 있고 그 차이에 따라 지을 수 있는 건축물은 다르다. 건축물에 대한 규제는 크기, 높이, 그리고 시설이다. 상업 지구에서 한옥을 사면 근처에 식당이나 술집이 들어올 수 있다는 것은 염두에 두어야 한다. 반면에 한옥에서 사업할 생각이 있다면 주거 지구보다 상업 지구가 더 편리할 것이다.

지구단위계획과 관련해서 중요한 것은 용도 및 주위의 건축 규정이다. '북촌지구단위계획'에 따르면 가회동에 한 구역, 계동에 두 구역은 한옥밖에 지을 수 없고 고도는 제한되며 상업 시설은 들어올 수 없게 되어 있다. 이 구역은 상태가 좋은 한옥이 밀집이 되어 있다. 반면에 인접 지역에서는 건축 규정이 더 느슨하며 도로변에 신축 빌딩이나 상업 시설이 허용이 된다. 건축 규정이 엄격한 지역에서 한옥을 매입하면 주위에 높은 건물이 들어올 수 없어서 안심할 수 있다.

'경복궁서측지구단위계획'은 북촌과 달리 한옥 네 채가 나란히 있으면 '한옥보존구역'으로 지정하고 그 외의 한옥을 '한옥권장구역'으로 지정했는데, '한옥권장구역'에는 한옥 이외의 건물이 들어올 수 있다. 고도 제한은 구역마다 다르지만, 16미터 또는 20미터 지정이 많다. 그래서 이 지역에서는 매입하려고 하는 한옥 및 그 인접 한옥이 '한옥보존구역'인지 아니면 '한옥권장구역'인지를 알아봐야 한다. 도시 계획 관련 자세한 내용은 부동산보다 서울시 또는 종로구청에 직접 확인하는 것이 좋다.

Q.　　　**서울시의 지원제도에 대해 자세히 말씀해주세요.**

A.　　　서울시의 지원을 받으면 수리 비용 부담을 줄일 수 있다. 서울시 지원은 원칙적으로 집수리의 일정 부분을 부담하는 것인데, 작은 집의 경우 비율이 조금 높을 수도 있고 큰 집의 경우는 비율이 조금 줄어들게 된다. 지원은 두 가지 방식이다.

　　　1. 지원금 : 건축주의 통장으로 직접 지원금이 들어온다. 지원금이 융자 금액보다 큰 것이 일반적이다. 2014년 4월 현재, 주택 건평 15평 기준 총 지원은 대수선은 6,000만 원, 신축은 8,000만 원까지 받을 수 있으며 15평 이하의 경우 대수선 기준 대강 평당 400만 원 정도 받을 수 있지만, 구체적 액수는 한옥심의회에서 결정한다.
　　　2. 무이자 융자 : 2014년 4월 현재 우리은행을 통해서 설정하고 10년 안에 상환해야 되며 3개월마다 원금을 상환해야 한다.

한옥 지원은 신청한다고 다 받을 수 있는 것이 아니다. 심의를 거쳐 승인 및 지원 금액이 결정된다. 심의위원은 설계도를 보면서 디자인이 한옥에 어울리는지는 물론 현행 건축법에' 적합한지를 검토한다. 예를 들어 옛날 집은 옆집과 붙어 있거나 경계선을 넘어간 경우가 많은데 이 문제에 대한 해결책이 설계도에 반영이 되어 있지 않으면 지원을 받기 어렵다.

구입한 집이 다른 집과 붙어 있어 분리 공사를 해야 하거나 집끼리의 경계선의 문제를 해결해야 하는 경우는 대대적인 구조적 조정이 필요하다. 당연히 비용도 많이 발생할 수 있고 이사도 가기 전에 이웃과 분쟁에 휩싸일 가능성도 크다. 따라서 매입하기 전에 이런 부분을 잘 살펴야 한다. 한옥과 한옥이 아닌 구조가 한 집에 공존하는 경우도 있는데 이런 집은 한옥이 아닌 부분을 철거하지 않으면 지원을 받을 수 없으니 그 부분도 살펴야 한다. 신축을 하는 경우에도 지원을 받을 수 있다. '북촌지구단위계획' 및 '경복궁서측지구단위계획' 안에 있는 비한옥을 철거하고 그 대지에 한옥을 새로 지으면 된다. 마음에 드는 위치가 있다면 굳이 한옥이 아니더라도 매입한 뒤 철거하고 한옥을 신축하는 것도 고려해볼 만하다.

한옥 지원 금액은 매년 편성하는 서울시 예산과 관련이 있으니 매입 시점에 자세한 금액 및 절차는 서울시 관련 부서에 직접 알아보는 것이 좋다.

Q.   **서울시 지원을 받기 위한 절차를 설명해주세요.**

A.   서울시 한옥 심의를 받아 지원이 결정되는데 가장 먼저 할 일은 종로구청에 한옥을 등록하는 것이다. 그뒤 설계업체를 선정하고 설계도를 의뢰한다. 완성된 설계도는 설계업체가 심의를 위해 구청에 제출한다. 심의는 한 달에 두 번 하기 때문에 그 날짜에 맞춰서 하는 것이 좋다. 결과는 설계업체로 통보가 된다. '통과', '조건부 통과', 그리고 '재심의' 세 단계로 나뉘는데 재심의의 경우 설계도를 수정하고 다시 심의를 받아야 한다.

서울시의 한옥 심의가 다 끝나면 지원금 액수가 나온다. 융자의 경우 따로 해당이 되는 은행에 가서 설정해야 한다. 이미 융자로 설정이 되어 있는 집은 제2의 융자를 받지 못하기 때문에 지원금 총액에 포함된 융자는 실제로 의미가 없다. 때문에 집수리를 검토할 때 융자 설정 여부를 미리 고려해야 한다. 이렇게 서울시 한옥 심의를 통과하면 구청에 건축 허가를 신청하고, 건축 허가가 나오면 구청에 가서 확인서를 받고 인지대 비용을 낸다.

그런 뒤 종로구청에 착공 신고를 하면 공사를 시작할 수 있다. 공사가 끝나면 서울시 한옥 심의를 다시 받아야 하기 때문에 설계도를 다시 제출해야하는데 공사 과정에서 변화가 있을 경우, 설계도에 반영해야 된다. 그렇게 다 지어진 집에 대한 준공 심의를 하기 전에 서울시에서 현장 조사를 하러 나오는데 현장 조사와 준공 심의를 통과해야만 지원금을 받을 수 있다.

준공 심의와는 별개로 종로구청에서도 건축 완료 허가를 위해서 현장 조사를 나온다. 여기까지 순조롭게 통과하면 입주할 수 있고, 이 무렵 지원금 입금 관련한 서류를 서울시에 제출하면 일주일 이내 지원금이 집주인의 통장으로 입금이 된다.

여기에 취득세가 따로 있다. 부동산 매매 관련한 취득세와 별도로 대수선 및 신축할 경우에는 공사비에 대한 취득세를 내야 된다. 공사 비용에 대한 서류를 직접 종로구청에 가서 제출하고 세금을 내면 마무리가 된다.

절차는 다소 복잡하지만, 건축주는 세 번 정도만 종로구청에 가면 되고 다른 절차는 설계업체가 처리한다. 그리고 건축 허가 업무는 각 구청이 담당하기 때문에 구청이 주 창구가 되고 서울시는 한옥 지원만 담당한다. 지원금을 받지 않을 경우에는 서울시에 제출할 서류가 없고 절차는 일반 건축 행위와 똑같다.

Q.　　　**한옥의 위치는 주로 어떤 것을 봐야 할까요.**

A.　　　집의 방향, 대문의 위치, 골목의 위치 등을 먼저 살펴보는 것이 좋다. 집의 방향(좌향)이란 집 마당이 바라보는 방향이다. 한국사람은 전통적으로 남향을 좋아하는데 남향집은 겨울에 햇살이 마당에서 집 안 깊이 들

어와 집이 따뜻하다. 동향집은 아침에 햇살을 잘 받지만, 오후에는 어두워져서 여름에 시원하다. 서향집은 반대로 아침에 어둡지만, 오후에 밝다. 북향은 채광이 골목 창을 통해서 들어오는 경우가 많다. 집의 방향은 취향에 따라 고르면 되겠지만 일반적으로 채광이 어떤지는 잘 살피는 것이 좋다. 대문의 위치는 집의 방향과 관계가 있다. 마당과 같은 방향이 많은데 이 경우에는 마당과 골목 사이에 담이 있다. 반면 집을 통과해서 마당에 가는 경우도 있는데 이런 경우에는 안채 및 별채 사이에 통로가 있다. 이런 집은 마당은 집으로 둘러싸여 있지만, 방은 골목에 인접해 있다. 통로를 막고 안채 및 별채를 연결할 수 있고 아니면 사용 목적에 따라 두 채를 둘 수도 있다. 골목 위치도 중요하다. 한옥이 골목과 나란히 있는 경우에는 집 한쪽만 골목을 향하기 때문에 남아 있는 세 부분은 다른 집과 붙어 있게 된다. 길의 어귀에 있는 집도 있고 드물지만, 세 부분이 모두 골목 쪽을 바라보고 있는 집도 있다. 이런 집은 골목에서 더 단단하게 보이고 다른 집과 접촉은 덜 하지만, 겨울에 바람 때문에 더 추울 수 있다.

Q. **오래된 한옥이 많은데 상태에 따라 어느 정도 수선을 예상하면 되나요.**

A. 한옥을 찾을 때는 반드시 수리 예산도 함께 검토해야 한다. 수선 비용을 줄이는 가장 좋은 방법은 상태 좋은 집을 열심히 찾는 것이다. 집 상태가 좋으면 낡은 부엌 및 화장실 중심으로만 수리해도 된다. 문제는 상태가 좋은 한옥이 드물다는 것이다. 재개발을 추진했던, 또는 추진 중인 지역에는 상태가 좋은 집이 거의 없다고 봐야 한다. 상태가 좋은 한옥을 찾았다 하더라도 주로 큰 집에, 재개발 추진을 피했던 북촌에 있을 가능성이 높아 매입 가격이 비싸다. 물론 아무리 상태가 좋은 집이라 하더라도 한옥을 편리한 집으로 변신시키려면 비용이 많이 든다고 감안하고 준비하는 것이 현명하다. 집의 뼈대인 기둥, 보, 그리고 서까래 상태가 안 좋으면 구조적

비용이 많이 드는 대수선을 해야 한다. 집이 매우 열악한 상태라면 대수선보다 신축이 오히려 적은 비용으로 해결할 수도 있다.

Q. **아파트에 비해 한옥은 비용면에서 어떤가요.**

A. 한옥의 매입과 수리를 생각할 때 중요한 것은 본인의 자산 설계다. 자산 설계 안에 부동산이 어떤 위치에 있는지를 신중하게 고려할 필요가 있다. 부동산을 소유하는 것이 부담이 되거나 부동산을 투자 수단으로 생각한다면 한옥은 적절한 답이 아니다. 그러나 운치가 있고 기본적으로 '가치가 있는 집'에 살고 싶다면 한옥은 좋은 선택이다.

한옥을 매입하고 수리하려면 큰 자금이 필요한 것은 사실이다. 그렇지만 조금만 달리 생각하면 어차피 모든 부동산은 다 매입하고 수리를 하려면 비용이 많이 든다. 오히려 한옥은 거의 다 서울 도심 주변에 있으니 그만한 위치의 아파트보다 오히려 매입 비용이 싸다고 여겨질 때도 있다. 서울시 한옥 지원금을 잘 활용하면 수리 비용은 아파트보다 싸다고 볼 수 있다. 지원금을 받지 못하더라도 비용의 차이는 그리 크지 않다. 물론 한옥도 부동산이기 때문에 아파트처럼 대출을 활용할 수 있다.

한옥 지원을 위한 심의를 받기 위해서는 전문 건축가 또는 건축사가 만든 설계도가 필요하다. 이것을 준비하기 위해서 설계 비용이 필요하다. 지원이 필요 없는 경우라 하더라도 대수선 및 신축 건축 허가를 받으려면 설계도가 필요하다. 그러니 설계도를 만들기 위한 비용을 따로 생각해야 한다.

Q. **한옥에 살면서 들어가는 비용도 말씀해주세요.**

A. 특히 난방비를 궁금해하는 분들이 많다. 한옥이 춥다고 생각하는 일반적 인식 때문에 그런 듯하다. 결론적으로 말하면 겨울에는 난방비가 아파트보다는 많이 나오지만 1년 전체를 놓고 보면 유지비가 많이 든다

고 할 수는 없다. 별도의 관리비가 들지 않기 때문이다. 난방도 수선이나 대수선을 할 때 기술적으로 많은 부분 해결을 할 수 있다.

아파트에 살 때와 다르게 추가로 들어가는 부분은 뜻밖에도 주차비다. 한옥은 자가용이 거의 없던 시대에 지어진 집이라 집 앞에 바로 주차가 안 되는 경우가 많다. 그래서 거주자 우선 주차 구역이나 사설 주차장에 주차 공간 마련을 위한 비용을 부담해야 된다.

Q. **공사의 내용은 주로 어떻게 정하나요.**

A. 집을 어떻게 고칠 것인지는 미리 생각을 해둬야 한다. 그래야만 설계 및 시공 업체에 건축주로서의 자신의 의견을 잘 전달할 수 있다. 한옥은 사실 생활방식의 변화에 따라 공사의 내용이 변한다. 그렇기 때문에 본인의 생활방식이 무엇인지, 앞으로 어떻게 살고 싶은지를 잘 생각해야 한다. 예를 들면 한옥은 면적이 좁아 부엌 및 화장실이 작아지는 경향이 있다. 그런데 본인의 취미가 요리라면 더 큰 부엌이 필요하다. 화장실은 집에서 중요한 공간 중의 하나인데 공간을 아끼려고 너무 작게 하면 나중에 답답할 수 있다. 이 부분에 대한 자신의 생각을 정리해서 업체에 잘 설명해야 한다.

Q. **업체 선정은 어떻게 하는 것이 좋을까요.**

A. 수리 업체를 만나면 보통 건평 당 수리 비용이 얼마라고 말한다. 철거 비용도 꽤 크다. 서울시 한옥 지원금을 받기 위해서는 전문 건축 업체가 그린 설계도면 제작 용역 비용도 필요하다. 이걸 모두 합하면 큰 비용이 되기 때문에 어떻게 하면 더 싸게 할까, 하는 고민이 드는 것이 자연스럽다. 그렇지만 잊지 말아야 할 것이 있다. 한옥은 인건비가 아주 많이 드는 공사로서 절약에 한계가 있다. 아파트나 다른 조립형 주택과 달리 한옥

은 특수한 현장에 맞춤형 주택이다. 그리고 한옥 시장이 작아서 값싸고 좋은 재료는 없을 뿐만 아니라 선택의 범위도 많지 않다. 좋은 재료는 그만큼 값이 비싸다.

그래서 업체를 선정할 때 중요한 것은 가격보다 신뢰다. 매우 싼 가격을 부르는 업체는 신뢰하기 어렵고 공사 도중에 추가 비용을 요구하는 경우가 많다. 반대로 비싼 가격을 부르는 업체는 명성이 없는 한 신뢰할 수 없다. 여러 건축사무소 및 시공 업체에 알아보면 설계 및 시공 비용의 평균이 나온다. 그 가운데 중간 가격대를 제시하는 업체를 중심으로 섭외하는 것이 좋다.

그런데 가격으로만 업체를 선정하는 것은 좋은 생각이 아니다. 무엇보다 소통이 잘 되는 업체를 선정해야 된다. 일을 해보기 전에 소통이 잘 되는지 알아보는 것은 어려운 일이다. 그렇지만 뭔가 물었을 때 반응이 빠르고 나의 질문에 정확하게 답을 해주는 업체가 좋다. 이전에 자신들이 했던 곳을 잘 소개하는 것도 중요하다. 자신들이 지은 집을 직접 안내해주고 건축주를 소개해준다면 더 좋다. 집이 완성된 뒤에 건축주와 사이가 좋다는 것은 공사가 아쉬움 없이 잘 끝났다는 것을 의미하는데 이런 것을 피하는 업체라면 고려해볼 필요가 있다. 할 수 있다면 업체가 소개한 건축주만 믿으면 안 되고 가능하면 업체에 대해서 '뒤에서' 알아보는 것이 좋다. 이런 경우 많은 사람은 가격 중심으로 알아보지만, 이것은 별 의미가 없다. 그보다는 소통이 잘 되었는지, 공사 도중에 발생하는 추가 비용은 어떻게 됐는지, 공사의 속도는 어땠는지, 무엇보다 성실하고 믿을 만한지에 대해 알아보는 것이 필요하다. 물론 그렇게 알게 된 모든 이야기를 100퍼센트 신뢰해서도 안 된다. 돈 문제 때문에 혹시 감정적으로 얽혀서 하는 이야기와 일에 대한 성실성 여부에 관한 이야기를 잘 구분해서 들을 수 있어야 한다. 아무리 좋은 업체라도 공사하면서 예측하지 못한 문제가 생길 수 있어서 계약한 가격보다 15~20퍼센트 정도의 '비상금'은 확보할 필요가 있다.

결론적으로 업체를 선정할 때는 중간 정도의 가격대이면서, 소통이 잘 되고 성실하게 공사를 하는 곳을 기준으로 삼는 것이 좋다. 간혹 누구네 집보다 싸게 샀네, 싸게 고쳤네, 하며 자랑하는 사람들을 보는데 조금 싸게 했느냐 아니냐는 전혀 중요하지 않다. 나를 위해 특별히 싸게 나온 집도 세상에 존재하지 않으며, 나를 위해 특별히 싸게 해주는 업체도 있을 리 없다. 적정한 가격에 서로 믿고 해나갈 수 있는 곳이 가장 탁월한 선택이다.

Q. **한옥에서 사는 데 손이 많이 간다고 하던데, 실제로 살아보니 어떠신지요.**

A. 반드시 그렇지 않다. 물론 오랫동안 집을 돌보지 않고 방치하다 갑자기 뭔가를 고치려고 하면 손이 많이 가고 비용도 많이 들겠지만. 살면서 조금씩 돌보면 큰일은 그리 일어나지 않는다. 한옥에 살면서 가장 신경써야 하는 부분은 지붕이다. 그도 그럴 것이 춥고 긴 겨울 동안 기와 밑에 있는 흙은 얼었다 녹았다를 반복한다. 그러다 봄이 오면 완전히 녹는다. 그러면서 자연스럽게 기와가 조금씩 움직일 수 있으니 겨울이 지나 봄이 오면 시공사를 불러 한 번 확인하는 것이 좋다. 모든 집이 다 그렇듯 집은 오래 비워두면 안 좋다. 무엇보다 사람이 살아야 통풍이 잘 되기 때문에 장기간 집을 비울 때는 대책을 마련해야 한다. 장마철 갑자기 비가 내릴 때 어디 막힌 곳은 없는지 물 흘러가는 모습을 관찰하는 것도 필요하다. 마지막으로 한옥은 자연에서 나온 것으로 만들어진 집이다. 그러니 살아 있는 집이다. 계절마다 습기와 온도에 따라 나무가 조금씩 늘어나기도 하고 줄어들기도 한다. 그에 따라 없던 틈도 생기고 미세하게나마 조금씩 모양이 바뀌기도 한다. 그 변화에 따라 공사가 필요한 것도 있고, 계절의 변화처럼 그 모습 그대로 받아들여야 할 부분도 있다는 사실을 이해한다면 편하고 즐겁게 한옥생활을 누릴 수 있을 것이다.

집이 다 지어진 뒤 이 골목은 다시

오래전 풍경으로 돌아가 있다.